BIG WORLD
SMALL PLANET

지구 한계의 경계에서

환경보호와 인류 번영을 함께 도모하다

초판 1쇄 발행일 2017년 11월 30일 **초판 2쇄 발행일** 2021년 5월 28일

지은이 요한 록스트룀 · 마티아스 클룸 | **옮긴이** 김홍옥
펴낸이 박재환 | **편집** 유은재 | **관리** 조영란
펴낸곳 에코리브르 | **주소** 서울시 마포구 동교로15길 34 3층(04003) | **전화** 702-2530 | **팩스** 702-2532
이메일 ecolivres@hanmail.net | **블로그** http://blog.naver.com/ecolivres
출판등록 2001년 5월 7일 제201-10-2147호
종이 세종페이퍼 | **인쇄 · 제본** 상지사 P&B

ISBN 978-89-6263-167-8 03330

책값은 뒤표지에 있습니다. 잘못된 책은 구입한 곳에서 바꿔드립니다.

지구 한계의 경계에서

환경보호와 인류 번영을 함께 도모하다

요한 록스트룀 · 마티아스 클룸 지음
김홍옥 옮김

에코리브르

차례

서문: 변화를 위한 협력

몹시 추운 코펜하겐의 밤이었다. 막 2009년 대규모 기후 정상회의가 끝나고 다들 집으로 돌아가고 있었다. 192개국에서 파견된 대표단이 굴속 같은 벨라 센터에서 지난 2주 동안 시비논란이 분분한 협상을 마치고 돌아갔으며, 한 무리의 인부만 남아 전선을 둘둘 말면서 행사 장비를 치우고 있었다. 도시의 거리를 가득 메운 수만 명의 시위자도, 그들의 머리 위를 맴돌던 경찰 헬리콥터도 진작 해산한 뒤였다. 미국의 오바마 대통령과 대표단도 중국의 원자바오 총리와 대표단도 정책결정의 역사를 직접 목격하고자 그 자리에 참석한 외교관, 언론인, 활동가 들도 모두 떠났다. 그들은 성공 비슷한 성과조차 딱히 꼽을 게 없던 터라 거개가 같은 말을 구시렁거렸다. "실패야!"

벨라 센터 밖에 멍하니 서 있던 마티아스가 물었다. "대체 뭐가 잘못된 걸까요? 제가 이야기를 나눠본 이들은 하나같이 기대가 자못 컸는데 말이죠."

마티아스는 며칠 전 자신의 사진 전시회에서 보르네오의 벌목이 전 세계에 미치는 영향에 대해 유력인사들을 앞에 두고 간단한 프레젠테이션을 했었다. 영국의 전직 총리 토니 블레어도 스웨덴의 빅토리아 공주도 유엔 기후변화 특사 그로 할렘 브룬틀란(Gro Harlem Brundtland)도 그 자리에 참석했다. 근 30년 동안 야생동식물 사진작가이자 영화제작자로서 보르네오를 수십 차례 방문한 마티아스는 그 섬에서 저지대 열대우림의 75퍼센트가 크게 파괴되면서 은둔생활하는 페난족과 오랑우탄·난쟁이코끼리(pygmy elephant) 따위의 야생동물이 위기에 몰리고 있는 상황을 전력을 다해 전달했다.

"다들 수긍하는 것 같았어요." 마티아스가 말했다.

나도 같은 주에 그와 비슷한 경험을 했다. EU가 후원하는 기후 변화 부대행사에 참석했을 때다. 토론자로 나선 우리는 지구 기온을 전(前)산업 시대보다 섭씨 2도 이상 넘지 않는 수준—그 회의에서 다수가 제안한 목표치—으로 안정화하는 시나리오를 제시해달라는 요청을 받았다. 나는 청중들에게 기후협정만으로는 섭씨 2도라는 목표치에 다가갈 수 없다고 주장했다. 물론 기후협정 자체도 도달하기가 어렵겠지만 말이다. 세계의 기후 문제는 생물다양성 손실이나 해양 산성화 같은 한층 더 시급한 문제들과 뒤얽혀 있는 탓이다. 그러나 나보다 덜 신중한 다른 연사들은 현재의 기술만으로도 얼마든지 그 목표치를 달성할 수 있다고 호언장담했다. 전반적인 분위기는 사뭇 낙관적이었다.

나는 이렇게 대답했다. "무슨 영문인지 잘은 모르겠지만 두 가지 요인이 여전히 우리를 괴롭히고 있다 싶어요. 하나는 빈국과 부국 간의 뿌리 깊은 불신이고, 다른 하나는 온갖 과학적 증거에도 불구하고 세계의 부(富)가 지구의 건강에 달려 있다는 사실을 우리가 한사코 받아들이지 않으려 든다는 점이에요."

애초 코펜하겐 기후 정상회의는 오랜 여정의 종착점이 될 것으로 한껏 기대를 모았다. 그것은 1992년 리우 기후 조약의 이행을 책임진 유엔 기구가 개최한 열다섯 번째 회의이자 1997년 체결되고 2012년까지 유효한 교토 의정서의 감독기관이 개최한 다섯 번째 회의로, 마침내 법적 구속력을 지닌 합의문을 체결하게 될 판이었다.

유수 과학저널 〈네이처〉는 코펜하겐 기후 정상회의에 기대감을 드러내면서 내가 연구자들 약 스물다섯 명과 국제공조를 거쳐 공동집필한 논문을 9월 호에 실었다. 우리는 '인류를 위한 안전한 운용 공간(A Safe Operating Space for Humanity)'이라는 제목의 논문에서 전 지구적 기후, 성층권의 오존층, 생물다양성, 해양 산성화 같은 중요한 자연 시스템에 대해 '지구 한계(planetary boundaries)'를 따져보자고 제안했다. 만약 인간이 극지방 빙상의 해빙(解氷), 극심한 폭풍우, 야생동식물의 대량 멸종처럼 재앙에 이를 소지가 다분한 티핑 포인트(tipping point: 어떤 상황이 처음에는 미미하게 진행되다가 갑자기 균형을 깨고 모든 것이 일시에 변화하는 극적인 순간—옮긴이)를 어떻게든 피하고자 한다면 무엇보다 그러한 문턱값(threshold)에 이르는 경계선이 어디인지 알아야 한다, 즉 그 한계를 측정하고 추적해볼 필요가 있다는 게 우리의 주장이었다. 우리는 그 한계를 확인하고 더 많은 번영, 정의, 기술 진보로 향하는 문을 열어나간다면 다음 세대들을 좀더 안전한 미래로 안내할 수 있다고 적었다.

또한 최근의 과학적 연구 결과를 토대로 세계는 발전에 관한 새로운 패러다임을 필요로 한다는 증거도 제시했다. 복원력 있고 안정된 행성, 즉 안전한 '지구 한계' 내에 머물면서 그와 동시에 빈곤 완화와 경제 발전을 꾀할 수 있는 패러다임 말이다.

〈네이처〉의 편집자들은 우리의 제안을 '거대한 지적 도전'이라고 표현했으며, '정책결정자들에게 꼭 필요한 정보'를 제공할 수 있으리라고 평가했다. 물론 그것이 정확히 우리가 바라던 바였다. 예상대로 우리의 논문은 연구 방법론과 가정을 둘러싼 비판을 포함하여 숱한 논란을 불러일으켰다. 본시 과학이란 회의론이나 이견과 더불어 살아가고 숨 쉬게 마련이다. 우리는 그저 과학계의 동료들에게 도전장을 던지고 싶었을 뿐이다.

그러나 그 논문이 발표된 뒤 이어진 새로운 연구와 과학 논쟁들은 지구 한계에 대해 생각해볼 필요가 있음을 다시금 분명하게 일깨워주었다. 가장 최근의 과학적 연구 결과는 안전한 한계 내에서 지구의 주요 시스템, 즉 기후 시스템·성층권의 오존층·해양 산성화·지상에 남아 있는 숲지대 등을 관리하고 강을 비롯한 육지 생태계의 담수를 넉넉히 확보하고 생물다양성을 보호하고 대기오염이나 화학물질의 배출을 피한다면, 우리 후대들이 대대손손 얼마든지 윤택한 미래를 맞이할 수 있음을 확인해주었다.

하지만 그것은 어디까지나 과학이라는 동전의 한 면에 지나지 않았다. 우리의 제안은 과학자뿐 아니라 코펜하겐에서 만난 이들과 같은 업계 지도자, 정치 지도자 등 좀더 광범위한 청자들을 겨냥하고 있었다. 우리는 사회경제를 지구와 연관 지음으로써 전 지구적 발전이라는 개념을 재규정하는 새로운 논의들을 세상에 내놓고 싶었다. 그렇게 함으로써 인간이 지구에 미치는 영향을 측정하는 실용적이고도 광범위한 방법을 마련하고, 너무 늦기 전에 지속가능한 세계 발전을 위한 인류 공동의 노력을 안내하고 싶었다.

하지만 그런 야심 찬 목적을 이루기에는 아직 때가 무르익지 않았다는 사실이 이내 분명해졌다. 세계의 지도자들은 코펜하겐에서 한껏 기대를 모은 대화를 나누었음에도 아홉 가지 지구 한계 가운데 하나인, 온실가스 배출을 줄임으로써 대기중의 탄소를 안전한 지구 탄소예산(global carbon budget: 이산화탄소 배출 허용 총량) 내로 묶어두는 목표의 합의에 실패한 것이다. 각국 대표단이 퇴장함에 따라 협상을 위한 회의가 결렬되었다. 비공식 회의가 여기저기서 마구잡이로 소집되었다. 오바마 대통령을 비롯한 4개국 지도자들은 마지막 날 저들만 따로 합의에 도달했노라고 발표했다. 나머지 회의 참가국 대표들은 그 합의에서 배제되었다고 느꼈다. 언론은 이 정상회의에 '실망스럽다'거나 '기회를 놓쳤다'는 평가를 내놓았다. 스웨덴의 환경부장관 안드레아스 칼그렌(Andreas Carlgren)은 한술 더 떠서 이 회의를 '재앙'이요 '대참사'라고 깎아내렸다. 벨라 센터 밖에서는 낙심한 시위자들이 항의 표시로 머리를 자르기도 했다. "코펜하겐 시는 오늘 밤 범죄 현장을 방불케 한다. 죄지은 남녀가 공항으로 냅다 줄행랑을 치고 있는 것이다." 그린피스의 영국 책임자 존 소벤(John Sauven)은 이렇게 꼬집었다.

물론 찬찬히 들여다본다면 코펜하겐 회의에서도 진척을 본 사항이 아예 없는 것은 아니다. 가령 각국 지도자들은 드디어 기후 변화가 비단 환경 이슈에만 그치는 게 아니라 사회경제 이슈이기도 하다는 사실을 명확히 인식하게 되었다. 이는 미래의 기후 해법은 여하한 것이든 우리가 어떻게 도시를 건설하고 식량을 생산하고 다른 사람과 관계 맺고 살아갈 것인지와 관련한 경제·금융 시스템의 근본적 변화를 요청한다는 의미였다. 이것은 그저 작은 발상의 전환에 그치는 게 아니었다. 하지만 벨라 센터 밖으로 나온 우리를 맥 빠지게 만드는 일은 한두 가지가 아니었다.

삶에 다가가는 두 가지 접근법: 이성과 감정, 과학과 예술

마티아스는 사진작가로서, 나는 과학자로서 세계 여러 나라를 여행했다. 나는 언제나 타인의 합리성에 호소하는 것이 과학자의 임무라고 여겼다. 그러나 사실을 알려주기만 하면 사람들이 올바른 결정을 내리리라는 기대가 얼마나 순진한 것이었는지를 뼈아플 정도로 분명하게 깨달았다. 세상은 그렇게 단순하게 굴러가지 않았던 것이다. 나는 오직 충분한 비율의 시민들이 뭔가를 진심으로 믿고 그 일이 자신과 관련되어 있다고 느끼고 마음으로 설복할 때에만 진정한 변화가 일어난다는 것을 알았다. 변화는 깊은 '사고의 전환'을 필요로 하며 숫자를 통해서만은 결코 도달할 수 없었다. 가슴과 머리 둘 다에서 이루어져야 했다.

사진작가이자 영화제작자인 마티아스는 야생동식물과 원주민 문화를 다룬 놀라운 이미지와 다큐멘터리를 통해 강연장에 모여든 세계의 청중들을 사로잡았다. 미국의 시애틀에서 스웨덴의 스톡홀름, 중국의 베이징에서 브라질의 리우데자네이루에 이르는 세계 각지의 청중들은 인도 나왕 숲에서 호랑이와 조우한 이야기, 마지막 장면에서 무시무시한 송곳니를 드러내며 위협하는 코브라에게서 구사일생으로 살아난 이야기를 들으며 몸을 떨었다. 하지만 마티아스 역시 사람들을 그런 장소에 관해 염려하게 만드는 것만으로는 충분치 않음을 깨달았다. 사람들을 행동에 나서도록 설득하려면 증거에 토대한 정보가 필요했다.

말하자면 우리는 서로 다른 방식을 취했으되 다음과 같은 동일한 결론에 다가가고 있었다. 바로 자연과 종전과는 다른 새로운 관계를 맺을 수 있는 최선의 방법은 과학과 예술, 이성과 감정 간의 간극을 메우는 것이라는 결론이었다. 우리는 둘 다 산적한 세상의 문제들을 타개할 수 있는 기술과 지식은 우리 안에 이미 존재하며, 미래에는 위험만큼이나 기회도 많다고 믿었다.

우리 두 사람의 재능을 모아서 함께 그 이야기를 들려주면 어떨까?

새로운 서사

우리는 2012년 봄 그 생각을 실행에 옮겼다. 우리의 첫 책《인류의 탐색—지구 한계 내에서 번영하기(The Human Quest: Prospering Within Planetary Boundaries)》를 내고, 리우데자네이루의 '지속가능 발전을 위한 유엔 정상회의'에 참석한 각국 대표들에게 빠듯하긴 했지만 요행히 시간에 맞춰 그 책을 나눠줄 수 있었던 것이다. '리우+20'이라고 알려진 이 회의는 1992년 리우 회의가 열리고 20년 뒤 개최되는 그 후속 격이었다. 1992년 리우 회의는 최초로 환경과 사회 발전에 관한 관심을 불러일으킨 회의였다. 우리는 '스웨덴 우편번호 복권(Swedish Postcode Lottery)'이라는 단체의 후원을 받아 빌 클린턴 대통령이 머리말을 쓴 책을 각국 정부에서 파견한 130여 명의 대표들에게 증정했다.

기쁘기 그지없게도 연구자와 정책 입안자 들은 기후 변화를 비롯한 여러 국제의제에 관한 논의틀을 짤 때 우리의 '지구 한계' 개념을 채택하기 시작했다. 예를 들어 옥스팜(Oxfam: Oxford Committee for Famine Relief의 약어로, 옥스퍼드를 본부로 1942년에 발족한 극빈자 구제기관—옮긴이), '세계자연기금(World Wildlife Fund, WWF)' 같은 기관뿐 아니라 '유엔 지구 지속가능성 고위급 패널(UN High-Level Panel on Global Sustainability)'도 이 용어를 사용했다. 리우에서 열린 대규모 NGO 포럼과 EU도 세계적 환경 위험이 날로 커지는 세계화 사회에서 지속가능 발전을 규정하는 주요 개념으로 이 용어를 지지했다. 고무적이게도 이 용어는 한동안 '리우+20' 회의 자체의 작업문서들에까지 실렸다.

하지만 우리는 책을 이끌어가는 이 핵심 개념을 모두가 다 맘에 들어 하는 것은 아님을 알고 있었다. 주로 전문독자를 겨냥한 《인류의 탐색》은 마티아스의 근사한 사진들뿐 아니라 주, 참고문헌, 자료량 많은 40여 개의 도표와 도해가 잔뜩 실린 2킬로그램 넘는 묵직한 책이다. 우리는 책을 일부러 그렇게 만들었다. 인류 발전에 관한 참신한 시각을 놓고 새로운 논의가 이루어지도록 안내하는 권위 있는 지침서가 되기를 바랐기 때문이다. 또한 내심 전 세계 지식인들이 세계가 처한 곤경을 인식하면 더 많은 이들이 그 이야기를 전해 듣게 되리라는 희망도 품었다. 열파, 가뭄, 홍수를 비롯한 여러 기상이변의 징후가 드러나자 TV 기자들은 기후 변화가 예상보다 빨리 진행되고 있는 것이 아니냐며 한 주가 멀다 하고 의견을 물어왔다. 생물학자들은 수많은 종이 서식지가 파괴되면서 멸종 위기에 내몰린 결과 인간의 행복과 안녕을 지탱해주던 생태계가 붕괴 일보 직전이라고 경고했다.

기업이나 지역사회의 지도자들은 단편적 사실들을 서로 연관 지음으로써 환경 변화가 새로운 경제 풍토를 조성하는데, 그것은 한편 위협이지만 다른 한편 기회이기도 하다는 사실을 깨닫기 시작했다. 이 점 역시 우리에게 힘이 되어주었다. 세계의 지도자들은 기후 변화를 비롯한 긴급 이슈들에 대해 '위로부터의(top down)' 정책을 내놓으면서 끊임없이 머뭇거렸지만, 가정·지역사회·중역회의실·디지털망 등 세계의 나머지 부분에서는 '아래로부터의(bottom up)' 해법에 천착하면서 진작부터 움직임이 일고 있었다. 마티아스와 나는 이들 집단과 접촉하여 열정과 경험을 공유했고 가장 최근의 과학적 분석 결과를 제공해주었다. 안정된 지구 내에서 세계 발전을 도모할 수 있는 새로운 패러다임을 제시함으로써 이들 집단이 아름답고도 희망적인 논의틀을 갖추었으면 했던 것이다.

세계는 새로운 서사를 필요로 한다. 독창성과 소중한 가치와 휴머니즘을 통해 자연과 지구 전체의 지혜로운 스튜어드〔steward: 본시 집사라는 뜻이다. 7장에서 다루는 스튜어드십(stewardship)은 지구를 제 몸처럼 관리하고 돌보는 정신 자세나 태도를 뜻한다. 책임 정신, 청지기 정신, 관리제 등 다양하게 번역되고 있지만 하나같이 불분명하고 만족스럽지 않기에 그냥 '스튜어드십'으로 둔다—옮긴이〕가 됨으로써 인류에게 아름다운 지구에서 번영을 누릴 수 있는 기회를 부여하는 희망적인 이야기를 말이다. 지금까지 지배적 서사는 유한한 지구, 무한한 물적 발전을 골자로 지구와 자연은 인간에게 한량없이 베풀어줄 수 있는 역량을 지녔다고 가정했다. 이 서사는 우리가 '큰 지구(big planet)'에서 상대적으로 '작은 세계(small world)'에 거주하는 동안에는 별 탈 없이 통용되었다. 이런 세계에서는 지구가 제게 가하는 인간의 갖은 모욕을 질끈 눈감아주었던 것이다. 하지만 더는 아니다. 그런 시대는 이미 25년 전에 끝났다. 오늘날 우리는 '작은 지구(small planet)' '큰 세계(big world)'에서 살아가고 있다. 넘쳐나는 환경적 고난이 사상 최초로 세계경제에 청구서를 내밀기 시작했으며, 기상이변 사태들에 따른 비용 상승과 세계 식량 및 자원 비용의 불안정성을 특징으로 하는 세계다.

우리는 인간과 자연의 관계를 새롭게 조망해볼 필요가 있으며, 지구와 새로운 관계를 맺음으로써 세계 번영으로 나아가는 길을 모색할 수 있다.

이것이 바로 우리가 이 책을 쓰게 된 연유다.

이 책은 3부로 구성되어 있다. 1부는 지구가 인류의 거대한 영향력에 반응함에 따라 우리가 직면하게 된 시급한 문제들을 간추려 실었다. 그리고 '지구 한계'라는 개념이 무엇인지 설명하고, 그것을 끝내 무시할 경우 우리의 생존이 맞이할 세 가지 위협을 소상하게 다루었다. 2부는 지속가능한 지구에서의 번영, 정의, 행복에 관한 새로운 사고방식을 소개한다. 우리는 자연의 아름다움을 보존하는 것이야말로 모든 국가, 문화, 종교가 추구하는 보편적 가치라고 믿는다. 지구를 더 추악하게 만들 생각으로 아침에 눈을 뜨는 얼빠진 사람은 없다. 우리 모두는 과학, 인문학, 종교 등 표현법이 각기 다를 수는 있지만 저마다 우리가 살아가는 터전에 대해 깊은 책임감을 공유한다. 3부에서는 90억 명의 세계 인구를 먹여 살리는 문제나 미래 경제를 이끌어가는 문제 등 인간이 마주한 까다로운 도전을 헤쳐나갈 실질적인 해법을 제시한다.

우리는 최근의 자료를 통해 인간이 지구에 미치는 해악이 실로 놀라운 지경임을 알고 있다. 그럼에도 이 책에서 지구를 현명하게 관리할 수 있는 수많은 새로운 기회, 희망, 혁신을 고무하는 낙관적인 이야기를 들려주고자 했다. 우리의 새로운 서사는 당신과 나에게 가장 중요한 것, 즉 지구 자체를 위해서가 아니라(사실 지구는 전혀 아랑곳하지 않는다) 우리 자신과 후대를 위해서 지상에 남아 있는 아름다움을 존속시키는 것을 과학과 사진이라는 언어로 들려주고 있다. 세계 인구는 지금으로부터 채 두 세대를 거치기도 전에 90억~100억 명으로 불어날 테고, 그들 모두는 지금의 우리와 똑같이 이 지구상에서 윤택한 삶을 영위할 권리가 있다.

세계 각지의 사람들이 이와 같은 대화에 동참하고 있다. 2014년 9월 21일 약 40만 명의 시위자들이 '국민의 기후행진(People's Climate March)'

에 참가하려고 맨해튼 중심부에 몰려들었다. 정말이지 가슴 벅찬 광경이었다. 센트럴파크의 왼편에 남북으로 길게 뻗은 도로 센트럴파크 웨스트의 북쪽 출발점 커시드럴 파크웨이(Cathedral Parkway)에서 시위대의 선두가 모여 있는 남쪽 종착점 콜럼버스 서클(Columbus Circle)까지 온갖 나이대와 신분·출신의 사람들이 끝없는 장사진을 이루었다. 이것은 '흔히 볼 수 있는' 시위가 아니었다. 물론 그들 가운데에는 반핵 활동가나 종말론적 신맬서스주의자(신맬서스주의는 인구 증가의 도덕적 제한을 요구하는 맬서스의 인구론에 입각하여 인공적 피임법에 의한 산아제한을 주장한다—옮긴이) 같은 강성 환경주의자들도 없지는 않았다. 하지만 십 대 자녀를 둔 중산층 부모, 기업의 지도자와 혁신가 들도 섞여 있었다. 대열의 선두에는 반기문 유엔 사무총장의 모습도 보였다.

세계 도처의 수많은 도시에서 동시에 진행된 이 행진은 전례 없는 규모의 기후 변화와 관련하여 정치적 리더십을 발휘해달라고 촉구했다. 더없이 의미심장한 순간이자 사회적 티핑 포인트라 할 만한 광경이었다. 이 사건의 의미는 비단 참가자 수가 많다는 데에만 그치는 게 아니었다. 이것은 새로운 서사의 서막을 알리는 순간이었다. 향후 더 나은 경제성장을 가능케 하는 정치 시스템과 더불어 작동하고, 오늘날 우리가 걷고 있는 더럽고 비싸고 위험한 길에서 벗어나 사회경제적으로 매력적이고 깨끗하고 지속가능한 미래로 이끄는 서사 말이다.

그 전날 '글로벌 챌린지 재단(Global Challenges Foundation)'은 몇 가지 놀라운 조사 결과를 발표했다. 연구자들은 질문지를 통해 인간이 기후 변화를 일으킨 원인인지 여부, 그리고 기후 변화 문제를 풀기 위해 정치적 리더십이 필요한지 여부를 물었다. 스웨덴, 영국, 독일 같은 나라에서는 응

답자의 약 70퍼센트가 인간이 기후 변화를 일으킨 주범이라고 답함으로써 환경에 관한 인식 수준이 상당히 높다는 것을 보여주었다. 나는 이러한 견해가 예외일 뿐이며 전 세계인의 뜻을 대표하는 것은 아니라고 주장하는 소리를 왕왕 듣곤 한다. '당신을 비롯한 스웨덴 사람들은 환경 의식이 매우 높기' 때문이라는 것이다. 하지만 그 조사는 중국, 인도, 브라질 국민들에게도 동일한 질문을 던졌는데 그 결과는 놀라웠다. 이들 나라의 수치가 스웨덴보다 훨씬 더 높았던 것이다!

물론 우리는 이런 유의 연구 결과를 해석하는 데 신중해야 한다. 그러나 거기에 따르면 시민들은 환경의식이 높고 정치적 해법이 이루어지기를 간절히 소망하는 데 반해, 오늘날 우리가 보고 있는 정치적 리더십은 도무지 신통치 않고 언론의 관심 또한 제한적이다. 세계의 지도자들은 이 연구 결과, 그리고 내가 '국민의 기후행진'에서 목격한 열기를 통해 시민들로부터 분명하고도 유례없는 메시지를 읽어낼 수 있다. 바로 '당신은 행동할 권한을 위임받았다'는 것이다.

2015년 12월, 세계의 지도자들은 또 하나의 중요한 정상회의 '유엔 기후변화회의(UN Climate Change Conference)'에 참석하기 위해 다시 파리로 모여들 것이다(실제로 2015년 12월 12일 프랑스 파리에서 전 세계의 온실가스 감축을 위해 국제협약, 즉 파리 기후변화협약이 체결되었다. 여기에는 산업화 이전 수준 대비 지구 평균 온도가 섭씨 2도 이상 상승하지 않도록 온실가스 배출량을 단계적으로 감축하자는 내용이 담겼다. 전 세계 대부분의 국가라 할 수 있는 195개국이 이 협약에 서명했으나 미국은 2017년 온실가스를 줄이기 위한 노력이 미국 경제에 부담을 준다는 지극히 무책임한 이유를 대며 거기서 탈퇴했다—옮긴이). 우리는 이번에야말로 그들이 코펜하겐의 잘못을 바로잡고, 국제적으로 구속력 있는 기후협약을 새로이 체결하게 되기를 바란다. 하지만 각국 정부 대표들이 지구가 직면한 위기에 수용 가능한 해법을 내놓을 때까지 그저 팔짱만 끼고 있을 수는 없다. 당신도 이 책에서 알게 된 정보를 토대로 뉴욕에 모인 40만 군중처럼 다른 사람들과의 대화나 토론, 모임에 참가함으로써 스스로 그런 도전을 시도해보기 바란다. 우리 모두는 이 책에서 소개한 정보뿐 아니라 번영하는 가정, 지역사회, 기업, 국가에 관한 꿈과 관심을 공유함으로써 인류가 다시금 자연과 손잡게 되는 과정을 앞당길 수 있다.

이것이 바로 우리가 이 책을 통해 당신에게 들려주고자 하는 바다.

우리의 10대 핵심 메시지

1

눈을 뜨라

지구가 전례 없는 고난에 시달리고 있음을 보여주는 수치들은 놀라울 정도다. 너무나 많은 숲이 잘려나가고 너무나 많은 물고기가 남획되고 너무나 많은 종이 멸종했다. 지구는 인류의 손길로 만신창이가 되었다. 온실가스, 해양 산성화, 화학물질에 의한 오염 등 전방위적 파괴다. 이 모든 것이 우리의 미래를 위험수위로 내몰았다. 우리는 인류사 최초로 지구를 과하게 괴롭힌 것이다.

보르네오섬의 사냥꾼 테바란(Tebaran)은 과거 제 선조들의 땅이었던 열대우림이 벌목으로 파괴됨에 따라 토착민들이 맞이하게 될 미래가 암울할 거라 우려하고 있다. 삼림벌채는 생물다양성과 세계 기후에도 영향을 끼친다. 열대우림은 지구의 복원력을 좌우하는 주요 생물군계다. 열대우림을 지나치게 잘라내는 상황에 기후 변화가 열대지방에 몰고 오리라 예상되는 점차 따뜻해지고 건조해지는 환경까지 더해지면 그 생태계가 급작스레 티핑 포인트로 치달아 열대우림이 사바나로 바뀔 수도 있다. 만약 이런 사태가 빚어지면 지역의 담수 공급 체계가 심각한 피해를 입고 대대적인 탄소 손실을 촉발할 것이다.

2

위기는 긴박하며 전 지구적이다

위기의 진행 속도가 몹시 빠르다. 인류는 단지 두 세대 만에 세계를 안정적으로 지탱해 주던 지구의 능력을 압도해버렸다. 우리는 '큰 지구' '작은 세계' 상태에서 '작은 지구' '큰 세계' 상태로 옮아갔다. 이제 지구는 환경이 세계경제에 가한 충격에 반응하기 시작했다. 이것은 거대한 전환점이다. 우리의 가정은 달라지고 있으며, 우리의 미래는 전적으로 우리가 앞으로 어떻게 할지에 달려 있다.

홍콩에서 이루어지고 있는 것 같은, 경제성장과 인구성장에 따른 건설 프로젝트 붐 덕택에 세계적으로 도시들이 팽창을 거듭하고 있다. 하지만 예측치들에 따르면 2030년에 우리에게 필요한 도시의 3분의 2는 아직 건설조차 되지 않았다. 이것은 만만치 않은 도전이지만 또한 거대한 기회이기도 하다. 우리는 이제 어떻게 하면 생태계를 통합하여 매력적이고 복원력 있고 건강한 도시를 설계할 수 있는지 알고 있다. 도시를 지속가능하도록 디자인하는 데에서 가장 결정적인 역할을 하는 것은 바로 자연이다.

3

모든 것이 밀접하게 연결되어 있다

세계가 자꾸만 작아지면 얼핏 무관해 보이는 사건들이 같은 인과사슬 속에 얽히게 된다. 자연·정치·경제는 이제 하나로 연결되어 있다. 스톡홀름에서 어느 노동자가 통근하는 방식이 에콰도르의 농부에게 영향을 끼친다. 촘촘히 이어져 있는 삶이라는 망은 지구 생태계 전반을 아우르며, 그 사슬을 이루는 각각의 연결고리들은 저마다 소중하다.

북극광이 북극 스발바르 제도(Svalbard Is) 상공에 드리워져 있다. 북극의 흰 얼음 표면은 햇빛을 우주로 반사함으로써 지구를 냉각하는 데 도움을 준다.

4

예상치 못한 일들의 일상화

지구가 변화하면 우리는 놀랄 만한 일들을 다반사로 겪는다. 지구의 변화를 추동하는 힘은 복잡할뿐더러 느닷없고 예기치 않은 일들을 일으킬 소지마저 있다. 과거에는 우리가 의존하는 정치 시스템에서 생태계에 이르는 거대 시스템이 안정적이고 예측 가능하다고 여겼다. 그러나 오늘날에는 변하지 않는 유일한 것이란 변한다는 사실 그 자체뿐이다. 점점 더 그리되어가서 결국에는 놀라움이 새로운 일상으로 자리 잡을 것이다.

르완다 늉궤(Nyungwe)에 사는 소년 로버트는 생태계 보존과 인류의 진보가 똑같이 중요해지는 시기에 성장하게 될 것이다.

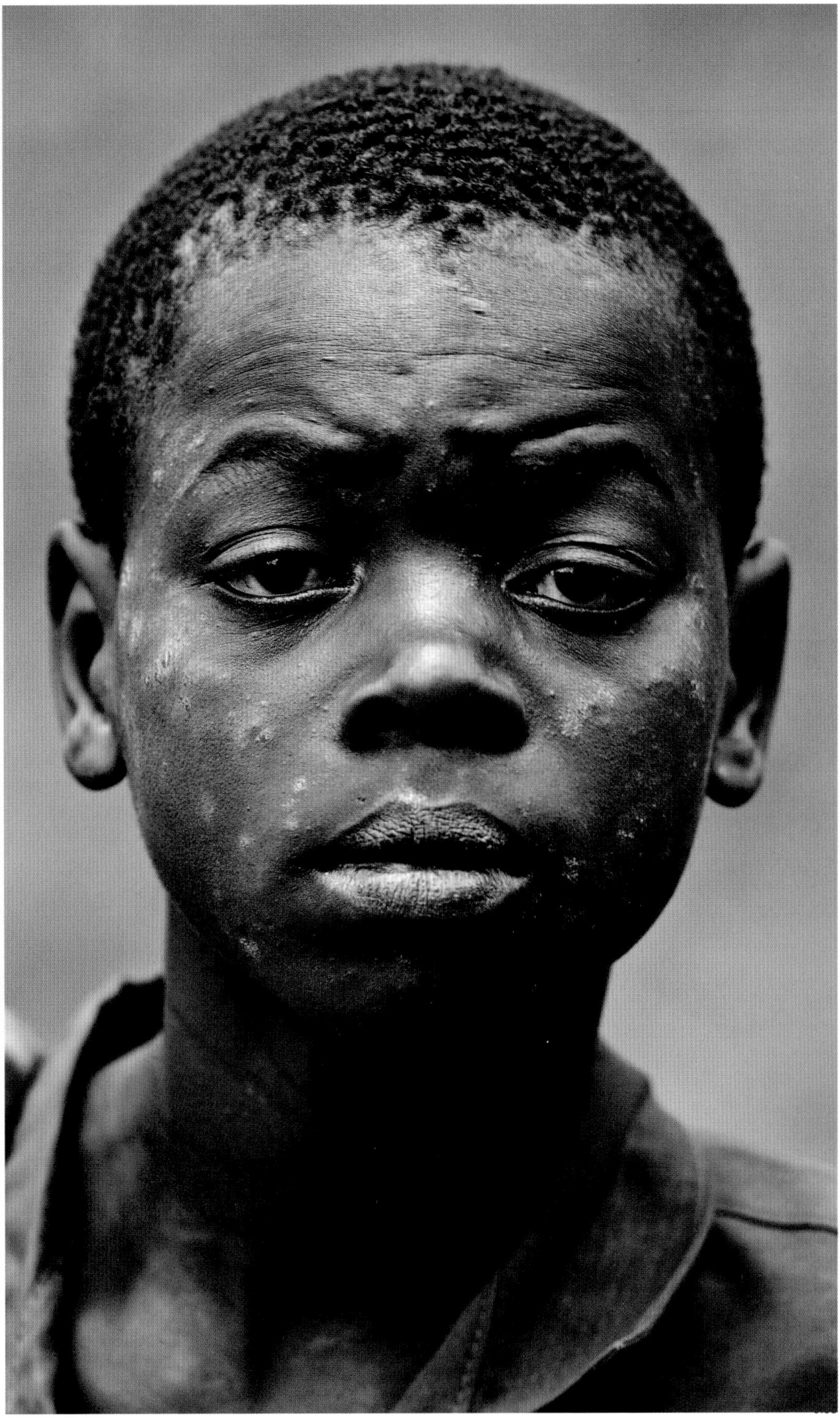

5

지구 한계를 존중하라

수많은 과학자가 경고했다시피 지구의 핵심 과정들에서 파멸적인 티핑 포인트를 건드리지 않는 것이 무엇보다 중요하다. 다행히 지금 우리는 만약 넘어선다면 파국을 초래할지도 모를 마지노선, 즉 지구 한계를 규정하기에 충분한 지식과 자료를 갖고 있다. 이 한계를 존중한다면 안전한 길을 따라 무한한 기회가 열려 있는 미래로 나아갈 수 있다.

탄자니아 '셀루스사냥감보호구역(Selous Game Reserve)'의 풍부한 생물다양성은 경관 복원력에 더없이 긴요한 구실을 하며, 경관 복원력은 다시 지구 시스템의 안정성에 기여한다.

6

지구 차원의 사고 전환

우리는 산업혁명 이후 우리의 행위가 아무런 대가도 치르지 않으며, 자연을 취할 수도 버릴 수도 있다는 터무니없는 생각을 해왔다. 하지만 이제 어떤 농부라도 당신에게 말해줄 수 있듯이 더는 그렇지 않다. 그것은 일을 선택할 것이냐 환경을 선택할 것이냐 하는 문제가 아니다. 일과 환경은 서로 맞물려 있기 때문이다. 이것이 바로 우리가 인간과 자연, 사회와 생물권, 인간세계와 지구를 다시금 이어주려면 사고의 대전환이 필요하다고 강변하는 까닭이다.

카메룬에 서식하는 이 젬슨 맘바(Jameson's mamba) 같은 뱀의 독소는 연구자들이 인간의 심장병 치료용 신약을 개발하는 데 쓰인다.

7

남아 있는 지구의 아름다움을 보존하라

우리는 우리가 사랑하는 세상을 너무나 당연시한다. 그러면서 그 세상을 급속도로 망가뜨리고 있다. 초원에 비치는 여명의 빛, 개울에서 은빛으로 빛나는 물고기 떼, 숲 위로 날아다니는 매의 울음소리……. 누구나 아름다운 것들에 대해 저만의 생각을 지닌다. 우리는 필시 그것을 잃어가면서 한편 그리워할 것이다. 이제 지구의 아름다움을 지탱해주는 남은 자연 시스템을 지키기 위해 싸워야 할 때다. 자연 시스템 그 자체를 위해서가 아니라 주로 우리 자신의 번영을 보존하기 위해서다.

말레이시아 다눔계곡보호구역(Danum Valley Conservation Area)에서 자라고 있는 디프테로카프 나무를 리아나 넝쿨이 칭칭 감고 있다. 열대우림은 인간에게 숱한 생태계 서비스를 제공한다.

8

우리는 상황을 변화시킬 수 있다

우리는 필요한 것을 해낼 수 있는 도구, 지력, 창의력, 기술적 노하우를 이미 갖추고 있다. 게다가 부정적 기류를 역전시킬 수 있다. 또한 지구의 숲을 파괴하지 않고도 90억 세계 인구를 먹여 살릴 수 있다. 화석연료를 연소하지 않고도 경제를 꾸려갈 수 있다. 번영에 이르는 유일한 방법은 환경친화적 성장에 의한 것뿐이다. 이것은 부담도 희생도 아니다. 바로 미래세계의 번영에 투자하는 것이다. 수수방관은 더 이상 타개책이 아니다.

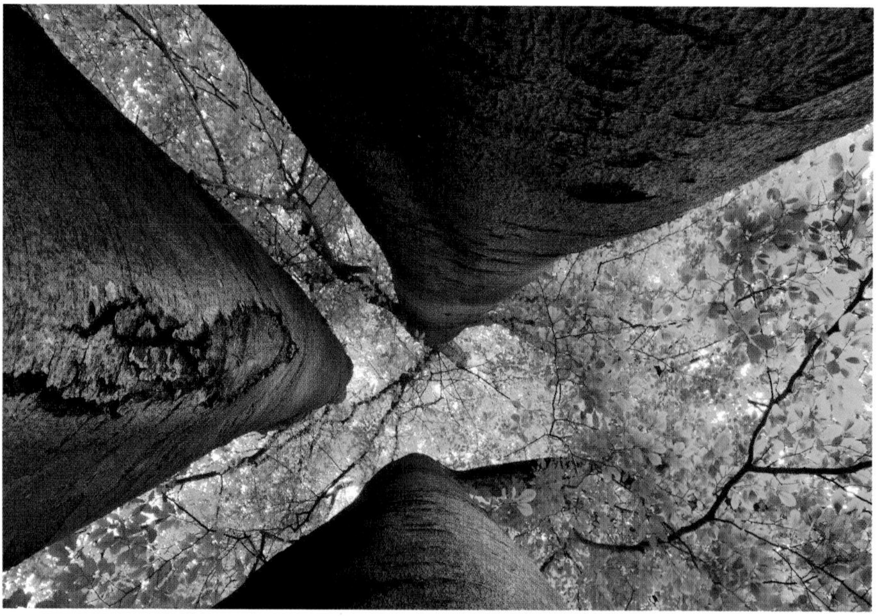

사회를 생물권과 다시 이어주는 것은 미래의 기회를 늘리는 데 중요하다.

9

혁신 촉발하기

인류는 가장 벅찬 도전조차 이겨낼 수 있는 믿기 힘든 괴력을 지니고 있다. 일단 지금 같은 길을 계속 걸어가는 데 따른 위험을 인식하기만 한다면 사람들은 창의적이고 더욱 이익이 많은 대안을 모색할 것이다. 이것이 바로 혁신이 작동하는 방식이다. 지구 한계라는 개념이 여기에 도움을 줄 것이다. 우리는 허용 가능한 자원, 생태계, 기후 사용의 최대치와 그 문턱값을 규정함으로써 인류 번영과 지구 안정성을 위한 무수한 아이디어와 해법에 힘입어 지속가능한 기술 발명이라는 새로운 물결을 불러일으킬 수 있다.

로테르담(네덜란드 남서부의 항구 도시—옮긴이) 항구를 홍수로부터 보호하고자 기발한 해일 방파제를 축조했다. 인류는 지구 한계 내에서 혁신을 촉발함으로써 더 많은 진보를 이룩할 수 있다.

10

시급한 것부터 시작하라

현실적이 되자. 지속가능성 쪽으로 생각을 돌리기까지는 한 세대가 걸릴 수도 있다. 진작에 그렇게 했어야 하지만 말이다. 만약 30년을 더 꾸물거린다면 그때는 후회해도 늦다. 따라서 우리는 두 가지 접근법을 병행하자고 제안한다. 첫째, 기후 변화, 질소·인의 과부하, 생물다양성 손실 같은 다급한 문제는 당장 해결한다. 둘째, 장기적으로 우리를 다시 자연과 이어지도록 하는 일이라면 무엇이든 가리지 않고 한다. 지구는 그만한 대접을 받을 자격이 있다. 세상은 이러한 노력을 통해 달라질 것이다.

호밀밭을 보면 누구라도 넉넉한 식량이라는 이상을 떠올린다. 폭발적으로 불어나는 세계 인구에게 식량을 부족함 없이 제공하려면 획기적인 농업 혁신이 필요하다.

1부 거대한 도전

이케아(IKEA) 그룹의 지속가능 혁신을 일궈낸 하칸 노르드크비스트(Håkan Nordkvist)가 최근 매력적인 이야기를 들려주었다. 그는 스톡홀름 그랜드 호텔의 우아한 윈터가든(Winter Garden) 무대에서 공개토론회에 참가하고 있었다. 청중석에는 150명의 재계 지도자, 정책 입안자, 전문가 들이 자리하여 지속가능성과 사업에 관한 그의 최근 생각을 진지하게 경청했다.

노르드크비스트가 설명한 대로, 이케아는 이제 자신들의 에너지 공급을 신재생 원천으로 서서히 옮아가는 일에 깊숙이 관여하고 있다. 이 회사는 약 140개의 풍차를 소유하고 있으며 세계 각지의 이케아 건물에 태양전지판을 55만 개 넘게 설치했다. 이케아는 2020년까지 지금 소비하는 것보다 더 많은 에너지를 생산함으로써 자사를 한층 더 경쟁력 있는 기업으로 끌어올릴 뿐 아니라 세계의 지속가능성에도 기여할 참이다.

우리의 마음을 사로잡은 것은 그가 이케아 중역회의실에서 이뤄진 어느 논의에 대해 들려준 내용이었다. 재생 에너지에 투자할 계획이 있느냐는 질문을 받은 그 회사 재정 담당자들은 그렇게 하는 데 따른 '경제적 이득이 없다'면서 반대의 뜻을 분명히 했다. 태양 에너지나 풍력 에너지에 투자하면 그렇지 않은 경우보다 훨씬 더 비용이 많이 들 게 뻔하다고 맞선 것이다. 그러자 이케아의 창립자 잉그바르 캄프라드(Ingvar Kamprad)가 "어떻게든 우리가 흐름을 선도해야 한다"며 나섰다. 왜 그래야 하느냐는 질문에 그는 이렇게 짤막하게 대꾸했다. "그렇게 하는 게 옳은 일이니까요."

기업이 지속가능성이라는 문제를 바라보는 시각이 크게 달라지고 있음을 시사하는 이 이야기에 나는 깊은 감명을 받았다. 10년 전만 해도 수많은 기업이 지속가능성을 부차적인 것으로, 즉 자신들의 핵심사업과는 별개인 그저 '기업의 사회적 책무(corporate social responsibility, CSR)'쯤으로 간주했다. 하지만 이제 기업들은 지속가능성을 그들의 핵심 기업 전략으로 받아들인다. 기후 변화나 생태계와 관련한 주제는 더 이상 환경단체 이사들만 배타적으로 관심을 기울이는 영역이 아니다. 이제 기업의 중역회의에서 논의되는 주제로 달라진 것이다. 자원 효율성, 순환경제 모델, 저탄소 가치사슬(low-carbon value chains: 연구개발, 구매, 생산, 마케팅 등 전 가치사슬에 걸쳐 탄소를 감축하는 것—옮긴이), 환경회계제도(environmental accounting: 재활용이나 오염물질 관리 등 환경 대책의 실효성을 높이기 위해 환경보존의 제반 비용과 효과를 회계정보인 대차대조표로 만드는 것—옮긴이)는 하나같이 유익할 뿐 아니라 기업을 생명력 있게 만드는 주된 전략들이다.

이미 게임체인저(game changer: IT 용어로 판을 뒤흔들어 시장의 흐름을 통째로 바꾸거나 어떤 일의 결과나 흐름 및 판도를 뒤집어놓을 만한 결정적인 사건, 사람, 서비스, 제품을 일컫는다—옮긴이)들이 속속 등장하고 있다. 푸마(Puma)의 요헨 자이츠(Jochen Zeitz)와 버진(Virgin) 사의 리처드 브랜슨(Richard Branson)이 창립한 비영리기획 B팀(B Team)은 그간 기업 부문 전반에서 지속가능성을 진지하게 통합하도록 고무해왔다. 유니레버(Unilever), 로얄 DSM(Royal DSM), 월마트(Walmart)는 식품 산업에서 지속가능한 가치사슬을 선도하고 있다. BP 회장 칼헨리크 스반베르그(Carl-Henrik Svanberg)는 석유회사들이 무상으로 대기를 오염시키도록 허용하는 것은 온당치 않다면서 탄소에 국제 가격을 매기자는 주장에 동조했다. GE(General Electric)는 2005년 이래 그들의 공정에 쓰이는 에너지와 용수를 개선하여 3억 달러(이하 달러는 모두 미 달러—옮긴이)를 절감했으며, 비용을 낮추고 환경에 끼치는 해악을 줄이는 기술적 해법을 통해 1600여 억 달러의 수익을 창출했다.

점점 더 많은 기업들이 지속가능성을 구현하면 변화를 따라잡지 못하는 다른 경쟁자들을 제치고 우위에 설 수 있다는 결론에 도달했다. 〈이코노미스트〉가 얼마 전 석유의 미래를 다룬 특별호에서 강조한 대로, 지구의 자연자원을 부당하게 사용하고 지구를 있는 대로 오염시키는 낡은 전략은 더 이상 먹혀들지 않는다. 그 잡지의 주장에 따르면, 화석연료에 계속 투자하는 기업은 반드시 실패하게 되어 있다. 그저 환경적인 이유 때문이 아니다. 청정에너지가 더없이 풍부하고 저렴하고 매력적이므로 불안정하고 위험하고 불건강하고 위험 부담이 크고 점차 희소해지는 화석연료와의 경쟁에서 가뿐하게 승리를 거둘 수 있기 때문이다.

재앙의 조짐이 임박했다. 1부의 여러 장에서 상세히 다룬 것처럼 인류의 생존은 자연자원, 에너지 사용, 오염, 공정성, 지속가능성에 관한 우리의 사고방식을 송두리째 전환하는 데 달려 있다. 인구성장, 기후 변화, 생태계 악화, 급작스러운 지구 행동의 변화 가능성 증가 등으로 압력이 커지자 점점 더 많은 기업의 지도자들이 미래로 나아가는 안전한 길이 결국 수익성 있는 길이기도 하다는 것을 알아차렸다.

오늘날에는 연례행사인 세계경제포럼(World Economic Forum)이 열리는 스위스 다보스(Davos)의 눈 덮인 거리를 걸어가노라면, 기업마다 저만의 혁신적인 아이디어를 자랑하느라 여념이 없음을 단박에 알 수 있다.

테슬라(Tesla)의 전기자동차, 폭스바겐 E-업(VW E-Up) 전기자동차, 아우디 E-트론(Audi's E-tron) 전기자동차, 태양력 기술, 새로운 경량 탄소 소재 등 기업들이 저마다 지속가능성을 겨냥한 혁신기술을 선보이는 데 열을 올리고 있는 것이다. 생각해보라. 오늘날에는 기업이 이를테면 연료를 많이 잡아먹는 허머(Hummer) 자동차 같은 상징은 그리 자랑스레 내세우지 못한다. 대신 제일 군살 없고 청정하고 멋진 신상품을 여봐란듯이 내놓는다.

왜냐, 그렇게 하는 게 옳은 일이니까.

1

새롭게 마주한 난관

우리가 지금 보고 있는 세계는 상대적으로 새로운 현상이다. 지구의 45억 년 역사 대부분의 시기 동안 지구의 조건은 오늘날과 비교해볼 때 한층 더 험악했다. 실제로 인간사회가 발달하는 데 필요한 요인들이 믿을 만하게 구축된 기간은 오직 지난 1만 년 동안에 불과하다. 그 전에는 지구가 툭하면 호러 쇼를 방불케 했다.

가령 우리의 선조인 초기인류 호미니드(hominid)들이 약 250만 년 전 아프리카에 처음 등장했을 때, 그들은 일련의 위기에 맞닥뜨렸다. 지구가 살인적인 빙하기와 비교적 따뜻하고 초목이 우거진 간빙기를 번갈아가며 겪었던 탓이다. 약 16만 년 전 현생인류가 지구상에 출현하기 시작할 무렵에도 생존은 여전히 불투명한 일이었다. 세계 기후가 빙상이 늘어나고 물이 희소해지고 해수면이 낮아지고 식량이 부족해지는 '추운' 국면과, 물이 풍부하고 해수면이 상승하고 바이오매스(biomass) 자원이 풍족해지는 '따뜻한' 국면 사이를 부단히 오갔기 때문이다. 이러한 기온 변화는 지

말레이시아 사라왁(Sarawak)에 위치한 반단강(Bandan River) 유역의 열대우림 파괴는 숲의 수분 되먹임에 영향을 미치고, 그로 인해 그 지역의 강수 패턴을 달라지게 만든다.

질학적 관점에서야 하등 이상할 게 없지만—빙하기와 간빙기 간의 지구 기온차는 채 섭씨 5도가 되지 않는다—인류의 생존에는 치명적인 영향을 끼쳤다.

당시에는 수백만 명에서 수천만 명 사이에 그치는 비교적 적은 인구가 수렵채집 생활을 하면서 살아갔다. 식량과 잠자리를 구하기 어려울 만큼 기후가 혹독한 시기에는 사람들이 생산성 높은 아프리카의 초원지대에 모여 살았다. DNA 분석으로 드러난 바에 따르면, 추위가 극심했던 7만 5000년 전에는 총인구수가 크게 줄어 가임 성인의 숫자가 1만 5000명에 그쳤다. 그들은 에티오피아 북부의 고원지대에만 몰려 살았다. 이것은 우리 인간종에게 심각한 위기였다. 일찍이 그처럼 멸종에 가까이 다가간 시기는 없었다. 일군의 생존자들이 새로운 식량자원을 찾아 홍해 연안을 따라 길을 나섰다. 상당량의 담수가 북극의 빙상에 갇혀 있었으므로 홍해 연안은 지금보다 100미터나 더 낮았다. 특히 먼저 아라비아반도 남부—당시도 지금처럼 건조하고 험악한 환경이었다—로, 이어 아라비아반도의 해안을 따라 인도 쪽으로 이동하던 이들 집단은 결국 약 4만 년 뒤 오스트랄라시아(Australasia: 오스트레일리아, 뉴질랜드, 서남태평양 제도를 아우르는 지역—옮긴이)와 유럽으로 퍼져나갔다.

인류가 반(半)유목 생활양식을 따르게 된 것은 대규모로 빠르게 진행된 기후 변화 탓이었다. 때로 기후는 너무 느닷없다시피 변했다. 연구자들이 그린란드 빙상 깊은 곳에서 시추한 얼음코어를 통해 발견한 바에 따르면, 지난 10만 년 동안에는 일부 변화들이 불과 수십 년 단위로 발생했다. 이를테면 약 1만 1500년 전에는 그린란드의 기온이 겨우 40년 만에 섭씨 5~10도나 급등한 것이다.

그러나 폭풍우가 몰아치던 지구 기후는 약 1만 1700년 전부터 서서히 누그러지기 시작했다. 마지막 빙하기에서 벗어나 지구가 자연적 조화를 꾀하던 상태인, 오늘날 우리가 홀로세(Holocene: 약 1만 년 전부터 현재까지의 지질시대로 현세 또는 충적세라고도 한다—옮긴이)라 부르는 간빙기에 접어든 까닭이다. 인류는 그야말로 '추운' 기후에서 벗어나 놀랄 만큼 안정된 '따뜻한' 환경에 들어섰다. 260만 년 전의 홍적세(Pleistocene)에서 볼 수 있었던 환경과 비교해보면 지금 인류가 경험하는 기후 변화는 상대적으로 미미한 편이다. 실제로 북반구에서도 남반구에서도 우리 인간은 기온의 진폭이 섭씨 1도에 불과한 믿기 어려우리만치 작은 기후 변동에 꽤나 익숙해 있다.

그 파급력은 즉각적이었다. 홀로세에 들어서자마자 몇 무리의 수렵채집인들이 거의 동시이다시피 네 곳이 넘는 서로 다른 지역에서 독자적으로 농업을 창안해냈다. 필시 따뜻하고 습윤하고 예측 가능한 환경이 인간에게 도움을 주었을 것이다. 우리는 새로운 국면에 접어든 이 1000~2000년 사이 수많은 지역에서 반(半)유목의 수렵채집 생활양식이 정착성의 농업 생활양식으로 변모해간 사실을 관찰했다. 정착과 농업은 결국 현대사회가 발전하는 데 가장 중요한 요건이었던 것으로 드러났다. 농업은 분화, 기술발달, 규칙과 규범, 인구를 부양하는 식량 조달 능력의 획기적인 발달 등을 가능케 했다.

역사적으로 볼 때 최초의 선진적 인류문화가 만개한 것도 바로 이즈음이었다. 중국 황허강 계곡의 룽산(Longshan) 신석기 시대 농업 문화, 관개가 도입된 나일강 유역의 고대 이집트 사회, 관개농이 이루어지던 티그리스와 유프라테스강 유역의 메소포타미아 사회, 아프리카와 중앙아시아의 상당 부분에서 전개된 이슬람 문화, 마야 문명을 꽃피운 중앙아메리카의 농업 사회. 이 농업 문화권들은 저마다 나름의 방식으로 발전하면서 선진 사회로 진입했다. 이들 고대 문명은 발달을 거듭했고 중세를 거치면서 봉건적 산업사회에 접어들었다. 마침내 르네상스 시기 말엽 현대과학이 부상했으며, 결국 민족국가가 탄생했다. 1800년경 처음으로 10억을 돌파한 세계 인구는 20세기 중엽이 되자 30억으로 눈덩이처럼 불어났다.

한마디로 홀로세의 시작은 인류를 위한 멋진 쇼핑몰을 세운 것에 비견되는 지구 버전의 일대 사건이었다. 우리는 갑자기 숲, 초원, 산호초, 초지, 어자원, 포유류, 박테리아, 공기의 질, 얼음 덮개, 기온, 담수의 이용 가능성, 비옥한 토양 따위가 두루 안정적 균형을 갖춘 결과 믿음직스러운 재화·서비스의 원천을 손에 넣은 것이다. 이 이야기의 골자는 극적인 만큼이나 간명하다. 즉 우리는 여전히 우리의 번영과 안녕을 홀로세에 기대고 있다는 것이다. 인류 문명에게 에덴동산이나 마찬가지인 홀로세는 기실 70억이 넘는 세계 인구를 먹여 살리고 현대사회를 지탱해줄 수 있는, 우리가 알고 있는 지구의 '유일한' 상태다.

이것이 바로 지금 우리가 저지르고 있는 온갖 일들이 인류사에서 가장 충격적인 사건으로 꼽히는 까닭이다. 무슨 말인고 하니 우리는 지금 지구를 홀로세에서 벗어나 전대미답의 새로운 영역에 들어서도록 힘껏 밀어붙이고 있는 것이다.

인류세에 오신 것을 환영합니다

익히 알고 있다시피, 농업과 산업이 급속도로 발전하면서 세계를 위협하게 되기까지는 그리 오랜 시간이 걸리지 않았다. 불과 반세기 남짓 만이었다. 1950년대 중엽 인간의 기획이 속도를 내기 시작한 이래, 인류에서 연원하는 광범위한 영향, 즉 기후 변화, 화학물질에 의한 오염, 대기오염, 토지와 수질의 악화, 영양물질 과부하, 대규모 종들과 그들의 서식지 손실 등이 지구상에 존재하는 주요 생태계의 거의 모든 부분을 압박했다. 사실 고대 그리스어로 안트로포스(Anthropos)라 일컫는 우리 인간은 전 지구적 변화를 일으킨 대단히 심각한 원천으로 떠올랐다. 그 결과 이제 지구에 지질학적 규모의 영향력을 끼치고 있다. 인류의 영향력은 그 규모나 속도 면에서 화산 분화, 판구조, 혹은 침식보다 한층 더 광범위하다. 인간은 완전히 제멋대로 저만의 지질시대, 즉 '인류세(Anthropocene)'를 힘차게 열어젖힌 것이다.

이 같은 흐름이 형성된 것은 18세기 중엽 산업혁명과 더불어서였다. 그때 우리는 화석연료를 새롭고 저렴하고 효과적인 에너지원으로 활용하는 법을 알게 되었다. 이러한 변화는 과거에 사회경제적 발달을 가로막은 숱한 제약을 뛰어넘게 해주었다. 이제 우리는 전례 없는 방식으로 토지를 개간할 수 있게 되었으며, 그에 따라 풍광이 거의 순식간이다시피 달라져 버렸다. 우리는 산업과정을 발달시켰으며, 오직 화석연료 에너지 시스템을 통해서만 가능한 것으로 대기중의 질소를 이용하여 비료를 만들어 식량 생산을 가로막는 근본적인 제약에서 벗어났다. 인간은 또한 위생 관리 시스템을 개선했다. 이것은 중요한 의학적 진보와 더불어 인간 건강에 상당한 이득을 안겨주었으며 도시 환경을 개선했다. 세계 인구는 수명 연장과 복지에 힘입어 급속도로 불어났다.

화석연료를 써서 제품을 대량생산할 수 있는 제조 시스템을 구축했다.

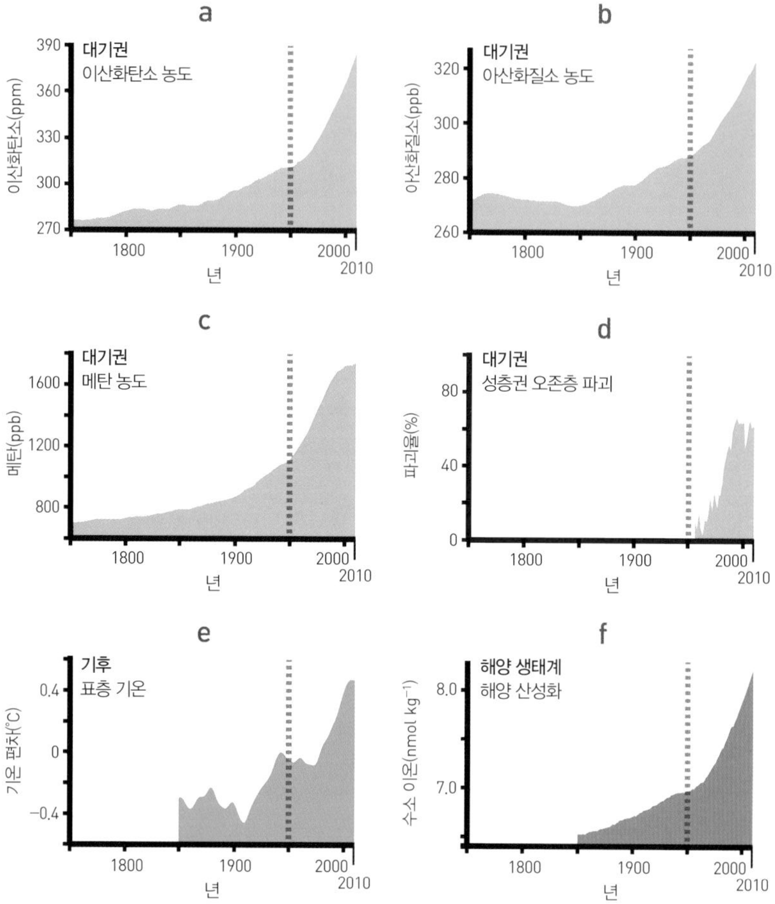

그림 1.1 **인간이 지구에 가하는 압력의 '거대한 가속'**

1950년대 중반을 기점으로 현대경제의 기초를 이루는 모든 환경 과정에서 변화가 급증했다. 모두 인간 활동으로 빚어진 결과들이다.

이 곡선들은 다음과 같은 것들의 '거대한 가속'을 보여준다. (a) 대기중의 이산화탄소(CO_2) 농도, (b) 농업과 화석연료 연소에 따른 대기중의 아산화질소(N_2O) 농도, (c) 가축 사육 시스템의 확대에서 비롯된 대기중의 메탄(CH_4) 농도, (d) 인간이 사용한 오존 파괴 화학물질로 인한 오존층 파괴의 비율, (e) 북반구 평균 기온의 편차, (f) 해양 산성화, (g) 심하게 이용·남획·붕괴된 세계 어장의 비율, (h) 해안지역의 변화를 단적으로 보여주는 연간 새우 생산량, (i) 해안지역의 질소 오염도, (j) 아프리카·라틴아메리

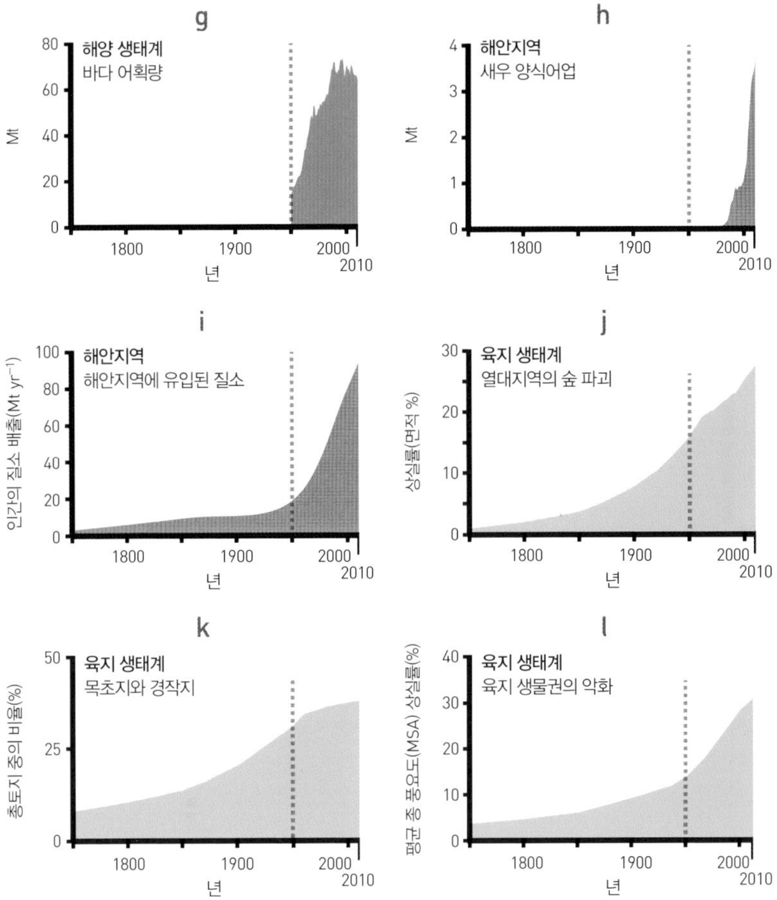

카 · 남아시아 · 동남아시아 열대지역의 숲이나 열대우림의 파괴, (k) 목초지나 경작지로 전환된 토지, (l) 지구상에서 멸종한 종들의 비율 추정치. (그림에 사용된 약어의 의미는 각각 다음과 같다. ppm: parts per million, ppb: parts per billion, nmol kg: nanomole per kilogram, Mt: million tons.

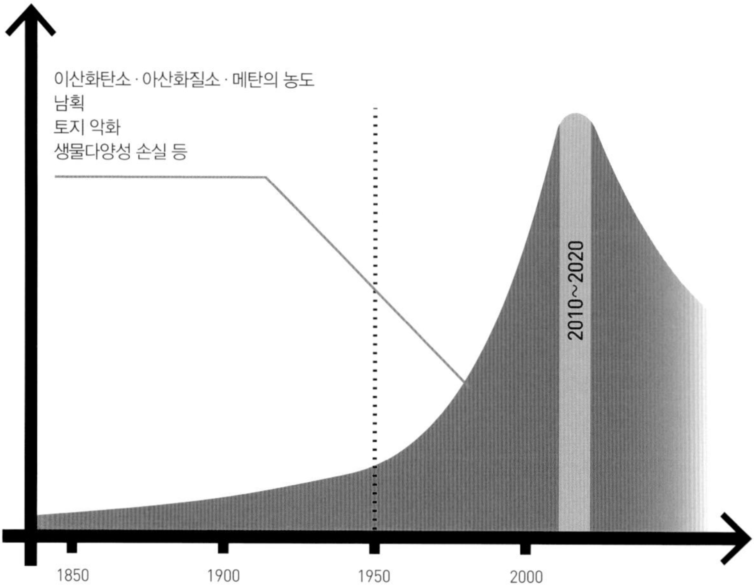

그림 1.2 **급속한 파급력**
세계는 1950년대 중반 인간 기획의 '거대한 가속'에 착수했다. 당시 지구상에 살아가는 인구는 약 30억 명이었는데, 그 가운데 지구 환경에 상당하고도 부정적인 영향을 끼치는 생활양식을 택한 것은 4억 명에 불과했다. 그와 동시에 산업발전은 수많은 환경 과정에 개입했고, 결국 환경에 걷잡을 수 없을 만큼 심각한 해악을 끼쳤다. 오늘날 우리는 그 곡선의 정점에서 지구를 그와 동일한 수준으로 연신 압박하고 있다. 점점 더 많은 과학 연구가 우리가 포화 상태에 이르렀음을 확인해주었다. 지구가 감당할 수 없는 임계점에 다다랐는데도 파국에 이를지도 모를 변화에 뛰어들고 있다는 것이다. 우리는 지구 환경에 해악을 끼치는 변화 추세를 한시바삐 되돌려놓아야 한다. 이러한 조치는 대다수 환경 과정들에서 단 몇 년 내로 신속하게 이루어져야 한다. 그래야 계속 성장하면서도 번영을 구가하는 '홀로세 비슷한' 안정적인 조건을 마련할 수 있다.

당시의 인간들은 제대로 깨닫지 못했지만 이처럼 화석연료 사용이 급증하자 대기중의 이산화탄소 농도가 날로 높아졌다. 20세기 초에는 이산화탄소 농도가 홀로세가 시작한 이래 최고점에 다다랐다. 다시 말해 심지어 이미 그때조차 우리가 아는 세계가 종말로 치닫고 있었던 것이다.

하지만 인간 활동의 파급력이 위험수위에 다다른 것은 우리가 오늘날 '거대한 가속'이라 부르는 시기인 1950년대 중반에 접어들면서부터다. 당시에는 지구상에 여전히 상대적으로 적은 사람들이 살아가고 있었다. 1955년에 30억 명 정도였다. 그리고 우리는 내내 환경 이슈는 사회경제 이슈와는 별개라는 그릇된 가정 아래 지냈다. 그러나 머잖아 늘어가는 인구와 지속가능하지 않은 습관은 거의 모든 방면에서 환경에 더욱더 많은 압박을 가하기 시작했다. 화석연료 사용에 따른 대기권의 이산화탄소 농도 증가, 농업과 산업으로 인한 토양 내 질소 농도 상승, 가축 사육에 따른 대기중의 메탄 농도 증가, 남극대륙에서의 오존층 파괴, 지표면의 온도 상승, 홍수를 비롯한 재앙 수준의 기상이변, 어자원의 고갈, 어류 양식업으로 인한 해안지대 붕괴, 연안해의 질소 오염, 열대우림의 파괴, 야생 서식지가 경작지로 달라지는 상황, 속도를 더해가는 생물다양성 손실 등 여하한 요소를 골라서 관찰한다 해도 추세는 동일하다. 그들이 그리는 곡선은 하나같이 잘못된 방향을 가리키고 있다.(그림 1.1 참조)

오늘날 이들이 가하는 압박이 전례 없는 수준에 이르자 우리가 말하는 이른바 '4대 압박(Quadruple Squeeze)'(그림 1.4 참조)의 파괴력이 유감없이 발휘되고 있다. 우리의 안녕에 미치는 첫 번째 압박이란 세계 인구가 점차 늘어나는데, 그들 모두가 풍요롭게 살아가고자 하는 욕구를 품게 되었다는 사실이다. 2050년대가 되면 지구상에 살아가는 인구수가 90억 명에 이를 것으로 추정되며, 인구 성장은 거지반 오늘날의 아시아, 라틴아메리카, 아프리카 같은 가난한 지역이 주도할 것으로 예상된다. 한편 경제협력개발기구(OECD)가 최근 평가한 결과에 따르면, 세계경제는 2050년에 거의 세 배가량 성장하리라 예측되었다. 인구성장의 대부분은 가난한 나라들이 이끌어갈 텐데, 이들 나라의 경제 규모는 다섯 배가량 팽창하리라 예상되고 있다. 우리는 머잖아 중산층 인구가 15억이 아니라 40억, 50억, 심지어 60억에 이르는 세계에서 살아가게 될 것이다. 현대사 최초로 절대 빈곤이 뿌리 뽑힌 세계를 상상하는 게 가능해졌다.

이것은 더할 나위 없이 멋진 일이자 모든 시민이 품위 있는 삶과 발전의 과실을 누릴 권리를 잘 보여주는 근사한 지표다. 하지만 다른 한편 인류를 위한 경제 발전 전망을 완전히 달라지게 만든다. 세계 자원의 상당수는 세계 인구의 20퍼센트 남짓한 부자들에게 혜택을 주려고 그것을 가능한 한 빠르게 사용했던 나라와 기업 들이 이미 소진한 상태다. 그런데 지금까지는 생태 공간을 거의 요구하지 않던 나머지 80퍼센트도 응당 지구 자원 가운데 제 몫을 요구하기 시작했다. 문제는 대체로 이들 역시 20퍼센트의 부자들과 똑같이 지속불가능한 생활양식, 즉 그들과 동일한 사회경제적 패러다임을 갈망하고 있다는 점이다. 그런데 환경적 지식, 책임감, 관심 따위의 생래적 결핍에서 비롯된 부유한 20퍼센트의 생활양식과 패러다임이야말로 지금 우리가 직면한 여러 문제를 낳은 근본 원인이 아닌가.

사정이 이러한지라 세계의 지도자들은 한사코 이 문제를 외면하려 들었다. 우리가 마침내 세계 시민의 절대다수에게도 경제성장의 과실이 고루 돌아가는 길을 열고자 하면 무엇보다 파티가 끝났음을 인정해야 할 텐데, 그렇게 하기가 무척이나 고통스럽기 때문이다. 지금껏 이어진 지속불가능한 성장을 뒷받침해줄 지구의 능력은 이제 생물리적 한계에 도달했다.

지금 우리에게 필요한 것은 우리 경제가 지구의 생명유지 장치 속에서 발전을 꾀할 수 있는 방안에 대해 다시금 깊이 고민해보는 것, 즉 철저히 사고를 전환하는 것이다. 만약 우리가 모두를 위한 사회경제 발전을 진지

카메룬의 어느 길가에서 밀렵꾼들이 나무에 서식하는 원숭이인 큰흰코원숭이(putty-nosed guenon) 한 쌍을 야생동물 고기로 팔려고 내놓았다. 유럽의 어업정책이 저도 모르게 야생동물 사냥을 자극한 결과다. 사태의 경위는 이랬다. 새로운 규정에 따라 유럽의 수역에서 쫓겨난 외국의 대형어선들이 아프리카 연안으로 이동했고, 거기에서 어자원을 싹쓸이했다. 이 일로 아프리카의 소규모 어부들은 고기잡이를 거지반 작파하다시피 했다. 어떻게든 생계를 꾸려가기 위해 이들 어부 가운데 일부는 피치 못하게 야생동물 사냥에 나섰다. 하지만 야생동물을 살해하면 그 지역의 생물다양성이 위협받을 뿐 아니라 에볼라 사태에서 보듯이 동물원성 질병의 발발 위험도 커진다.

하게 고민한다면, 그것은 필히 현재와 미래의 모든 시민이 남아 있는 지구의 생태 공간을 공정하고 정당하게 공유하도록 만들 뿐 아니라 안전하기도 한 원칙에 입각하여야 한다. 이렇게 되면 한편으로 풍요로움을 향한 사람들의 욕구와 열망을 충족시키는 것, 다른 한편으로 지구 한계 내에서 미래를 안전하게 보호하는 것 사이에 어마어마한 충돌이 빚어질 것이다. 지금까지는 그 둘 간의 갈등이 지나치게 과소평가되어왔지만 말이다.

우리의 전망에 가해지는 두 번째 압박은 기후 변화에서 비롯된다. 1960년 이래 전 지구적으로 이산화탄소 배출량이 매년 약 40억 톤에서 90억 톤으로 껑충 뛰었다. 이것은 대단히 급작스러운 증가인데, 특히 지난 15년 동안의 증가폭이 제일 두드러진다. 물론 이 사실은 퍽 역설적이다. 그 15년은 인류사에서 각국 정부가 이산화탄소 배출량을 감축하기로 뜻을 모은 유일한 시기였으니 말이다. 한편 대기중의 이산화탄소 농도는 전산업시대에는 280ppm이던 것이 2014년에는 400ppm으로 크게 증가했다. 400ppm은 수용 가능한 기후 위험과 관련하여 널리 받아들여지는 한계치다. 이것은 모든 온실가스의 농도가 대략 450ppm가량(이산화탄소 등가로 환산한 값) 된다는 것을 나타내는데, 이는 지난 80만 년 사이 최고로 높은 수치다.

기후 시스템은 말도 못 하게 복잡하므로 온실가스 배출량이 증가한 결과 초래되는 온난화 정도를 정확히 예측하기란 어렵다. 그러나 과학자들의 공통된 견해에 따르면, 만약 이산화탄소 농도가 560ppm으로, 즉 전산업시대 농도의 갑절로 크게 불어나면 전 지구의 평균 기온이 섭씨 3도가량 상승하리라 예측할 수 있다. 안타깝게도 '정부간기후변화위원회(Intergovernmental Panel on Climate Change, IPCC)'의 제5차 평가보고서(AR5)

는 온실가스 배출량이 세계적으로 가파르게 상승하고 있다는 점과 세계의 지도자들이 기후협상에서 이렇다 할 진척을 보지 못하고 있다는 점을 토대로, 우리는 이미 그 위험선을 지났으며 2100년 무렵 섭씨 4도의 기후 온난화를 초래할 방향으로 치닫고 있다고 밝혔다. 인간에게 재앙이라고 밖에는 달리 표현할 재간이 없는 경로다.

세계는 진작부터 온도 상승의 결과를 감지하기 시작했다. 실제로 그 조짐은 우리 주변에 널려 있다. 북극해의 여름 해빙(海氷)이 급격하게 사라지고 있으며, 세계 전역의 산악빙하가 줄어들고 있고, 그린란드와 남극대륙 서편의 빙상이 빠른 속도로 녹아내리고 있으며, 해수면이 상승하고, 산호초의 백화 현상(bleaching)과 사망률이 증가하고 있는 것이다. 또한 우리는 지난 몇 년 사이 이례적 수치의 기상이변 사태를 목격했는데, 그 대다수가 기후 변화에 의해 강화한 것으로 보인다. 12년 동안 가뭄에 시달리던 오스트레일리아는 2010년 50년 만에 최대 규모의 느닷없는 홍수로 막대한 피해를 입었다. 그 일로 댐이 흘러넘쳐 농경지가 엉망이 되는 바람에 오스트레일리아의 국내총생산(GDP)이 큰 폭으로 떨어졌고 식량의 세계 시장가도 덩달아 상승했다. 유례없는 홍수가 파키스탄, 인도, 아프가니스탄을 덮치는가 하면 가뭄이 서아프리카와 동아프리카의 일부 지역에 이어져 해당 사회가 거지반 붕괴되다시피 했다. 미국에서는 극심한 열파, 가뭄, 홍수에서부터 토네이도, 허리케인, 들불, 겨울 폭풍에 이르기까지 열네 차례라는 기록적 수치의 기후 재난이 잇따라 10여 억 달러의 재산피해가 발생한 것으로 추정되었다. 지역마다 가뭄, 들불, 폭풍, 홍수, 질병 발발의 빈도, 규모, 지속시간이 달라지면서 강수 패턴이 변화하는 것도 심상치 않은 위협으로 떠오를 수 있다. 이것은 결국 식량 생산, 무

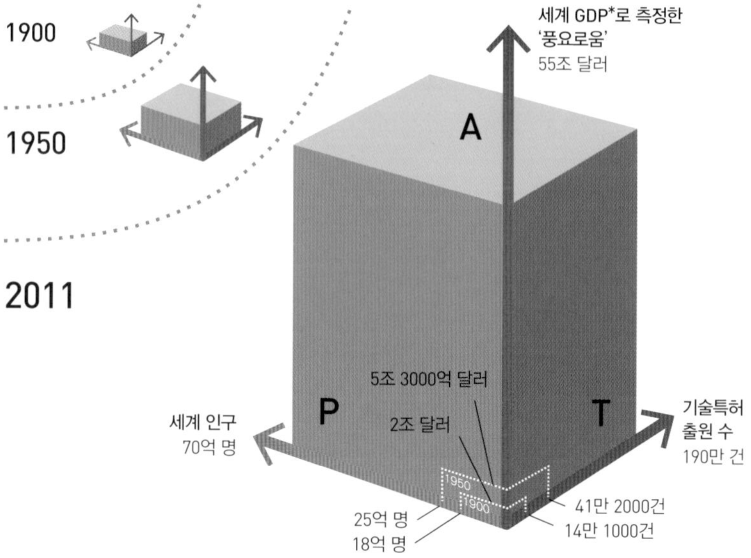

그림 1.3 **풍요로움을 추구하는 데 따른 결과**
인간이 지구에 가하는 사회적 압박을 드러내는 지표로는 흔히 사람들 수(P), 풍요로움(A), 기술 수준(T), 이렇게 세 가지 요소로 구성된 3차원 모형이 쓰인다. 일반적으로 IPAT라고 알려진 이 표현방식에 따르면 인간의 영향력(I)은 P, A, T, 이 세 요소가 함께 빚어내는 효과의 총합이다. 세계의 GDP를 풍요로움을 드러내는 대용물로, 기술특허의 숫자를 기술 수준을 나타내는 대용물로 사용한 이 도해(《내셔널 지오그래픽》 2011년 3월 호에서 가져와 고쳐 그림)는 인류가 지구에 가하는 압박이 엄청나게 불어났음을 잘 보여준다. 1900년까지만 해도 인간의 압박은 작디작은 상자로 표현되어 있었다. 1900년에서 1950년 사이에는 압박이 점차 증가하면서 누적되었다. 그러다가 1950년 이후에는 인간의 압박이 거대한 상자를 가득 채울 만큼 불어나서 세계가 '폭발 일보 직전'에 이르렀다. 그러나 중요한 것은 비단 규모만이 아니다. '거대한 가속'이 일어나기 이전 시대에는 인간이 지구에 가하는 압박이 주로 인구성장에 기인했으며, 기술이나 경제성장의 영향력은 그만 못했다. 그러던 것이 1950년대 이후에는 인류의 압박을 이끌어가는 주요 동인이 '풍요로움'으로 바뀌었다. 풍요로움을 추구하는 것은 지구에 크나큰 부담을 안겨준다. 왜냐하면 인간은 자신의 부를 이용하여 '물건'을 구매하는데, 이것이 결과적으로 중단하거나 바꿀 필요가 있는 환경적 해악을 초래하기 때문이다.

＊GDP, 즉 국내총생산이란 어느 나라에서 한 해 동안 생산한 재화와 제공된 서비스의 총가치를 의미한다.

역, 경제성장 그리고 종국에 가서는 사회안전에도 악영향을 끼친다.

전 지구적 진보에 가하는 세 번째 주요 압박은 우리가 이례적일 정도로 빠르게 지구 생물권—모든 인간사회가 의존하고 있는 육지 생태계, 바다, 담수—의 기반을 무너뜨리고 있다는 사실에서 비롯된다. 우리는 지난 50년 동안 전에는 겪어보지 못한 속도로 생태계의 작용과 서비스를 망가뜨렸다. 어자원이 사라져가고, 양식장들이 연안 생태계를 교란하고, 연안해가 질소와 인에 의해 오염되고, 열대우림이 파괴되고, 야생의 서식지가 경작지로 바뀌고, 생물다양성이 크게 줄어들고 있다. 쉬운 말로 하면, 우리는 현대 인간사회가 도래한 이래 지금껏 지구를 가장 취약한 상태로 몰아간 결과 부지불식간에 미래세대의 선택권을 좁혀놓은 것이다.

인류가 '계략을 쓸 여지'에 가하는 네 번째 압박은 최근 자연 생태계에서 예기치 않은 변화가 예외라기보다 아예 규칙으로 자리 잡은 듯한 기류가 감지된다는 데에서 비롯된다. 지금껏 재화와 서비스를 이용함에 따라 그것들이 '점차' '지속적으로' 희소해지고 있음에도 불구하고 우리는 환경이란 재고 넘치는 쇼핑몰처럼 기능한다고 가정하는 제도, 거버넌스(governance: 1980년대에 대두한 개념으로, 정책을 결정할 때 정부 주도의 통제와 관리에서 벗어나 여러 이해당사자가 주체적 행위자로서 협의와 합의 과정을 거쳐 정책을 결정하고 집행하는 사회 통치 시스템을 뜻한다—옮긴이) 시스템, 경제 패러다임을 통해 자연과의 관계를 구축해왔다. 하지만 이제 우리도 잘 알고 있다시피 실상은 그와 다르다. 만약 우리가 자연의 무언가를 남용한다면 그것은 결코 가게 진열장을 도로 채우는 소비재들이 그래 보이듯이 저절로 다시 보충되지 않는다. 자연은 결코 그렇게 작동하지 않는다.

지난 30년 동안 회복력(resilience)과 복잡계(complex system)에 관한 연구

4대 압박

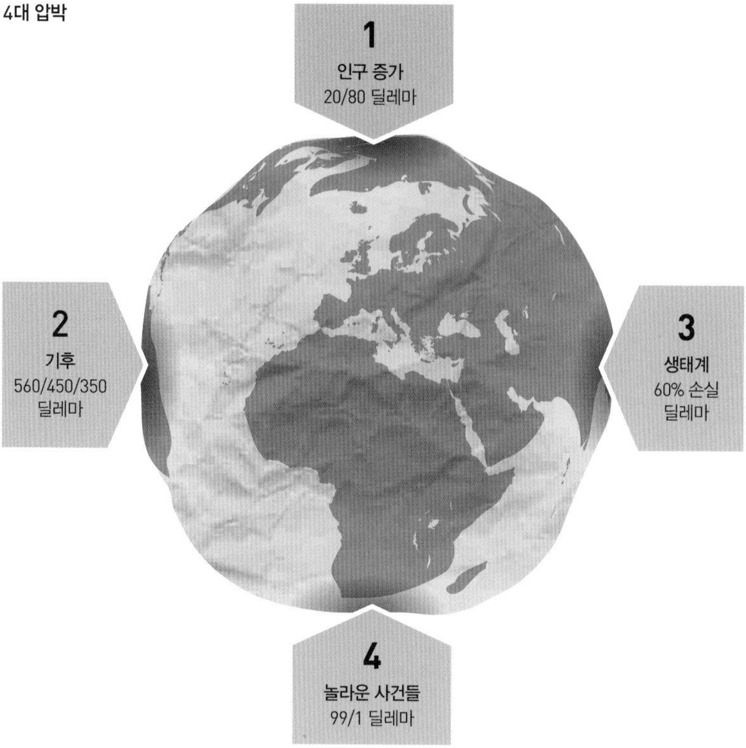

ppm(parts per million)은 대기중의 온실가스 농도를 나타내는 단위다.

이산화탄소 등가(Carbon dioxide equivalent, CO_2eq)는 탄소발자국을 측정하는 기본 단위다. 각기 다른 온실가스들의 영향력을 동일한 정도의 온난화를 야기하는 이산화탄소량으로 환산해 표현한다는 발상이다. 이산화탄소 외의 온실가스에는 메탄(CH_4), 아산화질소(N_2O), 오존(O_3), 염화불화탄소(CFCs, 일명 프레온가스) 따위가 있다.

그림 1.4 **4대 압박**
장기적인 지속가능 발전을 이뤄낼 수 있는 인류의 능력이 지구에 미치는 4대 압박으로 위협받고 있다. 4대 압박이란 1) 인구 증가와 풍요로움, 2) 기후 변화, 3) 생태계 악화, 그리고 4) 느닷없는 변화 혹은 생태계의 문턱값을 넘어서는 놀라운 사건의 발발 위험이다. 이 네 가지는 인류 발전을 위한 운용 공간을 축소시킨다.

첫 번째 압박은 인구 압력에서 유래한다. 여기에서 지배적인 힘은 바로 풍요로움이다. 지금껏 숱한 환경 문제를 일으킨 것은 세계 인구의 약 20퍼센트에 해당하는 부유한 소수였다. 그런데 나머지 80퍼센들은 그와 정반대가 오히려 진실에 더 가깝다고 말해주는 증거를 속속 내놓았다. 장구한 세월에 걸쳐 오직 느리디느린 점진적 변화의 조짐만 보여주던 시스템이 광범위하고 더러 돌이킬 수 없는 방식으로 불시에 변화할 수 있다는 것이다. 수생 생태계를 연구하는 스티브 카펜터(Steve Carpenter)의 말마따나 "생태계 변화의 99퍼센트는 1퍼센트에 해당하는 사건들이 생태계에 영향을 끼친 결과로 발생하는 듯하다".

자연은 이따금 어느 한 상태에서 다른 상태로 중대한, 더러 돌이킬 수 없는 변화의 위험을 감수하면서 예측 불가능하게 행동하기도 한다(여기에 관해서는 아래에서 더 자세히 살펴볼 것이다). 이 같은 놀라운 사실을 인식하게 되자 지구와 맺고 있는 관계를 근본적으로 재고해보지 않을 수 없었다. 생물리적 시스템의 안정성을 지키고 그로써 인류 발전을 뒷받침하는 지구의 능력을 보호하려면 생태회복력, 즉 놀랍고도 달갑잖은 사건들을 피해 가는 자연의 역량을 키우는 데 투자해야 한다. 그러려면 '다양성(diversity)'과 '중복성(redundancy: 자연은 다양성과 중복성을 기반으로 작동한다. 중복성이란 하나의 요소가 기능하지 못할 때를 대비해 그 기능을 대신하는 다른 요소들을 마련해두는 특

트도 발전을 추구할 동등한 권리를 가지는 것이다.

두 번째 압박은 우리가 온실가스 농도 450ppm(이산화탄소 등가)에 거의 다가갔으며, 이것이 산업혁명 이후의 두 배에 해당하는 560ppm을 향해 가파르게 달려가는 속도라는 사실이다. 물론 과학적 연구 결과들은 중대 위험을 피하고자 한다면 400ppm을 초과해서는 안 된다고 말하고 있다.

세 번째 압박은 인류가 지구의 회복력을 급격하게 훼손하고 있다는 점이다. 우리는 인간의 복지를 지원하기 위해 중요한 생태계 서비스를 이미 60퍼센트나 망가뜨렸다.

네 번째 압박은 인류 발전을 가능케 하는 안전한 공간이 시시각각 줄어들고 있다는 데 연유한다. 생태계에서는 난데없는 변화가 다반사이므로 그런 변화를 다루려면 '중복성'과 '충격 흡수 장치(buffering)'가 구축되어야 한다.

성이다—옮긴이)', 생태계, 생물군계 그리고 지구 시스템 전체에 공을 들일 필요가 있다. 우리에게는 뜻밖의 충격으로 인한 스트레스를 완화해줄 생태적 충격 흡수 장치가 필요하다.

이 4대 압박은 미래세대의 선택권을 제약하는 주요 요소들이다. 우리가 어쩌다 이 지경에 이르렀는지는 그리 어렵잖게 유추할 수 있다. 인구 증가, 기후 변화, 생태계 파괴, 급격한 변화는 우리에게 전례 없는 사회적 이득을 안겨주기도 했던 동전의 또 다른 면인 것이다. 부정적인 환경 변화 곡선의 상승세는 인간 부 곡선의 상승세와 궤를 같이한다. 인간 부의 상승은 주목할 만한 성공 스토리다. 절대빈곤율이 고집스러우리만치 높게 유지되면서 약 10억의 성인 남녀와 아이들에게 영향을 주고 있음에도 불구하고, 점점 더 많은 이들이 현대사 이전의 그 어느 때보다 윤택해졌다. 우리는 오늘날 50년 전보다 식량을 1.5배나 더 생산함으로써 인구 증가 속도를 앞지르고 있다. 또한 에너지를 거의 네 배가량 사용하고 있다. 대다수의 나라에서 평균 수명은 65세가 넘고, 여성들은 평균적으로 두 명에 가까운 자녀를 낳는다. 이 두 가지는 인간의 복지가 크게 향상되었음을 나타내주는 중요한 지표다.

혹자는 사회적 이득이라는 관점에서 보면 그것은 그만한 가치가 있으며, 70억 인구가 살아가는 세계에서 부를 창출하려면 부득이 환경악화라는 대가를 치러야 한다고 주장할지도 모르겠다. 그러나 안타깝게도 그러한 주장은 더 이상 옳지 않다. 아니 아마 과거에도 옳지 않았을 것이다. 우리는 이제 과잉이용(over exploitation)이 아니라 '지속가능성'이 사회적 안녕의 진정한 원천임을 알고 있다.

아랍에미리트 연합국의 두바이 시는 인구 증가와 풍요로움에서 비롯된 압박을 푸는 열쇠인 지속가능한 도시개발을 구현하고자 한 시험대다.

모든 것은 서로 연결되어 있다

우리가 익히 알고 있듯이 세계는 사회적으로나 경제적으로뿐 아니라 생태적으로도 점점 더 복잡하고 혼란스럽게 연결되고 있다. 우리가 지구의 한쪽 구석에서 한 일은 실시간으로 다른 어딘가에 살아가는 동료시민의 생활조건에 영향을 끼친다. 우리가 스웨덴에서 출근하는 방식은 강수 패턴을 달라지게 만들어 남부 아프리카의 소규모 농사꾼에게 영향을 준다. 또한 태국의 어부들이 맹그로브 나무를 관리하는 방식은 영국의 날씨 패턴에 관여한다. 현대 경제의 사회생태적 연결망은 이제 전 세계적이다.

그러므로 우리는 더 이상 세계적 발전을 위해 지역적으로 행동할 수 없다. 거꾸로 지역적 발전을 위해 세계적으로 행동해야 한다. 갈라파고스 제도, 서뉴기니 산호초, 혹은 북극 같은 장소에서 환경 정책을 제아무리 멋들어지게 시행한다 해도 그것이 끝끝내 성공하려면 다른 국가, 지역과 경제 부문의 행위가 뒷받침되어야 한다. 환경보호는 오직 협력을 통한 범지구적 관리에 의해서만 성공을 거둘 수 있다.

보르네오섬의 숲이 파괴되는 데 따른 예기치 않은 결과를 떠올려보라. 지난 20년 동안 인도네시아와 말레이시아에서 야자유 재배지가 세 배로 늘어나면서 그 지역에 남아 있던 열대우림이 급속도로 망가졌다. 벌목 작업, 대두 재배, 보크사이트 채광, 가축 사육 등도 열대우림의 파괴에 한몫했다. 풍부한 생물다양성을 자랑하던 생태계가 결딴나자 야생동식물 서식지가 사라졌을 뿐 아니라 소규모 농사, 숲 관리, 어업 등에 종사하면서 열대우림에 기대어 살아가던 지역 공동체 기반도 무너졌다. 보르네오 열대우림에서 살아가는 대다수의 사람들은 필요한 단백질을 숲 자체가 아니라 그 숲을 흐르는 강에서 얻었다. 야자유 대농장으로 인한 토양 침식으로 강가에 퇴적물이 쌓이고, 영양물질 과부하와 살충제 과용으로 말미암아 수질이 악화됐다. 결국 어자원이 파괴되고 지역민들이 단백질에 접근하기가 어려워졌다. 사람들이 지역의 식량자원을 통해 충분한 돈을 벌 수 없게 된다면 다음 수순은 무엇일까? 야생동물을 잡아다가 고기를 사고파는 불법거래가 판을 칠 것이다. 자연히 멸종 위기에 처한 취약 종들이 곧바로 심각한 타격을 입게 된다.

최근까지만 해도 이런 이야기는 그와 직접 관련이 없는 나머지 사람들에게는 그리 큰 의미를 띠지 않았다. 산업형 농업이 건강한 지역 생태계에 기대어 살아가던 어느 외딴 공동체를 파괴했다면, 그것은 어디까지나 개발의 실패라는 그 지방·지역의 문제로 일축될 따름이었다. 그러나 이제 달라지고 있다. 나날이 상호의존적으로 변해가는 세계에서는 보르네오섬에서 일어나는 일이 그 외 다른 사회에서 빚어지는 일과 서로 영향을 주고받는다. "모두는 다른 모든 이들의 뒷마당에서 살아가고 있다(Everyone lives in everyone else's backyard)"는 말이 새로운 현실로 다가온 것이다.

이 점을 가장 극명하게 보여준 것은 2008년 보르네오에서 발생한 대규모 산불이다. 그 섬의 숲 생물군계는 식물이나 초목들이 대략 4년 주기로 다시 자라는 비교적 건조한 조건에 기대고 있었다. 그런데 삼림벌채 탓에 풍광이 훨씬 더 탁 트이게 되었다. 여기에 기후 변화가 더해지자 가뭄이 일어날 가능성이 커졌으며, 삼림벌채로 인해 전에 한 번도 그런 적 없던 지역에 산불이 났다. 실제로 2008년 발생한 산불은 너무 광범위해서 동남아시아 전역에 '갈색 구름'을 드리웠다. 그로 인해 배출된 온실가스는 그해 전 세계 배출량의 30퍼센트에 달했다. 방대한 열대우림을 이용해 탄소를 포집해오던 인도네시아가 갑자기 최대의 온실가스 배출국으로 떠오른 것이다. 또한 '갈색 구름'은 (9대 지구 한계 가운데 하나로서) 유입 태양복사에너지의 이른바 광학두께를 낮추어주기도 했다. 즉 대기중의 두꺼운 스모그 오염층이 유입 태양복사에너지를 우주로 반사하는 '거울' 역할을 함으로써 그 양을 줄여준 것이다. 이것은 지구를 냉각시키며 하나의 환경 문제(숲 연소에 따른 에어로졸 생성)가 또 다른 환경 문제(온실가스 배출)를 가려주는 모순을 만들어냈다. 그러나 이것은 동남아시아의 몬순 같은 지역적 강수 패턴에 영향을 끼쳤고, 싱가포르·인도·홍콩 등지의 경제에까지 입김을 불어넣었다.

지구를 위한 충격 흡수 장치

알려진 지구 시스템의 생물리적 행동들 가운데 가장 중요한 것은 그 시스템이 2단계 접근법을 통해 스스로를 규제한다는 점이다. 지구는 복원력이 높을 때는 첫 번째 단계로 변화에 저항하는 생물학적, 물리적, 화학적 과정을 사용한다. 본래의 상태가 추운 빙하기든 따뜻한 간빙기든 간에 그 평형상태를 유지하기 위해 이른바 '음의 되먹임(negative feedback)'을 사용하는 것이다. 그러다가 복원력을 잃고 상황이 티핑 포인트에 이르는 두 번째 단계에 접어들면 체제 변환을 일으켜 열기든 추위든 간에 그 추세를 더욱 가속화함으로써 변화 도정에 있는 세상을 돌이킬 수 없게 만들어버린다.

지금까지는 지구가 인간 활동이 빚어낸 대규모 파괴에 대하여 현 상태를 유지하기 위해 갖은 수를 써서 균형을 유지하는 놀라운 능력을 증명해

사회생태 시스템의 복원력을 보여주는 '공과 컵' 그림

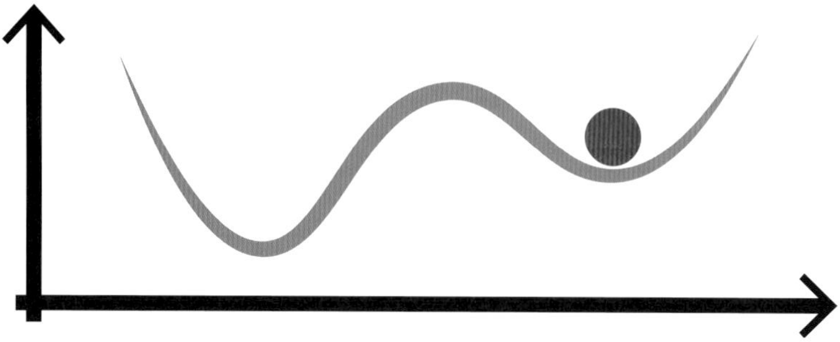

1 **바람직한 복원력 상태**

농경제도, 도시지역, 산호초 같은 사회생태 시스템은 가뭄 혹은 금융위기 같은 충격으로 타격을 입기도 하지만 여전히 '현상을 유지'한다. 컵은 시스템의 복원력을 나타내는데, 컵이 깊으면 깊을수록 공으로 표현된 시스템이 갑작스러운 충격을 받은 뒤에도 바람직한 상태로 돌아갈 가능성은 커진다. 복원력 있는 시스템은 바람직한 상태로 남아 있기 십상이며 변화하는 조건에 적응하는 능력도 지니고 있다.

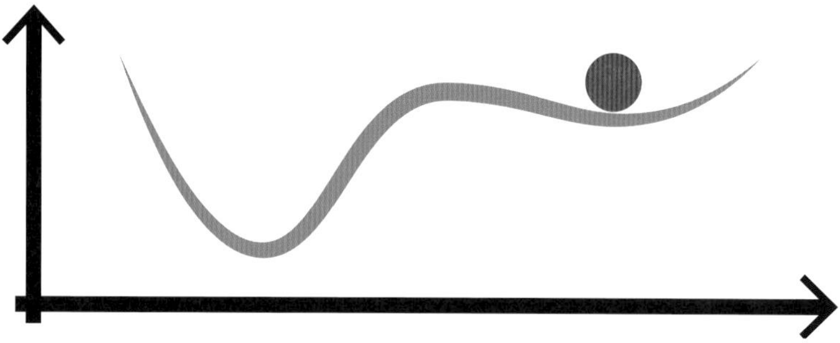

2 **점진적인 복원력 소실**

가정, 경제, 숲, 극지방 생태계 같은 시스템은 지속가능한 방식으로 관리하지 않을 경우 충격과 스트레스를 다루는 능력을 점차 잃어버린다. 복원력을 약화하는 과정들의 예로는 부채, 과도한 재정적 리스크, 신뢰 상실, 인간사회에서 사회안전망에 대한 지나친 의존, 생물다양성 상실, 자연자원 남용, 기후변화, 영양물질 과부하 따위를 들 수 있다.

그림 1.5 **생태계의 티핑 포인트**

생태계에서 상태 변환의 예는 허다하다. 일례로 산호초 생태계가 경산호 시스템에서 조류(藻類)가 주도하는 연산호 시스템으로 달라지는 현상을 들 수 있다. 산호초는 오늘날에도 여전히 풍부한 생물다양성을 자랑하지만 이제 남획, 기후 변화, 농업지역의 유출수로 인한 영양물질 과부하 등 다중적 등쌀에 시달리고 있다. 이러한 상황은 산호초를 약화한다. 그뿐만 아니라 백화 현상, 질병, 허리케인 등도 산호초 생태계를 위험 지경으로 내몰아 조류가 지배하는 연산호 시스템으로 바꿔놓는다. 1998년 엘니뇨가

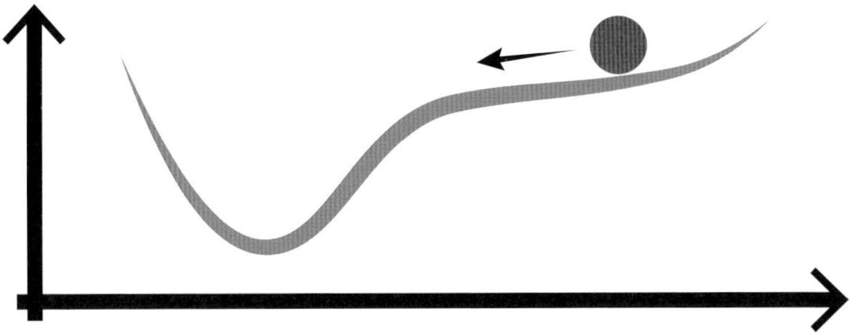

3 **상태 변환**

질병, 가뭄, 홍수 같은 자극이나 충격이 복원력 낮은 시스템을 공격하면 상태 변환이 일어난다. 그 시스템을 바람직한 상태로 유지해주는 '음의 되먹임'이 그 시스템을 돌이키기 힘든 생소한 상태로 이끄는 '양의 되먹임'으로 대체된다. 가령 열대우림에서 자체 발생하는(self-generating) 강수가 사바나의 특징인 자체 건조하는(self-drying) 되먹임으로 뒤바뀌는 것이다.

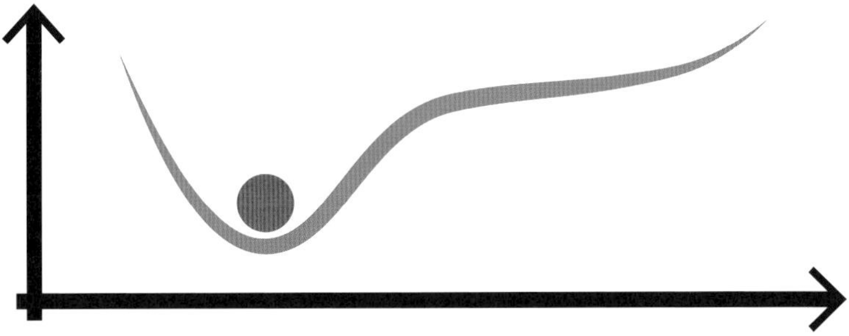

4 **새로운 안정적 상태**

강화하는 '양의 되먹임'이 효과를 거두기 시작하면 시스템은 새로운 안정적 상태에 놓이게 된다. 기후 변화를 가속화하는 '양의 되먹임'의 예로는 영구동토 해빙에서 비롯되는 메탄 배출, 해빙으로 인한 유입 태양복사에너지의 반사율 감소 따위를 들 수 있다.

발생하여 인도양과 태평양의 온도가 위험수위 넘게 상승하면서 실제로 그 같은 일이 벌어졌다. 결국 대대적인 백화 사태로 카리브해와 인도양의 대부분 지역에서 산호초 시스템이 90퍼센트 가까이 파괴되었다. 새로운 되먹임이 급속한 조류의 장악을 자극하며 효과를 발휘한 결과 수많은 산호초 시스템이 해조가 지배하는 연산호 시스템이라는 새로운 상태로 바뀌었다. 일부 지역에서는 어류, 특히 방목식자(grazer)들의 풍부한 생물다양성에 힘입어 산호초가 되살아나 바람직한 경산호 상태를 유지할 수 있었다. 방목식자들이 무차별적으로 습격하는 해조를 뜯어 먹음으로써 경산호의 재건을 도운 것이다.

생태계의 체제 변환을 보여주는 예들

지구 한계를 넘다	환경적 변화	티핑 포인트를 야기하는 되먹임	생태계 서비스와 인류의 안녕에 미치는 영향
기후 변화	여름 해빙을 부채질하는 지구 극지방 온난화가 문턱값을 넘어서고 있다.	해빙으로 태양복사에너지를 반사하는 흰 얼음 면적이 줄어들고 해수면 면적이 늘어나면서 유입 태양복사에너지 흡수가 증가하여 해빙이 더욱 가속화하는 결과가 빚어진다.	기후 변화는 전 지구 차원의 기후 조절에 영향을 끼침으로써 농업, 질병 규제, 외딴 지역의 문화적 정체성과 생활양식을 달라지게 만든다.
질소·인 과부하	현대적 농사 관행과 도시 폐기물의 허술한 관리로 담수 시스템 내의 영양물질 과부하 문제가 불거졌다.	호수·습지·강·지하수 시스템의 영양물질 과부하가 문턱값을 넘어서면 플랑크톤이 폭발적으로 불어난다. 이는 다시 조류가 대량 증식하고 산소가 부족해지는 사태를 촉발한다.	질소·인 과부하는 수질을 악화하며, 그 결과 어장·식수·오락의 기회에 해를 입힌다. 또한 경제, 생계, 건강에도 직접적으로 영향을 끼친다.
토지 이용 담수 이용	기후 변화, 토지 악화, 물의 남용은 열대 사바나의 풍광을 사막화한다.	온난화와 건조 작용이 문턱값을 넘으면 (수분 부족으로) 나무의 천개덮개, 수풀, 초목이 급속도로 줄어들어 대기에 제공되는 습기가 크게 감소하고 강수량이 낮아진다. 이렇게 되면 사바나 지역이 자체 건조하는 악순환 고리에 빠져 사막화한 스텝 지역으로 달라진다.	토지 이용과 담수 이용은 방목장에서 키우는 가축의 생산, 작물 재배, 토양 침식, 지역의 기후 조절 그리고 결국에 가서 식량 안전, 인간 생계에까지 영향을 준다. 사회 갈등을 부추길 소지마저 있다.
해양 온난화 해양 산성화 남획 영양물질 과부하	해양은 대기가 따뜻해지면 열기를 흡수하며 점점 더 많은 이산화탄소를 받아들여 서서히 산성화한다. 산호초는 영양물질 과부하가 더 해지면서 엘니뇨 사건 같은 충격을 다루는 복원력을 잃어버린다.	경산호 시스템의 붕괴는 엘니뇨처럼 극단적으로 온도가 올라가는 사태나 점진적인 바다의 가열에 영양물질 과부하와 생물다양성 상실(남획)이 어우러진 결과다. 이렇게 되면 연산호 시스템, 즉 조류가 지배하는 산호초가 구축되어 영양물질이 번성하며 경산호 성장이 방해를 받는다.	어장, 생물다양성, 파랑침식으로부터의 해안선 보호에 영향을 미친다. 또한 지역의 생계에 심각한 타격을 입힌다. 영양, 관광, 연안의 인프라 등에도 영향을 준다.

전 | 후

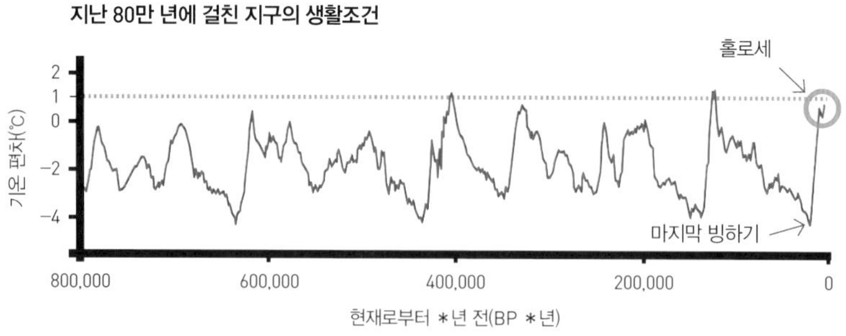

그림 1.6 **지구가 오늘날보다 섭씨 2도 더 따뜻했던 마지막 시기**
남극대륙에서 채취한 얼음코어 데이터에 따르면 지난 80만 년 동안 지구는 간빙기와 빙하기를 왔다 갔다 했다. 지구의 마지막 간빙기는 약 12만 년 전에 시작된 엠 간빙기(Eemian Interglacial Epoch)였다. 지구의 평균 기온은 그 수천 년 동안 전산업시대의 평균 기온보다 약 섭씨 2도 더 따뜻했다. 당시 해수면은 오늘날의 해수면보다 4~8미터 높았다. 이것은 지구가 온난화에 얼마나 민감한지를 단적으로 보여준다.

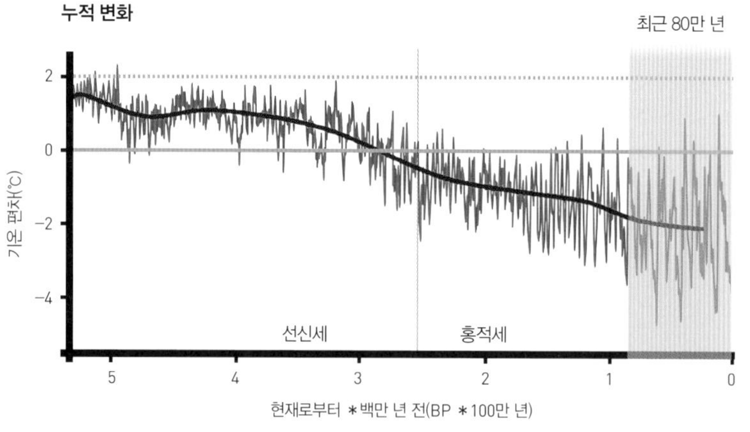

그림 1.7 **대대적 변화를 겪은 500만 년**
지난 200만 년 동안 지구 기후는 점차 냉각했고 좀더 변화무쌍해졌다. 이 기간 내내 지구의 평균 기온은 전산업시대 평균보다 섭씨 2도 이상 높은 단계, 즉 세계의 지도자들이 넘어서는 안 되는 상한선으로 합의한 단계까지 올라간 적이 없었다. 하지만 우리는 인간이 앞으로 환경을 크게 변화시키면 기후 변화 한계를 넘어 섭씨 2도 이상의 온난화를 초래할 수도 있음을 알고 있다.

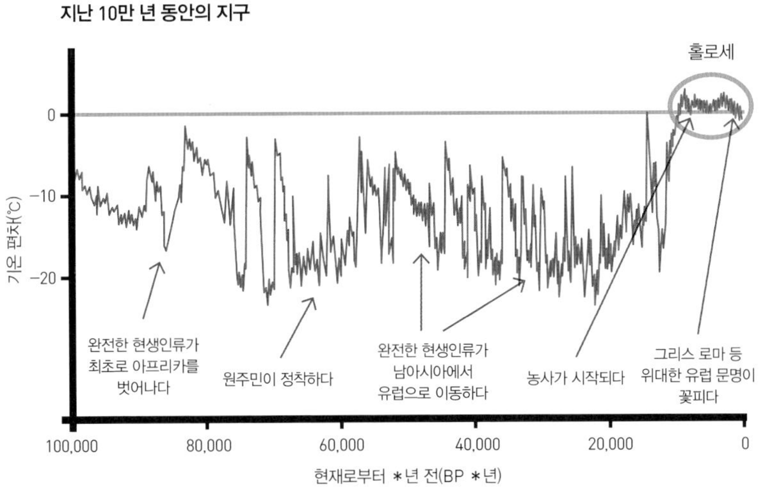

그림 1.8 **인류의 '지불유예 기간'**
그린란드에서 채취한 얼음코어 데이터에 드러난 대로, 북반구의 기온은 지난 10만 년간 무척이나 변화무쌍했다. 이 기간 동안 몇 백만 명에 불과한 인간들은 여전히 수렵채집 생활을 고수했지만 대다수는 완전한 현생인류 꼴로 진화했다. 인류는 환경이 심하게 널을 뛴 이 시기를 지나고서 이례적일 정도로 평화롭고 예측 가능한 홀로세에 접어들었다. 이 기간이 이어진 1만 년 동안, 인류는 평균 지구 기온 편차가 섭씨 1도에 불과한 호시절을 구가했다. 홀로세에는 인류의 안녕과 부의 원천인 자연의 모든 것이 순조롭게 작동하면서 현대문명이 꽃필 수 있는 토대가 마련되었다. 잘 알려져 있다시피 극지방의 기온 변동 폭은 지구 전체와 비교해볼 때 훨씬 더 크다. 지난 50년 동안 세계 전체는 약 섭씨 0.8도 따뜻해졌지만 북극의 온난화 폭은 그 갑절이 넘었다.

보였다. 즉 물질을 흡수하고 생태계를 적응시키고 먹이사슬을 조정함으로써 온실가스, 삼림벌채, 토지 황폐화의 효과를 누그러뜨렸다. 예를 들어 지구는 우리가 해마다 대기중에 방출하는 90억 톤의 탄소 가운데 약 절반을 바다와 육지로 흡수한다. 이것은 분명 자연이 인간과 세계경제에 무상으로 베푸는 최대 규모의 생태계 서비스다.

그런데 불행하게도 인간이 지구에 가하는 압력이라는 관점에서 볼 때 우리가 이미 포화 상태에 이르렀다는 과학적 증거들이 속속 쏟아져 나오고 있다. 여기에서 가장 섬뜩한 대목은 인간의 파괴가 좀더 심해지면 지구의 반응이 엉뚱하고 종잡을 수 없는 방향으로 튈 수도 있다는 점이다. 최대의 전 지구적 변화는 도발 그 자체에서 비롯되는 게 아니라 그것이 촉발한 '양의 되먹임(positive feedback)' 과정을 통해 펼쳐진다.

우리는 대대적인 '양의 되먹임'이 이루어지고 있음을 드러내는 최초의 조짐을 진작부터 목격하고 있다. 숲을 비롯한 여러 육지 생태계는 온실가스 배출로 생겨난 탄소를 전보다 더 느리게 흡수할 가능성이 있다. 바다는 대기중의 이산화탄소를 흡수하면서 빠르게 산성화하고 있다. 이것은 바다 생명체들에게 해를 입힌다. 삼림파괴, 생물다양성 손실, 담수와 육상 자원 남용, 이 모든 것은 기후 변화 같은 파괴적인 과정의 저지 능력을 떨어뜨리는 식으로 지구를 변모시킨다. 이는 정녕 모든 것이 다른 모든 것들과 연결되어 있음을 시사한다. 만약 우리가 한편으로 온실가스 배출을 줄이고 다른 한편으로 세계의 숲, 초지, 바다를 지속가능한 방식으로 관리하지 않으면 섭씨 2도 증가를 넘어서는 위험천만한 기후 변화를 피하기 어려울지도 모른다.

이처럼 긴밀하게 연결된 세계에서는 자연적 되먹임으로 인한 위기가 생태계뿐 아니라 정치제도 전반에까지 급속도로 파급될 수 있다. 금융, 정치, 농업, 안보, 에너지 등 상호작용하는 부문들로 이뤄진 새로운 국제질서에서는 어느 한 제도, 혹은 어느 한 지리적 위치에서의 교란이 경계를 넘어서까지 퍼져나가고 결국에 가서는 중요한 국제위기로 비화하기도 한다. 다시 한번 말하거니와 놀라움이 일상사가 될 것이다.

따라서 우리는 자연을 소모하기 전에 매우 신중할 필요가 있다. 살아있는 생물권은 조심스럽게 다루면 지구 차원의 복원력을 지닌 더없이 효과적인 자원이다. 이것은 사실 우리에게 최상의 자원으로, 지구 차원의 환경 변화(자연적인 데 기원을 둔 것이든 인간에게서 연원한 것이든 간에)에서 비롯되는 충격을 막아주는 효과적인 보험증서다. 지구 시스템의 중요한 일부인 우리는 복원력의 원천으로 작용하는 자연의 예나 모범적인 육지 생태계를 보면서 우리 자신의 복원력을 익힐 수도 있었다. 그러나 우리는 지금껏 그와는 다른 발전의 길을 걸어왔다. 농촌지역에서 도시지역에 이르기까지 우리의 복원력을 저해하는 시스템을 구축함으로써 단기적으로는 크나큰 이익을 안겨주되 장기적으로는 취약함을 드러낸 것이다. 도무지 야무지지 못한 전략이었다.

이 시스템은 잠깐 동안은 우리의 행복을 밀어주는 것 같지만 무한정 지속되기는 어렵다. 전 지구적 환경 변화의 속도를 늦추거나 멈추거나 되돌려놓을, 그러면서 그와 동시에 급속하게 증가하는 세계 인구의 번영을 보장해줄 새로운 전략이 시급하다. 여전히 빈곤 속에서 살아가는 세계 인구의 절반 남짓한 이들의 욕구를 충족하면서 이 문제를 성취하기란 분명 녹록지 않은 일이다. 그러나 주지하듯이 이 일에 성공하려면 오직 홀로세의 장점을 인식하고, 아름답고도 안정된 지구의 상태, 즉 우리가 알고 있는 대로의 현대사회를 떠받치는 상태를 보존하기 위해 가능한 모든 노력을 경주해야 한다.

탄자니아 연안해에서 어부들이 작은 배를 타고 고기잡이에 나섰다. 이들은 멀리서 온 어선들의 불법어로 탓에 어자원이 줄어들어 고충을 겪고 있다.

2

지구 한계

칠흑 같은 밤에 가파른 절벽 가장자리에 연한 구절양장의 길을 따라 차를 몰고 있다고 치자. 그러면 누구라도 가장자리에 너무 가까이 다가가지 못하도록 막아주는 확실한 난간이 있었으면 하고 바랄 것이다. 이것이 바로 지구 한계라는 개념 밑에 깔린 기본 발상이다. 지금껏 보아온 대로, 인간의 기획은 까딱하면 낭떠러지로 굴러떨어질 것만 같은 위험하기 짝이 없는 맹렬한 속도로 미래를 향해 굽이굽이 돌진하고 있다. 인간에게 초래될 재앙을 피하려면 이른바 '지구 한계'라는 개념을, 우리가 뜻하지 않게 벼랑 아래로 굴러떨어지지 않도록 막아주는 난간과 같은 것으로 규정할 필요가 있다. 구불구불한 길가에 난간이 세워져 있다고 해서 운전자의 속도가 느려지는 것은 아니듯이 지구 한계도 성장이나 발전을 저해하지는 않을 것이다. 그것은 다만 재앙을 미연에 방지하기 위해 마련되어 있을 따름이다.

우리는 1980년대까지만 해도 지구 한계가 필요하지 않았다. 여전히

지구상에 존재하는 토지의 약 40퍼센트가 이와 같은 농경지로 전환됐다. 사진은 베트남 메콩강 삼각주 유역의 쌀 경작지대다.

'큰 지구' '작은 세계'를 살고 있었으니까. 그때는 유한한 지구에서 무한한 성장이 가능할지를 고민하지 않고도 광물, 살아 있는 종들, 담수, 토지, 석유, 석탄, 천연가스 등을 마음껏 쓸 수 있다고 생각했다. 하지만 이제는 모든 것이 달라졌다. 오늘날 우리는 지구기후, 지구물리학, 대기, 생태 과정들의 진정한 작용을 존중하는 새로운 발전 패러다임을 준비해야 한다. 인류 번영과 경제 발전이 복원력 있고 안정적인 지구라는 안전한 운용 공간 내에서 이뤄지는 그런 패러다임 말이다.

이것을 탐색하기 위한, 즉 안정적인 지구에서의 안전한 운용 공간을 규정하기 위한 출발점은 지구 안정성을 유지하는 데 가장 중요한 과정들이 무엇인지 알아내는 것이다. 1장에서 살펴본 대로 수많은 과학적 증거가 말해주듯이 지난 1만 년 동안 인류가 구가해온 따뜻하고 안정적인 간빙기 홀로세는 현대사회를 지탱해주는, 우리가 아는 유일한 생물리적 조건이다. 인류세에서 인간은 전 지구적 변화를 초래한 원인이 되어버렸는데, 그렇다면 지구에서 '홀로세 비슷한(Holocene-like)' 조건을 유지하기 위해 이제 어떻게 해야 할까?

우리는 홀로세에 대해서 잘 안다. 바다·육지·대기가 어떻게 상호작용하는지, 기후 시스템이 생물권과 어떻게 영향을 주고받는지 알고 있다. 그리고 육지, 영양물질, 태양으로부터 얻은 에너지와 함께 지구의 바이오매스를 규제하는 물 순환에 대해서도, 탄소·질소·인의 전 지구적 순환에 대해서도 파악하고 있다. 그뿐만 아니라 우리의 지구를 지금과 같은 조화로운 상태로 유지하려면 남북극에 빙상이 영구적으로 얼어 있어서 태양으로부터 받은 열기의 상당량을 다시 우주로 반사해주어야 한다는 사실도 알고 있다. 살아 있는 생태계가 육지와 해양에서의 산소, 물, 탄소, 메탄, 기타 지구 시스템을 구성하는 요소들의 흐름을 결정한다는 것도 이해하고 있다. 우리는 이 홀로세를 지구에서 살아갈 우리 미래의 준거점으로 활용함으로써 지구를 바람직한 상태로 유지하는 데 필요한 위험한계를 과학적으로 수량화할 수 있다.

우리는 이 과제를 풀기 위해 학제적 과학자 집단을 꾸렸다. 거기에는 포츠담기후영향연구소(Potsdam Institute for Climate Impact Research)의 한스 요하임 셸른후버(Hans Joachim Schellnhuber), 오스트레일리아 국립대학의 윌 스테펜(Will Steffen) 교수, 코펜하겐 대학의 캐서린 리처드슨(Katherine Richardson) 교수, 미네소타 대학의 조너선 폴리(Jonathan Foley) 교수, 노벨상 수상자인 막스플랑크화학연구소(Max Planck Institute for Chemistry)의 파울 크뤼천(Paul Crutzen) 등 다수가 참여했다. 우리는 지구의 작동 방식을 규제하는 요소들을 면밀히 검토했다. 각각의 과정을 살펴보고 그들 간의 상호작용을 탐구했으며, '홀로세 비슷한' 안정적인 상태를 유지하기 위해 필요한 조건을 밝혀내고자 했다. 우리는 각각의 시스템에 대해, 최신의 과학적 증거를 토대로 그 시스템의 생물리적 한계(즉 우리 인간에게 바람직하지 않은, 이전과 다른 상태로 돌변할 가능성이 있는 한계)를 수량화하고자 가능한 최선의 노력을 기울였다. 이것이 다름 아닌 지구 한계였다.

이러한 수량화 과정은 과거에는 결코 시도된 적이 없었다. 과학자들이 지구의 작동 방식을 지배하는 복잡한 역학을 설명할 수 있게 된 것은 불과 10~15년밖에 되지 않은 일이다. 지난 50년 동안 인류가 지구에 가한 압력이 급속도로 불어났다는 관찰 결과가 최초로 널리 발표된 것도 고작 8년 전이었다. 하지만 지구 한계 개념을 구축하기 위한 사전 정지작업은 30여 년간의 경험적 연구에 의존하고 있다. 이 연구는 지역의 호수에서

2014년에 업데이트한 지구 한계

지구 시스템	통제 변인	지구 한계(불확실성 지대)	통제 변인의 현재가치
기후 변화	대기권의 이산화탄소 농도(ppm) 대기권 상층의 에너지 불균형(W/m^2)	350ppm(350~450ppm) 에너지 불균형: +1.0 W m^{-2} (+1.0~1.5 W m^{-2})	396.5ppm 2.3 W m^{-2} (1.1~3.3 W m^{-2})
생물권 온전성	유전적 다양성: 멸종률	유전적 다양성: 10 E/MSY 이내(10~100 E/MSY). 다만 희망 목표는 (배경 멸종률인) 1 E/MSY(E/MSY란 연간 100만 종당 멸종률)	100~1000 E/MSY
	기능적 다양성: 다양성 온전성지수(BII) 주의: 이것들은 좀더 적절한 변인들이 개발될 때까지만 유효한 잠정적 통제 변인이다.	기능적 다양성: (남부 아프리카 같은) 거대지역이나 생물군계, (산호초 같은) 주요 해양 생태계, 혹은 거대 기능집단 등에 의해 지리적으로 평가해볼 때, BII를 90%(90~30%) 이상으로 유지	84.4%(남아프리카에만 적용해본 수치)
진기한 물질	현재 규정된 통제 변인은 없다.	현재 확인된 위험한계는 없지만, 성층권 오존의 위험한계를 진기한 물질(프레온가스, CFCs)과 관련한 한계의 예로 참조하라.	
성층권의 오존층 파괴	성층권 오존(O_3) 농도, DU	전산업시대의 290 DU에서 5% 이내 감소(5~10%)	봄에 남반구 남극대륙 위에서만 넘어섰음 (~200 DU)
해양 산성화	탄산이온 농도, 평균적인 세계 표층바다의 '아라고나이트 포화 상태(Ωarag)'	나날의·계절의 자연적 변화를 포함한 평균적인 세계 표층바다 '아라고나이트 포화 상태'가 전산업시대의 80%보다 크거나 같다. (≥80%~≥70%)	전산업시대 '아라고나이트 포화 상태'의 84%
생지화학적 유량 (인 순환과 질소 순환)	인(P) 순환 — 세계적: 바다로 흘러 들어간 담수 시스템의 인 유량	세계적: 11 Mt P y^{-1} (11~100 Mt P yr^{-1})	22 Mt P yr^{-1}
	인(P) 순환 — 지역적: 비료와 토양침식으로 인한 인 유량	지역적: 3.72 Mt P yr^{-1} 침식 가능한 (농업용) 토양에 해당됨(3.72~4.84 Mt P yr^{-1}). 위험한계는 세계 평균이지만 지역적 분포가 중요한 영향을 미친다.	~14 Mt P y^{-1}
	질소(N) 순환 — 세계적: 산업을 통해 의도적으로 질소를 생물학적으로 고정	44.0 Mt N yr^{-1} (44.0~62.0 Mt N yr^{-1}) 위험한계는 반응적인 질소가 지구 시스템에 새로 도입되지 못하도록 제한하는 세계의 '밸브' 노릇을 한다. 지역에서 사용되는 질소 비료가 중요한 영향을 끼친다.	~150 Mt N yr^{-1}

토지 시스템 변화	세계적: 본래 숲이던 지역 중 삼림지대 비율(%)	세계적: 75%(75~54%) 이 값은 세 가지 개별 생물군계의 위험 한계와 그들의 불확실성 시대의 가중 평균이다.	62%
	생물군계: 잠재적 숲 지역 중 삼림지대 비율(%)	생물군계: 열대지방: 85%(85~60%) 온대지방: 50%(50~30%) 냉대지방: 85%(85~60%)	
담수 사용	세계적: 청색물(지표면의 호수·강·저수지·지하수의 물로 활용 가능한 담수—옮긴이)의 최대 사용량(km^3 yr^{-1})	세계적: 4000 km^3 yr^{-1} (4000~6000 km^3 yr^{-1})	~2600 km^3 yr^{-1}
	강 유역(집수지역): 월중 평균 유출수 가운데 청색물 취수율(%)	강 유역(집수지역): 월중 평균 유출수 가운데 청색물의 최대 취수율(%) 저유량 달: 25%(25~55%) 중유량 달: 30%(30~60%) 고유량 달: 55%(55~85%)	
대기권의 에어로졸 부하	세계적: 에어로졸 광학두께(Aerosol Optical Depth, AOD) 그러나 지역 편차는 크다.		
	지역적: 지역에 따른 계절적 평균으로서의 에어로졸 광학두께(AOD) 남아시아 몬순이 사례연구로 사용되었다.	지역적: (사례연구로 사용된 남아시아 몬순) 인도 아대륙에서의 총인류 연원 (흡수 및 산란) 에어로졸 광학두께(AOD) 0.25(0.25~0.50) 총 AOD 가운데 흡수(온난화) AOD 10% 미만	남아시아 지역 0.30 AOD

숲의 생물군계와 거대 빙상에 이르는 생태계가 변화를 견뎌낼 만한 복원력이 없으면 갑자기 티핑 포인트를 건드려 안정된 상태에서 돌이키기 어려운 상태로 돌변할 수 있음을 보여준다. 우리가 그것을 임계요소(tipping element), 티핑 포인트, 체제 변환(regime-shift), 문턱값 가운데 뭐라고 부르느냐는 그리 중요하지 않다. 정말이지 중요한 것은 지구의 복원력이 관건임을 보여주는 증거가 수두룩하다는 사실이다.

물론 과거에도 1962년에 출간된 레이첼 카슨의 《침묵의 봄》에서부터 그 10년 뒤 도넬라 메도즈(Donella Meadows)와 데니스 메도즈(Dennis Meadows) 등의 로마클럽 싱크탱크가 발표한 보고서 《성장의 한계》에 이르기까지 경고가 아예 없었던 것은 아니다. 그러나 관습적인 경제학자, 정책 입안자, 기업 지도자 들이 그들의 목소리를 묻어버렸다. 인간이 지구의 여러 시스템을 극단적으로 몰아붙일 수 있다, 즉 인간이 생물권을 고갈시킬 수 있다는 증거가 거의 혹은 전혀 없다는 이유에서였다. 이제 우리는 그렇게까지 어리석지 않다. 인류가 자연계에 미치는 영향이 우리 경제와 사회 안녕에까지 해악을 끼친다는 증거도 있다. 또한 결정적인 문턱값들이 지구 환경에 '내장되어' 있고 그것을 건드리지 않는 게 상책임을 보여주는 증거도 있다.

우리는 지구 시스템의 생물리적 구성 성분들—우리가 간단히 자연이라고 부르는 것—이 놀라움으로 가득 차 있으며, 너무 가혹하게 밀어붙이면 인간에게 바람직하지 않은 상태로 돌변할 수 있음을 발견했다. 가령 비가역적인 빙상의 용융, 혹은 영구동토의 해빙으로 스텝 지역에서 메탄이 발생하는 현상 같은 티핑 포인트들이 너무 많은 장소에서, 너무 많은 시스템에서 발생한다면 어떻게 될까? 그러면 그 모든 효과가 어우러져 우리를 홀로세에서 벗어나게 만드는 지구의 티핑 포인트를 건드리게 될지도 모른다.

우리는 이제 먼 옛날 지구 티핑 포인트의 원인이 태양과 관련한 지구의 위상 변화, 혹은 소행성 충돌 같은 요인에만 국한되지 않았음을 알고 있다. 외적인 요인들과 지구 자체의 상호작용도 한몫했던 것이다. 이는 오늘날 과학이 점점 더 분명하게 확인해주는 바이기도 하다. 이 사실을 인식하는 것이 무엇보다 중요하다. 지구는 자동조절되는 복잡한 시스템으로, 그 안에서는 모든 것이 다른 모든 것과 서로 연결되어 있다. 쉽게 말하자면 이것은 자연이 상태가 좋을 때는 지구의 복원력이 높다는 것을 의미한다. 기후가 안정적이고 강수량이 적절하고 토양과 대기도 온전하면 생물다양성은 풍부하고 생태계는 번성한다. 복원력이 있으면 지구는 생물리적 과정을 통해 외부의 영향을 약화할 수 있다. 이것은 마치 복서가 경기를 치르는 동안 펀치를 맞는 것에 비견된다. 복원력이 높은 처음 몇 라운드에서는 복서가 설사 강한 펀치를 몇 방 맞는다 해도 쓰러지지 않고 버티는 게 가능하다. 하지만 복원력이 바닥나는 10라운드쯤 되면 위험이 한층 커진다. 복서는 한 방만 더 맞으면 티핑 포인트를 넘어서 녹아웃될 수도 있는 것이다.

지구도 그와 마찬가지다. 해양, 육지, 물, 생물다양성 등은 에너지, 영양물질, 탄소 및 기타 요소들의 유량(flows, 流量)과 저량(stocks, 貯量)(유량은 '일정 기간 동안' 측정하는 양이고 저량은 '일정 시점에' 측정하는 양이다—옮긴이)을 통해 외부에서 날아든 펀치의 영향을 약화하거나 강화할 수 있다. 지질학적 과거에는 이 '펀치'들이 우주 공간에서 왔다. 하지만 오늘날에는 우리 인간에게서 비롯되고 있다. 어쨌거나 근본적으로는 마찬가지다. 우리가 온실가스를 배출하면 지구 차원의 에너지 불균형이 촉발된다. 결국 중요한 문제는 지구가 어떻게 반응하는가 하는 것이다.

지금까지는 지구가 생물리적 복원력을 동원하여 그 같은 교란을 흡수해왔다. 바다가 온실가스 배출로 인한 열기의 90퍼센트를 가져가고, 자연 생태계가 인간이 배출한 이산화탄소의 50퍼센트 남짓을 흡수해간 것이다. 우리는 교란의 영향을 줄여주므로 이런 과정을 '음의 되먹임'이라 부른다. 하지만 지구가 점차 복원력을 잃어감에 따라 (영향을 약화하는) '음의 되먹임'이 (영향을 강화하는) '양의 되먹임' 쪽으로 방향을 틀게 되면 주요 시스템들이 결국에 가서 문턱값을 넘어선다. 지구는 꽤나 난데없이 친구에서 적으로 돌변한다. 카펫 아래에 먼지를 쓸어넣는 식으로 문제를 덮기에 급급하던 지구가 변화를 부채질하는 엔진으로 달라져버리는 것이다.

이것이 바로 우리가 지구 한계를 존중해야 하는 까닭이다.

이렇게 말하기는 해도 불확실성 지대가 넓어서 안전한 위험한계를 규정하는 것은 말처럼 간단한 일이 아니다. 주로는 위험한계들이 어떻게 상호작용하며 변화에 반응하는지 예측하기가 어렵기 때문이다. 가령 대기권이 더 많은 열기를 끌어모으면 제트기류에 무슨 일이 일어나는지는 점치기 어려운 문제다. 일례로 인간이 초래한 기후 변화에 대하여, 오늘날 대부분의 과학자는 이산화탄소 농도가 350~450ppm 사이 어디쯤에 이르면 지구 기후에서 결정적인 문턱값을 넘어설 가능성이 있다는 데 동의한다. 그 지점을 지나면 지구가 우리에게 바람직하지 않은 상태로 바뀔 수 있다는 것이다.

350ppm과 450ppm 간의 차이는 불확실성 지대가 그만큼 넓다는 것을 의미한다. 전산업시대(즉 1750년 이전)에는 지구 대기권의 이산화탄소 농도가 280ppm이었는데, 이는 과거 10만 년 동안 단 한 차례도 초과한 적이 없는 수치다. 불확실성 지대를 넘어서면, 즉 이산화탄소 농도가 450ppm보다 높아지면 안정적인 홀로세 상태에서 벗어나는 게 거의 틀림없다. 만약 그런 일이 벌어지면 그린란드와 북극, 남극대륙 서쪽에 얼어 있는 빙상의 해빙, 수많은 열대 해양 시스템의 붕괴, 몬순 일기 패턴의 불안정화 같은 돌이킬 수 없는 사태가 촉발될지도 모른다. 우리는 1990년 무렵

350ppm을 넘어서면서 예측한 결과들 가운데 몇 가지를 이미 목격한 바 있다. 북극해에서 얼음덮개가 급작스럽게 감소한 현상, 2014년 중반 남극 대륙 서쪽의 몇몇 빙하가 치명적 해빙이라는 문턱값을 이미 넘어선 것 같다고 밝힌 놀라운 결과, 이번 세기말경으로 예상된 해수면 상승 수치에 약 1미터가 추가될 가능성 따위가 그것이다.

그러나 이처럼 골치 아픈 신호들에도 불구하고 과학은 여전히 기후의 문턱값이 어디에 위치하는지를 딱 부러지게 말해주지 못하고 있다. 그 까닭은 첫째, 지구 시스템이 어떻게 작동하는지에 관한 과학적 지식이, 중요한 진척을 이루기는 했어도 여전히 불완전하기 때문이다. 둘째, 핵심 과정들이 서로 상호작용하고, 이것이 다시 그들 각각의 위험한계에 영향을 끼칠 수 있기 때문이다. 이를테면 삼림벌채는 전 지구적 탄소싱크(carbon sink: 온실가스 흡수원으로서 대기중의 온실가스를 빨아들이는 숲·삼림·초지 따위를 말한다—옮긴이)에 관여하며 이것은 다시 대기권의 안전한 이산화탄소 농도에 영향을 준다. 만약 이러한 과정을 얼마만큼 밀어붙여야 실제로 위험한 문턱값을 넘어서느냐고 묻는다면 과학은 결코 시원한 답을 내놓지 못할 것이다. 그러므로 인간이 위험선을 넘어서는 지점이 정확히 어디인지 말하는 것은 극히 어렵다.

놀랄 일도 아니다. 복잡한 세상을 살아가는 우리가 상황을 분명하게 꿰뚫어보기란 거의 불가능한 탓이다. 우리는 그저 이용할 수 있는 최선의 지식을 토대로 위험에 대해 냉정한 판단을 내릴 따름이다. 지구 시스템이 파괴적인 변환을 촉발하는 달갑잖은 위험을 피해가도록 최선의 과학적 추정치를 제시해주는 지구 한계가 필요한 것이 바로 이 때문이다.

불확실성에 대처하려면 예방 원칙을 따르는 게 좋다. 〈이코노미스트〉

의 편집자들이 일전에 영국식의 날카롭고도 절제된 표현을 통해 지적한 대로, "이론에 명기된 것보다 변화가 더 빠르게 일어난다면 일정 정도의 조바심이야말로 합당한 반응이다". 그에 발맞추어 우리 과학자 집단은 핵심 과정들의 안전한 위험한계를 과학적 불확실성의 범주 가운데 (최고치에서 한참 동떨어진) 최저치 쪽에 두기로 결정했다. 기후 변화를 예로 들면 이것은 이산화탄소 농도의 위험한계를 350ppm으로 한다는 뜻이다. 물론 난간을 이처럼 조심스러운 위치에 설치하는 데에는 지구 공동체가 기꺼이 감당하려 드는 위험수준, 즉 우리가 국제경제를 벼랑 끝에 얼마나 가까이까지 몰아붙이려 하는가에 관한 규범적 판단이 작용했다. 또한 거기에는 사회가 티핑 포인트를 넘어서는 데 따른 결과에 얼마나 복원력을 보인다고 우리가 생각하고 있느냐에 관한 판단도 개입했다. 만일에 기후 변화의 위험한계를 무시하면 세계의 연안도시들이 과연 몇 미터의 해수면 상승에 대처할 수 있겠느냐 하는 것이 그 일례다. 물론 우리는 지구 한계라는 개념틀은 훌륭한 관리 시스템이나 거버넌스 시스템과 마찬가지로 상황이 바뀌고 새로운 정보가 모아짐에 따라 그때그때 조정을 거치고 업데이트되고 다듬어져야 한다고 생각한다.

이런 식의 접근법은 대다수 사람들에게 직관적이고도 분명하게 다가간다. 우리는 우리 자신의 삶에서도 안전한 경계 안에서 지내는 데 익숙하다. 하지만 지금껏 지구에 대해서만큼은 그렇게 하는 데 놀랄 만큼 무심했다. '홀로세 비슷한' 조건을 유지하고자 노력한다는 관점에서 인류 발전에 접근한 적이 한 번도 없었던 것이다. 우리는 자원 이용, 추진력을 비롯한 인간 활동의 여러 직접적 측면에만 집중했다 뿐 지구 시스템이 급작스럽고도 비가역적인 변화를 일으킬지 모를 위험에 대해서는 그리 심각

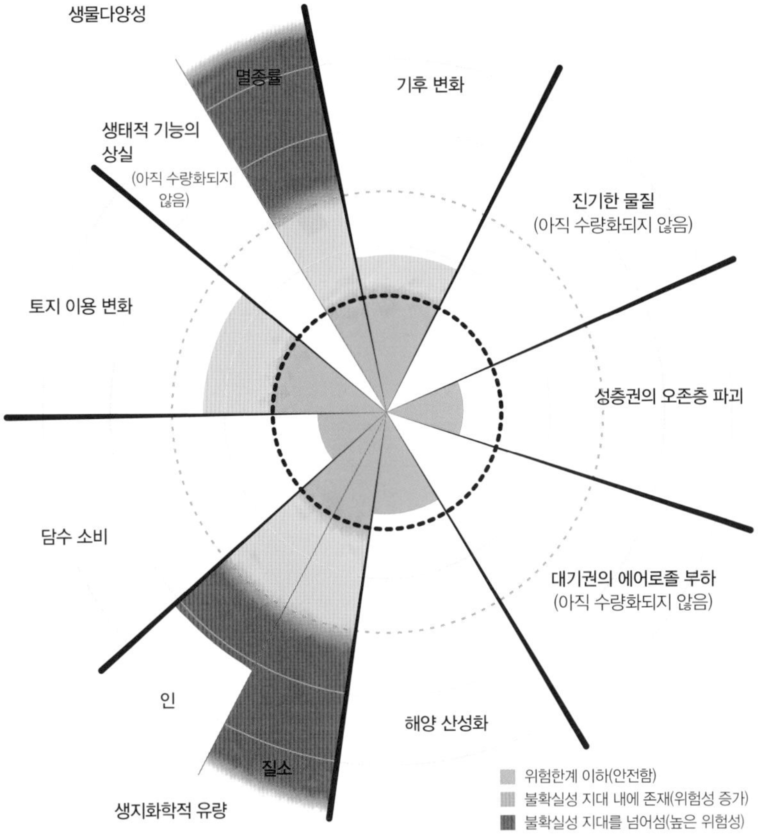

그림 2.1 **2014년 업데이트한 지구 한계**
위험한계 추정치를 업데이트하고 인과 토지 이용 변화 등 몇 가지 중요한 사항을 조정함으로써 2009년의 본 연구에서 제시한 9대 위험한계를 과학적으로 재확인했다. 이 분석은 수십 년에 걸친 지구 시스템 과학과 복원력 연구의 진척에 힘입어 '홀로세 비슷한' 복원력 있고 안전한 지구를 지탱하기 위해 생물리적으로 '안전한 운용 공간'을 찾아냈다. 인류는 그 안에 머물러야만 대대손손 번영을 구가할 수 있는 것이다. 점선 안쪽 원의 초록색 쐐기들이 바로 '안전한 운용 공간'이다. 이곳을 지나 경계를 넘어서면 불확실성 지대(노란색)에 접어든다. 이곳을 건너면 돌이킬 수 없는 변화를 촉발하는 고위험지대(주황색)에 돌입한다. 쐐기들은 각 위험한계의 현재 위치를 보여준다.

하게 받아들이지 않았다. 이를테면 화학물질에 의한 오염이나 대기오염에 대하여 정책 입안자들은 그저 관례적으로 지역 차원에서 목표치를 설정해왔다. 그 안에서 안전한 '임계하중(critical loads)', '최저기준(minimum standards)', '허용한계치(tolerable limits)'를 규정하려 했을 따름이다. 대체로 지역사회나 지방 단체 들도 식수에 함유된 납이나 카드뮴 같은 중금속의 허용한계치를 정하는 등 그와 크게 다를 바 없는 일들을 해왔다. 이러한 노력은 우리 인간이 얼마만큼 대처할 수 있는지 결정하는 것, 즉 인간 건강과 관련한 비용과 효과를 저울질해서 타협에 이르는 것을 목표로 했다. 그게 아니면 환경을 보호하고 일부 육지나 수역을 마치 사막의 오아시스 같은 휴식처로 보존하기 위해 하중한계(load limit)를 설정하고자 시도해왔거나.

지구 한계 접근법은 자원 이용과 자원 수요, 추진력, 기타 인간 활동의 여러 측면에 초점을 맞추기보다 생물리적 과정, 특히 파괴적이고 느닷없는 변화를 촉발하는 문턱값의 역할에 직접 초점을 맞춤으로써 이러한 타협을 거부한다. 더군다나 이 접근법은 인간의 창의성이 어디에까지 이를 수 있느냐 하는 지극히 까다로운 문제는 배제한다. 즉 우리 인간이 획기적인 기술혁신을 통해 세상을 확실하게 지속가능성 쪽으로 이끌거나 반대로 홀로세에서 멀어지는 쪽으로 내몰거나 하리라고 가정하지 않은 것이다. 이 접근법은 그저 인간을 위한 안전한 운용 공간을 규정하고, 인간이 혁신을 이루고 사회경제적 열망을 추구하고 다양한 과학기술을 실험하고 상이한 거버넌스와 정치 시스템을 시도해볼 수 있는 범지구적 운동장을 마련하고자 한다. 이에 따르면 우리가 좋은 상태의 지구에서 살아가는 한 수많은 선택의 기회가 풍성하게 주어진다.

스웨덴 달라르나(Dalarna)의 화려한 가을 숲이 호수에 되비친 모습이다. 장기적인 숲 탄소 연구들에 따르면 냉대지방의 숲은 기온 변화에 유독 민감하다.

과학은 이미 이 방향으로 옮아가고 있다. 예를 들어 기후 변화의 경우, 세계의 지도자들은 2009년에 지구온난화의 한계를 전산업시대보다 섭씨 2도 이상 넘지 않는 수준에 묶어두기로 합의했다. 이것은 우리가 추정한 지구 한계 섭씨 1.5도보다는 높은 수준이지만, 여전히 지구 기후의 위험한계이기는 하다. 포츠담기후영향연구소, 국제응용시스템분석연구소(International Institute for Applied Systems Analysis), 네덜란드환경평가연구소(PBL Netherlands Environmental Assessment Agency), 옥스퍼드 대학의 환경변화연구소(Environmental Change Institute)에 몸담은 동료 과학자들의 훌륭한 연구는 나중에 이 기후 위험한계를 지구 탄소예산(global carbon budget)으로 대체했다. 그들의 연구에 따르면 섭씨 2도 이하에 머물게 될 가능성을 66퍼센트로 유지하려거든 이산화탄소 추가 배출량이 1조 톤을 넘지 않아야 한다. 그러려면 세계경제는 25~30년 내로 화석연료 기반에서 벗어나야 한다. 이것은 지구 한계에 관한 사고를 아홉 가지 위험한계 가운데 하나에 적용해본 것이다.

이제 게임이 달라졌다.

아홉 가지 지구 한계

우리 연구팀은 자료를 광범위하게 검토하고 각계의 기후 변화 과학자들을 참여시킨 결과 수많은 지구 한계를 확인했다. 박테리아에서 기반암에 이르는 모든 생물·무생물 요소들의 상호작용과 복잡성을 고려한다면, 여러분은 우리가 결국에 가서 50가지가 넘는 과정을 추려낼 수 있으리라고 기대할지도 모르겠다. 하지만 우리는 평가를 통해 결국 다음의 아홉 가지를 식별해냈다.

기후 변화
성층권 오존층의 파괴
생물다양성 손실률
화학물질에 의한 오염
해양 산성화
담수 소비
토지 이용의 변화
질소·인에 의한 오염
대기오염 혹은 에어로졸 부하

우리는 2009년 이 연구 결과를 출간함으로써 과학계에 도전장을 던졌다. 빠뜨린 것은 없는가? 지구 한계가 아닌 어떤 '과정'을 포함하지는 않았는가? 우리는 국제 과학계가 우리의 연구 결과를 샅샅이 검토해주었으면 하고 바랐다. 정확히 그 바람대로 우리의 연구 결과는 세계 각지의 과학자들뿐 아니라 정책 입안자, 기업 지도자, 시민사회 구성원 들의 참여를 촉발시켰다. 이어지는 5년 동안 우리의 작업을 평가하고 개선하는 과학논문이 우수수 쏟아져 나왔다. 우리는 그 과정을 지켜보면서 우리의 선택을 종전보다 더 확신하게 되었다. 우리는 2014년에 지구 한계를 과학적으로 업데이트한 내용을 확보했다. 그 과정에서 다시 한번 우리가 식별해낸 아홉 가지 위험한계가 올바른 것들임을 분명하게 재확인했다.

하지만 아홉 가지 위험한계를 식별해내는 것과 안전한 위험한계 수준을 수량화하는 것은 전연 별개의 일이었다. 우리는 2009년 작업에서는 아홉 가지 위험한계 가운데 일곱 가지에 대해 수량화 결과를 제시했다. 그들 가운데 몇 가지의 경우 과학이 크게 발달하고 확고해서 위험한계가 잘 정립되어 있었다. 기후 변화가 여기에 해당하는데, 우리는 그 위험한계를 이산화탄소 350ppm, 혹은 인류 연원의 부가적인 기후강제력(climate forcing) 제곱미터당 1와트로 설정했다. 성층권 오존층 파괴의 경우에는 보호용 오존층이 전산업시대의 두께와 비교하여 5퍼센트 이상 얇아지지 않도록 보존하라고 제안했다. 토지 이용의 변화, 세계적 담수 소비, 해양 산성화의 경우에는 제안한 위험한계 수준에 대해 상당히 자신이 있는 편이다. 불확실성의 범위가 매우 넓어서 과학이 발달함에 따라 수량화 수치를 개선하고 더 나은 통제 변인을 찾아낼 여지가 있음을 인식하고 있기는 하지만 말이다. 생물다양성 손실률과 전 지구적 질소·인 순환에의 인간 개입에서는 오직 이용 가능한 증거를 토대로 최상의 추측치만을 제공할 수 있었다. 이는 결국 과학의 중요한 진보를 낳았으며, 이것은 다시 위험한계의 수량화를 크게 개선해주었다. 마지막으로 에어로졸 부하와 화학물질에 의한 오염의 위험한계는 수량화에 성공하지 못했다. 주된 원인은 그 두 가지가 수많은 요소, 저마다 다른 무수한 화합물과 오염원 들의 상호작용에 의해 좌우되기 때문이다.

이 모든 위험한계에 관한 수량화 결과는 최근의 과학을 토대로 업데이트하였다. 지난 5년 동안 세계 각지의 독립적인 과학자들이 제안하고 출간한 주요 진척 사항들을 반영한 결과다. 우리는 최초의 시도를 통해 동남아시아 지역에서 관찰되는 태양복사에너지의 최소 광학두께를 수량화함으로써 에어로졸 부하의 훌륭한 지표를 확보했다. 화학물질에 의한 오염의 위험한계를 붙들고는 여전히 씨름하고 있다. 우리는 이것이 지구 시스템에서 순전히 우리 인간이 창조해낸 진정으로 '진기한' 화합물임을 드러내고자 '진기한 물질'이라는 새로운 이름을 붙여주었다.

위험한계들에 대해 생각해보는 한 가지 방법은 그들을 어떻게 작동하는지에 따라 세 가지 범주로 나누는 것이다. 첫 번째 범주는 그린란드와 남극대륙의 빙상 해빙처럼 지구의 문턱값이 명확하게 규정된 과정들을 포함한다. 이것은 하나의 상태에서 다른 상태로 확실하게 전환할 수 있는 과정들로 지구 전체에 직접적으로 영향을 끼친다. 우리는 이러한 과정들을 '빅3(Big Three)'라 불렀다. 기후 변화, 성층권 오존층의 파괴, 해양 산성화가 그것이다. 이들 과정의 문턱값은 지구 시스템에 내장되어 있어서 인간행동으로는 바뀔 수 없다. 일정 온도에 이르면 거대 빙상이 녹고, 일단 이런 현상이 발생하면 지구는 현재의 홀로세 평형상태에서 벗어날 것이다.

두 번째 범주는 지구 시스템의 근원적 복원력에 기여하는 더딘 지구 변인을 기반으로 하는 위험한계들이다. 토지 이용의 변화, 담수 이용, 생물다양성 손실, 전 지구적 질소·인 순환에의 인간 개입이 여기에 해당한다. '위로부터' 지구 시스템에 영향을 끼치는 첫 번째 위험한계 범주와 달리, 이 두 번째 범주는 '아래로부터' 작용한다. 이들은 전 지구 차원의 변화가 아니라 지방·지역 차원의 문턱값과 관련이 있다. 우리는 이들을 지구 시스템에 미치는 악영향의 충격을 완화하고 그 시스템의 복원력을 강화하는, 지구라는 기계의 '엔진'에 해당하는 과정으로 본다.

두 번째 범주에 속한 위험한계 과정들은 방대한 지역 혹은 세계적 차원에서는 그들 자체의 문턱값을 지닌 것처럼 보이지 않는다. 하지만 그렇다고 해서 그것이 그와 관련한 문턱값이 아예 없다는 의미는 아니다. 그와 반대로 수많은 증거에 따르면, 호수, 숲, 산호초 같은 생태계에서 결정적인 문턱값을 넘어서면 생물다양성, 바이오매스의 수확, 토양의 질, 담수의 유량, 영양물질의 순환 같은 중요한 변인들이 점진적으로 달라져서 급

지구가 인류에게 제공하는 거대 서비스

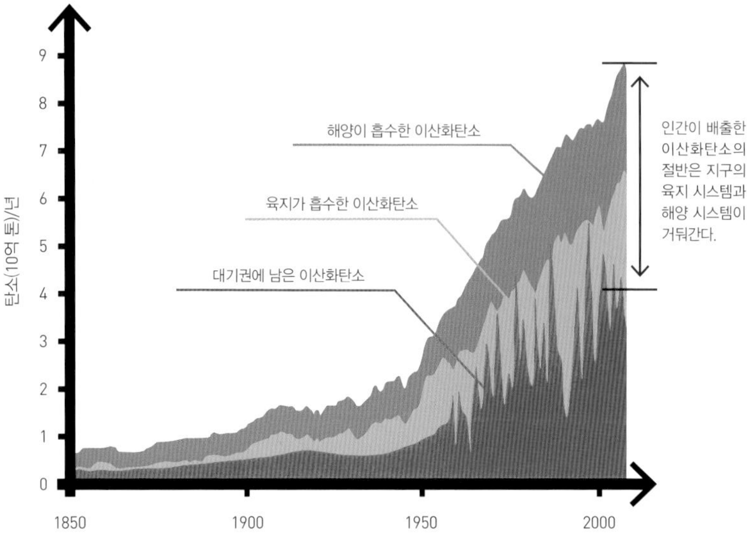

그림 2.2 지구에 의한 흡수
지난 50년 동안 전 지구적으로 이산화탄소 배출량이 대략 두 배로 불어났다. 이산화탄소가 대기중에 최대 1000년 동안 머무는 오래가는 온실가스이므로 사람들은 그 이산화탄소 배출량 전체가 이 시기에 관측된 섭씨 1도 온난화를 일으켰다고 생각하기 쉽다. 하지만 진실은 다르다. 생물권에 속한 해양 시스템과 육지 시스템이 각각 인간이 배출한 이산화탄소를 약 25퍼센트씩 흡수해가므로, 대기권에는 전체의 50퍼센트(그래프에서 주황색으로 표시된 부분)만 남아 있게 되는 것이다. 이것은 지난 반세기 동안 자연이 흡수해간 이산화탄소량이 20억 톤에서 40억 톤으로 불어났음을 의미한다. 지구의 복원력이 여전히 건재하다는 증거다.

작스러운 변화를 촉발할 수 있다.

문제는 이것이다. 즉 이러한 티핑 포인트들은 언제 범지구적 근심거리로 떠오를까? 그들이 언제 '홀로세 비슷한' 상태를 유지해주는 지구의 능력에 위해를 가할까? 만약 남획이나 영양물질 부하가 어느 한 지역의 호수 몇 개를 망가뜨린다면, 그것은 다른 어느 지역들이나 지구 전체에는 별다른 영향을 끼치지 않을 것이다. 그러나 이러한 티핑 포인트들이 비슷하게 지속불가능한 관례 탓에 세계 전역의 수천 개 호수에서 동시발생한다면, (지구 기후 시스템에 영향을 미칠) 탄소싱크의 소실 현상이나 지역경제의 붕괴가 전 지구적 걱정거리로 떠오를 것이다.

세 번째 범주의 위험한계는 인간이 야기한 두 가지 위험, 즉 첫째 블랙카본(그을음)·질산염·황산염 등 여러 미립자에 의한 대기오염, 둘째 중금속이나 잔류성 유기 오염물질 등 화학물질에 의한 생물권 오염을 포함한다. 이들이 지방·지역·세계 차원에서 지구 시스템에, 그리고 인간의 건강에 가하는 위험이 상당했으므로 우리 연구팀은 이 두 가지 문제를 지구 한계로 취급할 수 있다고 보았다. 그러나 이들이 수많은 과정과 복잡하게 얽혀 있는 탓에 아직껏 안전한 위험한계를 설정하지는 못했다. 이와 관련해서는 좀더 많은 연구가 필요하다.

지구 한계 업데이트

우리는 본 연구를 실시한 이래 지구 한계의 논의틀을 잡아가는 방식에서 두 가지 중요한 진척을 보았다. 첫째는 위험한계 과정들 사이에도 모종의 위계가 존재함을 인식했다는 점이다. 우리가 지구 차원의 티핑 포인트에 관한 증거를 가지고 있느냐(빅3), 아니면 그 과정들이 복원력을 조절하는 요소로 작용하느냐(느린 변인)에 근거하여 그들을 구분하는 것도 필요하다. 하지만 모종의 위험한계가 단독으로 타격을 가해 지구 시스템을 홀로세로부터 멀어지게 만드느냐, 아니면 오직 다른 것들의 결과를 규정하기만 하느냐, 이 문제를 따져보는 것도 그만큼이나 중요하다.

우리가 분석한 결과에 따르면, 생물다양성의 풍부함과 기후 시스템은

귀환하는 난민들에게 르완다 지시와티 삼림보호구역(Gishwati Forest Reserve)의 소규모 땅뙈기를 제공했다.

사라왁에서는 전에 연안 열대우림이던 지역이 택지로 바뀌었다.

지구의 상태를 결정하는 데 단독으로 중요한 역할을 한다. 생물다양성과 기후 시스템의 최종 상태는 물의 유량, 토지 이용, 영양물질의 유량이 작용한 결과가 더해져서 결정된다. 간단히 말해 만약 우리가 기후와 생물다양성을 올바르게 다루면 바람직한 지구 상태를 유지할 가능성이 커진다. 따라서 우리는 이 두 가지를 '핵심 위험한계(core boundaries)'라고 부른다. 역으로 우리가 틀림없이 기후나 생물다양성과 관련하여 안전한 운용 공간 내에 머물도록 보장하는 유일한 방법은 다른 모든 위험한계를 올바르게 다루는 것이다. 왜냐하면 그것들이 생물권에서 살아가는 모든 종의 삶의 조건을 결정하고 기후 시스템의 최종 상태를 규정하기 때문이다.

위험한계의 논의틀을 잡아가는 것과 관련한 두 번째 진척은 2009년의 본 제안서에 대한 비평글들 덕택이었다. 우리는 애초에 오직 지구 차원의 위험한계만을 규정했다. 그런데 많은 이들이 올바르게 지적한 대로, 지구 차원의 위험한계들은 지방·지역 차원에서 '위험한계를 관리'하는 데에는 거의 아무런 지침도 되어주지 못했다. 실제로 모든 과정은 국지적으로 작동한다. 토지 이용, 담수 이용, 삼림벌채 등은 하나같이 지방 차원에서 일어난다. 온실가스 배출도 그 원천은 지역에 있게 마련이다. 물론 이 모든 것이 지구 차원의 결과를 낳기는 하지만 말이다. 따라서 응당 지구 차원의 위험한계를 지역 차원의 위험한계와 연관 지어야 한다. 위험한계는 차원을 넘나들어 작용하기 때문이다. 이제 각각의 지구 한계들은 의미가 있거나 가능하기만 하다면 두 가지 차원, 즉 지구 차원과 지역 차원의 규정을 동시에 지니게 될 터다. 예를 한 가지 들어보자. 담수와 관련한 지구 차원의 위험한계는 우리가 활용할 수 있는 지구 유출수의 최대량(매년 4000세제곱킬로미터 미만)이었다. 우리는 여기에 세계의 모든 강 유역(집수지역)에 관한 위험한계를 곁들였다. 그 위험한계는 물 의존적인 생태계의 기능과 복원력을 지키기 위해 각각의 강 유역이 보유해야 할 물의 최소량으로 규정한 수치다.

이제 우리가 어떻게 위험한계의 수준을 규정했는가 하는 핵심적인 문제로 돌아가 보자. 우리 팀은 충분한 과학적 증거를 확보한 각 위험한계들에 대해 그들이 얼마나 잘(혹은 잘못) 작용하고 있는지 결정하거나 기술해주는 파라미터를 찾아냈다. 우리는 이 측정 가능한 지표를 '통제 변인(control variable)'이라고 불렀다. 각 위험한계의 통제 변인은 그 위험한계가 작동하는 방법을 가장 광범위하고 총량적이고 수량화가 가능하도록 표현해주는 지표가 어떤 것인지 따져본 내용을 토대로 선정했다. 다음 장에서는 이들 위험한계 가운데 특히 시급한 것들과 그들이 제기하는 전 지구적 위험을 더 깊이 살펴보려 한다. 지금은 그에 앞서 그것들을 추적하기 위해 우리가 제안한 방법들을 간략하게 소개하겠다.

앞에서 언급한 대로 기후 변화의 경우에는 대기권의 이산화탄소 농도와 복사강제력(radiative forcing), 이렇게 두 가지 통제 변인을 제안했다. 우리는 첫 번째로 대기권의 이산화탄소 농도 350ppm이라는 위험한계를 제시했다. 이산화탄소 농도가 그보다 높아질 경우 북극의 거대 빙상이 녹아내리고, 그에 따라 해수면 상승에서 산호초 시스템과 열대우림의 붕괴에 이르기까지 인간에게 재앙으로 비칠 만한 결과를 초래할 수 있음을 보여주는 고기후 데이터를 근거로 한 결과였다. 두 번째로 이 '간단한' 이산화탄소 위험한계는 모든 온실가스의 효과, 즉 온난화하는 온실가스(메탄·아산화질소) 그리고 냉각화하는 에어로졸(질산염·황산염)을 합한 위험한계로 보완될 필요가 있었다. 여기에서 최상의 파라미터는 복사강제력인데,

그것은 인류 연원 온실가스가 더해진 지표면에서의 에너지 총량으로 측정된다. 우리는 이 값을 제곱미터당 1와트 증가라고 제시했다. 이 수치는 일반적으로 평균 지구 기온 섭씨 1도 상승에 해당하는 것으로 받아들여진다. 이제 이 두 변인은 서로를 긴밀하게 따라가고 있다. 이산화탄소를 뺀 모든 온실가스에 의한 온난화(지금까지는 강제력의 약 20퍼센트)는 모든 냉각화 가스들의 순효과에 의해 상쇄되기 때문이다. 하지만 온실가스와 냉각화 오염물질들의 상호작용 등 대기권의 복잡성을 고려하면 이것이 언제나 사실인 것은 아니다. 따라서 우리는 이산화탄소 농도와 복사강제력 둘 다를 기후 변화의 표지로 삼는 게 좋겠다고 보았다.

우리는 다른 지구 한계의 통제 변인을 선택할 때에도 그와 비슷하게 실용적인 접근법을 취했다. 해양 산성화의 경우, 표층해수의 아라고나이트 포화 수준을 대리 지표로 측정하자고 제의했다. 해양 산성화와 관련하여 전반적인 바다의 건강도를 나타내주는 훌륭한 지표이기 때문이다. 아라고나이트는 바닷물이 지나치게 산성화하면 용해되는 탄산칼슘의 한 형태다. 우리는 아라고나이트 수준이 전산업시대의 80퍼센트 이하로 떨어지면 산호초 역시 위기에 처함으로써 주요 해양 생태계가 붕괴할 가능성이 있다고 판단했다.

생물다양성의 손실률과 관련해서는 전반적인 생태적 영향력의 파라미터로 현재의 종 멸종률을 사용하자고 제안했다. 화석 기록에 관한 연구에 따르면, 과거에 해양 유기체와 포유류의 평균 멸종률은 매년 100만 종당 0.1~1종이었다. 인류세가 도래한 이래 이 비율은 매년 100만 종당 100종으로 껑충 뛰어올랐다. 지질학적 배경멸종률(background rate of extinction: 인간이 영향력을 끼치지 않은 자연상태에서 발생하는 멸종의 비율—옮긴이)과 비교해볼 때 최대 천 배가 불어난 수치다. 오늘날에는 과학적으로 충분히 연구된 종들의 경우 4분의 1 정도가 멸종 위기에 처해 있다.

과학자들은 만약 종이 계속 이런 규모로 사라진다면 수많은 생태계가 제대로 작동하기 어려워진다고 경고한다. 이것은 그 생태계에 기대어 살아가는 인간사회에게 나쁜 소식이다. 종의 손실은 이들 생태계를 바람직하지 않은 상태로 내모는 원인이 될 수도 있다. 사바나를 사막으로, 열대우림을 사바나로 달라지게 만드는 식이다. 하지만 안전한 수준을 규정하는 것은 여전히 극도로 까다로운 문제다. 그 한 가지 이유는 모든 종이 생태계에서 동등하게 중요한 역할을 담당하고 있는 것은 아니기 때문이다. 상어 같은 최상위 포식자 종의 손실은 다른 물고기들의 손실보다 산호 시스템에 훨씬 더 큰 해악을 끼친다. 따라서 우리는 그러한 불확실성을 고려하여 매년 100만 종당 최대 10종의 멸종을 임의적 지표로 제안했다. 이것은 배경멸종률보다는 상당히 높지만 실제 멸종률보다는 한두 자릿수가 적은 수준이다. 우리는 변화를 다루는 생태계의 수용력을 드러내주는 지표로 종 손실률을 보완함으로써 생물다양성 지표를 한층 개선했다. 종의 숫자만이 아니라 수분(受粉) 작용이나 물고기가 포식자인지 방목식자인지 여부 등 종이 수행하는 상이한 역할도 함께 고려한 결과였다. 우리는 생태계에 아직껏 남아 있는 역할을 수행하는 종들의 숫자까지 고려했다. '평균 종 풍부도(Mean Species Abundance, MSA)' 혹은 이른바 '생물권 온전성 지표(Biosphere Integrity Index, BII)' 같은 지표로 측정한 값이다.

해로운 자외선을 통해 고위도 지방에 사는 인간의 건강을 위협하는 성층권 오존층 파괴의 경우, 전산업시대 오존 농도 수준의 5퍼센트 이내 손실을 위험한계로 제안했다. 오존 농도가 그 이상으로 낮아지면 봄마다 극지방에서 발생한 것 같은 오존'홀'이 생길 수 있다.

담수 이용과 관련해서는 연간 유출수 자원 사용 4000세제곱킬로미터 이내로 위험한계를 제시했다. 이것은 기본적으로 육지 생태계와 수생 생태계의 붕괴를 초래할 가능성이 있는 문턱값을 피하려면 관개 등 여러 용도로 사용하는 강물이나 암반수의 양을 현재 수준으로 묶어두어야 한다는 의미다.

열대우림이나 기타 생태계를 경작지나 도시로 전환하는 것은 지구 한계를 촉구하는 또 하나의 문제다. 우리는 지구에서 얼음 없는 지표면 가운데 경작지와 개발지의 비율을 15퍼센트 이내로 유지하는 것을 위험한계로 제의했다. 생물다양성 손실, 담수 파괴, 탄소싱크의 감소 같은 위험한 문턱값을 넘어서지 않도록 막는 조치다. 현재 수치는 약 12퍼센트다. 이것을 통제 변인으로 선택한 것은 그것이 세계적 규모로 알려져 있으며 잘 추적·관찰되고 있기 때문이다. 그런데 우리는 이것이 거친 단순화임을 깨달았다. 육지에 대한 우리의 진정한 관심은 남아 있는 숲 같은 가장 중요한 자연의 토지 이용 유형을 훼손하지 않고 확실히 보존하는 것이기 때문이다. 숲은 탄소싱크를 조절하는 데에서 중요한 구실을 하며, 생물다양성을 위한 서식지를 제공하고, 지역 차원에서 유수량을 조절한다. 따라서 우리는 최종 업데이트에서 위험한계 규정을 동전의 한 면(추가된 경작지의 최대량)에서 같은 동전의 다른 한 면(주요 생물군계를 유지하는 데 필요한 숲 면적의 최소량)으로 바꾸었다. 우리가 평가를 통해 최종적으로 제안한 위험한계는 적어도 (아마존강 유역, 콩고 분지, 동남아시아) 열대우림의 85퍼센트, 세계 온대지역 숲의 50퍼센트, 세계 냉대지역 숲의 85퍼센트를 온전하게 보존해야 한다는 것이었다.

질소·인은 과용하면 해양 생태계를 부(富)영양화하고 심각한 산소 결핍 사태, 즉 '죽음의 지대(dead zone: 물속에서 산소가 충분치 않아 생물이 살아갈 수 없는 지역—옮긴이)'를 불러일으킬 소지가 있다. 우리는 질소·인의 과용과 관련해서는 위험한계를 질소의 경우 산업용·농업용으로 고정하는 양이 매년 3500만 톤 이내가 되도록, 인의 경우 세계의 해양으로 흘러드는 양이 자연적인 배경풍화의 10배 이내가 되도록 제안했다. 2014년의 업데이트에서는 비료를 생산하는 하버-보슈 공정(Haber-Bosch process)에 의한 인위적 질소 고정뿐 아니라 현대 농업 시스템에서의 생물학적 질소 고정(질소 흡수는 현대 농업 시스템이 도입되지 않았더라면 일어나지 않았을 것이다)까지 포함하여 질소의 위험한계를 손보았다. 그렇게 업데이트된 질소의 위험한계는 연간 비반응성 질소 4400만 톤 이내로 정해졌다. 대기권에서 추출된 비반응성 질소가 생물권 속의 반응성 질소로 전환하는 것이다. 그런가 하면 인의 경우 2009년 분석에서는 오직 바다에서의 파괴적 문턱값만 고려했다고 비판받았다. 스티브 카펜터(Steve Carpenter)와 엘레나 베넷(Elena Bennett)이 인의 위험한계와 관련한 중요한 업데이트를 통해 분명하게 밝혔듯이, 인은 해안 생태계에 이르는 강 하구에 피해를 주기 훨씬 전부터 담수 시스템을 티핑 포인트로 내몰았다. 인의 침출은 육지에서 특히 농업에 쓰인 비료에서 비롯될 뿐 아니라 정수처리장의 누출과 노후화의 결과이기도 하다. 인은 육지에서 바다로 이동하면서 호수와 습지의 문턱값을 촉발시킨다. 따라서 우리는 해양 인 위험한계에 담수 인 위험한계를 추가했다.

우리가 이런 식으로 지구 한계를 수량화한, 즉 인간 영향력의 한계를 규정하는 분명한 난간을 설치한 목적은 무엇인가? 그것은 지구의 지속가능성에 기여하는 통합과학을 더욱 발전시키고, 정책 입안자·기업지도자·대중 들에게 위험한 낭떠러지 아래로 떨어지지 않도록 막는 실질적인 도구를 제공하기 위해서였다(아홉 가지 지구 한계, 그 각각의 통제 변인, 그리고 그 선을 넘어섰을 때 초래될 가능성이 있는 결과에 관해 더 많은 정보를 알아보려면 64, 76~77쪽 표 참조). 하지만 조금 각도를 틀어서 보면 지구 한계는 희망적이고 긍정적인 징조를 드러내는 것이기도 하다. 인류에게 혁신, 성장, 학습, 실험, 다양성을 위한 운용 공간을 풍부하게 제시해주기 때문이다. 다시 말해 만약 지구 한계의 안전한 쪽에 시종 머문다면, 다가오는 수십 년, 아니 수백 년 동안 발달하고 번영을 누릴 수 있는 것이다.

우리는 어디로 가고 있는가

앞에서 말한 대로, 우리의 연구는 지구 시스템에서 파멸적이고도 급작스러운 티핑 포인트를 넘어서지 않도록 인류에게 안전한 운용 공간을 제시하는 것이 목적이었다. 일단 위험한계를 넘어서면 위험지대로 접어든다. 이렇게 되면 더 이상 빼도 박도 못하는 지경에 이른다. 데이터가 분명하게 보여주듯이(83쪽 그림 참조), 우리는 아홉 가지 가운데 네 가지—기후 변화, 생물다양성 손실, 토지 이용 변화, 담수의 질소·인 과부하—에서 이미 지구 한계를 넘어 위험지대에 들어섰다.

가장 최근에 관측한 대기중의 이산화탄소 수치를 보면 월중 농도가 평균 399ppm으로, 우리가 제안한 지구 한계 350ppm을 훌쩍 뛰어넘었다. 실제로 이산화탄소 월중 평균 농도는 1986년 이래 줄곧 350ppm을 유지해오다가 최근 들어 해마다 평균 1.4ppm씩 꾸준히 증가했다. 미국을 비롯한 여러 나라에서 온실가스 배출량이 근자에 다소 감소하는 경향을 보이기는 했지만, 그 추세는 여전히 크게 잘못된 방향을 가리키고 있다. 사실 미국과 중국이 2014년 11월에 2030년 이산화탄소 배출량 정점을 목표로 하자고 합의하고 EU가 2020년까지 (1990년 대비) 40퍼센트 감축계획을 발표했음에도 불구하고, 세계는 이산화탄소 위험한계의 최고수치 450ppm을 향해 줄곧 빠르게 달려가고 있다. 이 수치는 어느 과학적 전망치에 따르면 넘어설 경우 파멸적인 티핑 포인트가 될 공산이 큰 수준이다.

주로 현대 농업에 쓰이는 상업용 비료를 통해 생물권으로 배출되는 방대한 양의 질소 역시 다를 바 없다. 호수, 강, 습지의 질소 과부하는 지방·지역 수준에서 티핑 포인트를 촉발할 위험이 있다. 우리는 발트해에서 그 예를 목격한 바 있다. 현재 그곳 바닷물의 약 6분의 1이 산소가 부족한 '죽음의 지대'로 변해버렸다. 지구적 질소 순환과 관련한 오늘날의 과학적 평가에 따르면, 안전한 질소의 지구 한계는 연중 4400만 톤 이내 생산이어야 하는데, 우리는 1990년대 초 이미 그 단계를 쏜살같이 지나쳐버렸다. 현재의 연중 1억 5000만 톤에서 벗어나 그 위험한계 내로 돌아가려면 질소 생산의 3분의 2 남짓을 감축해야 한다. 상당히 버거운 요구다.

하지만 가장 극적인 사례는 생물다양성이 위험한계를 넘어선 것이다. 우리는 오늘날 종의 손실 속도가 너무 빨라서 그야말로 지구의 여섯 번째 대멸종의 와중에 놓여 있다. 지구 생태계의 작용을 대규모로 영구히 변화시킬 게 뻔한 상황이다. 특히나 염려스러운 것은 최상위 포식자, 즉 먹이사슬의 상층부에 포진한 종들의 손실이다. 이것은 중요한 티핑 포인트를 건드리는 등 자연의 생명유지 장치 전반을 삽시간에 변화시킨다. 종의 상실은 다른 지구 한계들과 달리 회복이 불가능하다는 점에서 유독 비극적이다. 한번 사라진 종은 영영 되살릴 수 없다. 그런 연유로 생물다양성 손실은 지구의 깊은 시름거리다.

2014년 업데이트한 자료에 따르면, 우리는 토지 이용 변화에서도 위험지대에 놓인 것으로 드러났다. 그간 너무나 많은 열대지역의 열대우림, 온대지역과 냉대지역의 숲을 파괴한 결과 현재는 본래 지구를 뒤덮고 있던 숲의 약 60퍼센트밖에 남아 있지 않은 상태다. 우리의 추정치에 따르면 지구의 복원력을 지키려면 세계 숲 지대의 적어도 75퍼센트를 보존해야 한다.

우리가 나머지 네 가지 지구 한계(진귀한 물질에 관해서는 확실하게 알 수 없다)에서는 여전히 안전한 운용 공간 내에 머물러 있지만, 그럼에도 그 모든 것들은 급격하게 수치가 커지는 불안한 추세를 보인다. 특히 담수의 경우가 그렇다. 세계 강의 약 4분의 1이 더는 해양에 이르지 못하고 있으며, 지역 차원에서는 차드호와 아랄해 등에서 보듯이 이미 담수로 인한 몇몇 파괴 사태가 드러났다. 정말이지 암울해 보이는 추세다.

한 가지 더 복잡한 요인은 지구 한계가 서로 상호작용하는 방식이다. 만약 하나가 지구 한계를 넘으면 그로 인해 다른 위험한계들도 덩달아 변화할지 모를 가능성을 고려해야 한다. 그런데 그 변화란 우리의 선택을 한층 더 제약하게 마련이다. 다시 말해 지구 한계는 항구적으로 고정된 목표치라기보다 쉴 새 없이 변화하는 역동적인 목표치다. 그러므로 한 번에 하나씩 관리할 수가 없다. 이것은 정책 입안자, 투자자, 기업 지도자, 과학자, 관심 있는 대중 들에게 중요한 메시지를 전달한다. 따라서 우리는 지구 한계들을 마치 '삼총사'처럼 여기도록 조언한다. 즉 '모두는 하나를 위해, 하나는 모두를 위해' 작용하는 광범위한 패키지로 봐달라고 말이다. 어느 하나의 지구 한계에 치중하기보다 모든 지구 한계가 안전한 운용 공간 내에 머무르도록 한꺼번에 관리해야 한다. 거꾸로 말하자면 만약 기후 변화 하나가 지구 한계를 벗어날 경우 생물다양성을 비롯한 다른 모든 것을 잃을 수 있다.

결국 기후 변화에 맞선 '최후의 전장'은 배출량 감축에 초점을 맞추는 것에서 생물권의 권리에 초점을 맞추는 것으로 옮아가야 한다. (대단히 어려운 과제임에도 불구하고) 우리가 50년 내에 '저'탄소 혹은 '제로'탄소를 달성할 수 있느냐 여부가 기후라는 낭떠러지로 떨어지느냐 마느냐를 결정하는 유일한 요인은 아니다. (토지, 물, 생물다양성, 영양물질에서 위험한계를 지니고 있는) 생물권은 부단히 탄소를 흡수해가고, 메탄을 지하에 가두고, (탄소를 가둬주는) 바이오매스가 성장할 수 있도록 담수를 제공하고, 그리고 복원력 있는 초지·사바나·열대우림·습지의 서식지를 유지함으로써 지구 온난화를 완화하기에 충분한 복원력을 제공해야 한다. 만약 이 모든 생태계의 역할과 서비스에서 위험한계를 넘어서면 지구가 우리의 바람대로 움직이리라고, 즉 지금까지처럼 지구 온난화를 늦춰주던 '음의 되먹임'을 유지하리라고 기대하기가 힘들어진다. 만약 지구가 친구에서 적으로 돌변하면 그때는 배출량 감축 같은 완화책을 쓴다 해도 별반 도움이 되지 않는다. 인간이 기후 시스템에 미치는 영향력은 제아무리 크다 해도 지구 시스템 자체가 촉발할지도 모를 온난화 되먹임에 비하면 하찮기 때문이다. 북극 표토층의 50센티미터에 포함된 탄소만 방출되어도 250년 전 산업혁명이 시작된 이래 인간이 배출한 총탄소량을 웃도는 것이다.

우리는 과거에 '큰 지구' '작은 세계'에서 살아갔지만 이제 '작은 지구'에 상당한 영향력을 행사하며 '큰 세계'에서 살아간다.

이것이 바로 우리가 지구 한계를 존중해야 하는 까닭이다.

3

크나큰 재앙

2012년 7월 그린란드의 거대 빙상에서 뭔가 놀라운 일이 벌어졌다. 한 빙하학자는 이 일을 두고 "올 것이 왔다"고 표현했다. 관측 사상 처음으로 빙상 전체가 녹아내린 것이다.

그린란드 연안에서 얼음은 여름 동안에는 항시 녹는다. 매년 여름마다 거대한 얼음덩어리에서 일루리사트 얼음 피오르(Ilulissat Icefjord)가 바다로 떨어져나가는 것은 정말이지 이채로운 장관이다. 빙상 가장자리에서 벗어난 조각들은 서부 연안에 빙산으로 떠 있게 되는데, 그 모습이 마치 빙산으로 이루어진 끝없는 군도처럼 보인다.

하지만 2012년 7월에 나흘 동안 오랜 고기압이 그 방대한 빙상 덩어리 위에 따뜻한 공기를 가두자 관측 사상 최초로 거의 그 빙상 전체(97퍼센트)

호수와 강에 도시와 농촌지역 유출수의 화학물질·영양물질이 과부하하면 과다 번식한 조류가 썩으면서 산소를 몽땅 소비하여 그곳 생태계를 질식시킬 수 있다. 이러한 환경에서는 물에 산소가 크게 부족해져 물고기들이 살아가기 어렵다. 우리가 점점 더 많이 밝혀낸 바와 같이, 풍부한 어류 집단을 보호하는 것이야말로 호수나 산호초 시스템, 바다 환경이 환경적 충격을 입은 뒤에도 되살아날 수 있게 해주는 결정적인 요소다. 예를 들어 산호초 시스템은 대대적인 백화 사태를 겪고 나면 붕괴할 수 있다. 그러나 거기에 파랑비늘돔(parrot fish)이나 쥐돔(surgeon fish) 같은 수많은 방목식자가 살아가고 있다면 산호가 부활하는 데 도움이 된다. 이 수생 '잔디깎이종'들이 없다면 산호초가 붕괴된 자리를 해조들이 비집고 밀고 들어온다. 더욱이 이 시스템은 농업 유출수에서 비롯된 영양물질이 부하되어 조류가 판치는 혼탁한 상태로 빠져들기 쉽다.

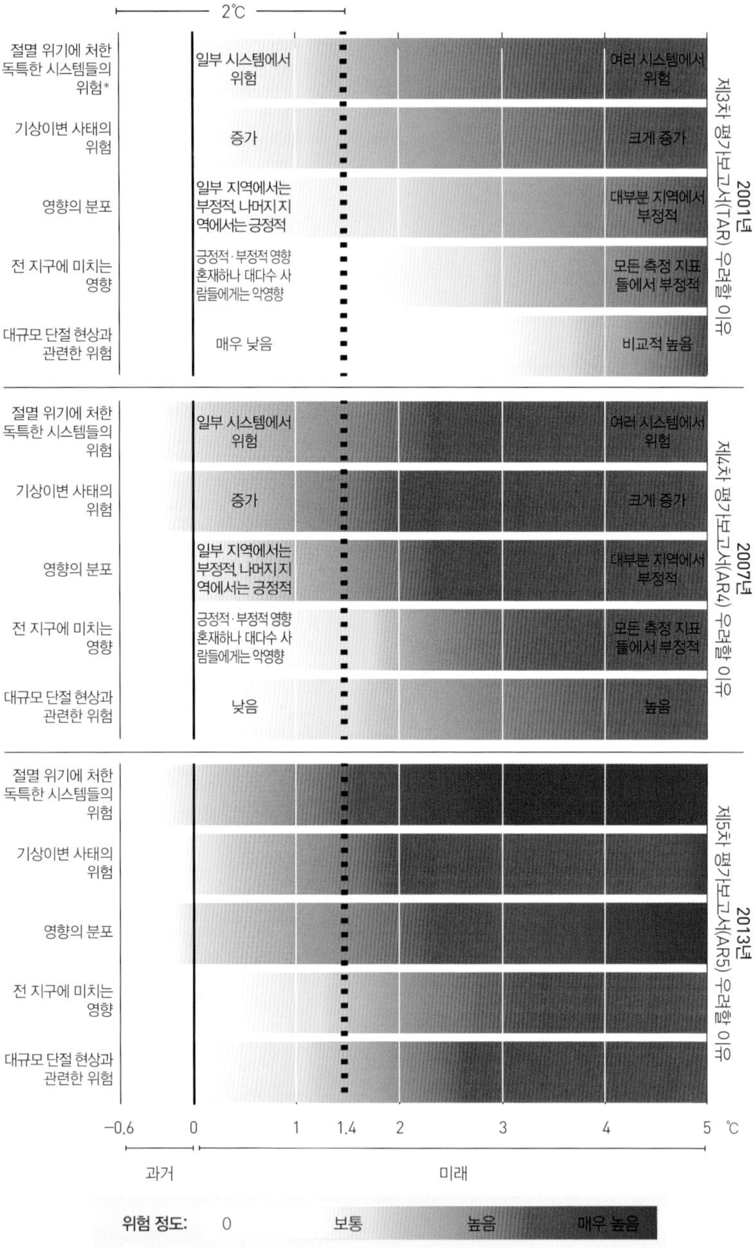
2℃
절멸 위기에 처한 독특한 시스템들의 위험*
기상이변 사태의 위험
영향의 분포
전 지구에 미치는 영향
대규모 단절 현상과 관련한 위험
일부 시스템에서 위험
여러 시스템에서 위험
증가
크게 증가
일부 지역에서는 부정적, 나머지 지역에서는 긍정적
대부분 지역에서 부정적
긍정적·부정적 영향 혼재하나 대다수 사람들에게는 악영향
모든 측정 지표들에서 부정적
매우 낮음
비교적 높음
2001년 제3차 평가보고서(TAR) 우려할 이유
낮음
높음
2007년 제4차 평가보고서(AR4) 우려할 이유
2013년 제5차 평가보고서(AR5) 우려할 이유
−0.6
0
1
1.4
2
3
4
5
℃
과거
미래
위험 정도:
0
보통
높음
매우 높음

에서 얇은 층이 슬러시처럼 질척하게 녹아내렸다. 그 결과 빙상 표면이 흰색이 아니라 짙은 색으로 변했다. 이것은 대기권에 커다란 변화를 가져왔다.

여름에는 대체로 빙상의 밝은 표면이 태양에서 유입되는 열기의 85퍼센트를 우주로 반사한다. 그러나 빙상 표면이 녹아내린 이 전례 없는 짧은 기간 동안, 빙상의 짙은 색 표면은 그 열기의 50퍼센트 남짓을 흡수했다. 그 결과 그린란드는 지구 대기권의 '냉각기'에서 '가열기'로 달라졌다.

실제로 오하이오 주립대학 산하 비어드극지연구센터(Bryd Polar Research Center)의 제이슨 박스(Jason Box) 연구팀은 이 이례적인 2주일 동안 그린란드가 대기중에 300엑사줄(EJ, 1018줄)의 에너지를 더해주었다고 추산했다. 이것이 과연 어떤 의미인지 살펴보자. 전 세계의 연간 에너지 사용량은 대략 600엑사줄 정도다(세계 최대의 에너지 소비국 미국이 그 가운데 약 200엑사줄을 사용한다). 따라서 이것은 그해 여름의 단기간 동안 덴마크(그린란드는 덴마크 자치령이다—옮긴이)가 중국과 미국을 제치고 지구 기후에 가장 큰 영향을 끼친 국가로 떠올랐다는 것을 뜻한다. 덴마크 사람들이 대기권에 더 많은 온실가스를 배출했기 때문이 아니라 그린란드의 빙상이 태양 에너

그림 3.1 **증가하는 지구의 위기들**
지구 시스템이 어떻게 작동하는지에 관해 더 많이 알면 알수록 우려해야 할 이유는 그만큼 커진다. 기후과학이 발달함에 따라 '정부간기후변화위원회'의 세 차례 평가 결과—위는 2001년의 제3차 평가보고서(TAR), 중간은 2007년의 제4차 평가보고서(AR4), 아래는 가장 최근인 2013년의 제5차 평가보고서(AR5)—의 '빨간색 지점'으로 나타난 위험 정도는 증가해왔다. 그래프에서 보듯이 기후로 인한 재난의 위험이 2001년에 섭씨 4~5도로 추정되던 것이 2013년에는 섭씨 2~3도로 낮춰졌다. 그림에서 점선으로 표시된 섭씨 2도 지구 온난화 목표는 과거(1900~2000년)의 온난화와 미래의 온난화를 합한 것이다.
* 극지방·고산지역 등 취약 지역의 생물 멸종, 산호초 백화 현상 따위—옮긴이.

지를 우주로 되돌려보내지 않았기 때문이다.

이것은 초기 징후에 불과했다. 우리는 그린란드가 정말로 영구적인 자기강화 온난화 국면에 접어드는 티핑 포인트를 넘어섰는지 아직 알지 못한다. 그린란드의 빙상은 2012년 이후에는 그와 똑같이 극적으로 해빙한 사례가 없었던 것이다. 그린란드가 이런 일을 몇 차례 더 겪으면 인간으로서는 저지할 수 없는 자기강화 온난화가 일어날까? 이 또한 예측하기 힘들다. 어쨌거나 박스가 기자에게 말한 대로 "잠자는 거인이 깨어나고 있다".

그린란드의 빙상은 몽땅 녹아내린다면 전 세계 해수면을 자그마치 7미터나 상승시킬 정도로 어마어마한 물을 가두고 있다. 그러니만큼 실제로 해빙이 현실화할 경우 연안지역과 거기에 들어선 도시들을 파멸로 내몰 것이다. 그러나 2012년의 '깜짝' 해빙이 실제로 보여준 바와 같이 지구 한계를 넘어서는 위험은 한 가지 사건이 즉각적인 붕괴를 초래할 만큼 그렇듯 크지는 않다. 그린란드의 빙상 전체가 다 녹아내리려면 수백 년 심지어 수천 년은 족히 걸릴 것이다. 오히려 가능성 있는 쪽은 사소한 교란이 되먹임 과정의 변화를 촉발함으로써(즉 '음의 되먹임' 과정을 '양의 되먹임' 과정으로 바꿔놓음으로써) 지구라는 '시한폭탄'의 도화선이 되는 것이다. 다시 말해 처음 발단이 된 사건이 자기 가속화하는 돌이킬 수 없는 강력한 변화의 엔진으로 달라져서 지구를 새로운 상태로 내모는 것이다.

1장에서 언급한 대로 만약 그런 일이 벌어지면 지구는 친구에서 적으로 돌변할 수 있다. 지구는 '음의 되먹임'을 통해 인간의 압박에 대응하는 게 아니라 걷잡을 수 없는 '양의 되먹임'에 착수하여 엄청난 파국을 초래할 것이다. 이렇게 되면 인간이 손써볼 여지는 없어진다.

얼음과 눈이 흰 표면 때문에 태양에서 유입되는 열을 우주로 되돌려보낸다는 사실은 지구의 '음의 되먹임' 가운데 가장 중요하고도 잘 알려져 있는 것이다. 이러한 과정은 지구를 냉각하는 데 기여함으로써 지구가 지금 같은 안정적인 상태를 유지하도록 도와준다. 하지만 기온이 따뜻해지면 점점 더 많은 얼음과 눈이 예상보다 빨리 사라진다. 북극해는 2004년과 2008년 사이 다년생 해빙(海氷)의 42퍼센트를 잃었다. 전문가들이 제아무리 빨라도 2030년이나 되어야 일어나리라고 예상한 일이었다. 2007년 여름에만 북극해는 해빙 덮개의 30퍼센트를 잃었다. 세계의 나머지는 여전히 섭씨 1도의 지구 온난화라는 현실에 적응하고 있는 중임에도 북극은 진작부터 섭씨 2도의 지구 온난화에 시달리고 있었던 것이다.

문제는 지구 기후라는 시한폭탄의 도화선에 이미 불이 붙었느냐 하는 것이다.

남극대륙: 약한 빅브라더?

지구는 과거에도 따뜻한 시기들을 경험했다. 약 12만 년 전경, 이른바 엠간빙기에 그린란드의 온도는 지금보다 최소 섭씨 4도는 높았고, 어느 때는 섭씨 8~10도나 높을 때도 있었다. 우리는 연안지대에서 발견된 바다 화석 연구에 힘입어 상당히 확실하게 이 기간 동안 전 지구 해수면이 오늘날보다 4~8미터 높았다는 것을 알아냈다. 빙상의 해빙이 주원인이었는데, 그 가운데에서도 그린란드 빙상의 기여도가 단연 컸을 것이다.

하지만 최근 그린란드에서 시추한 얼음코어의 분석은 뜻밖의 결과를 보여준다. 북그린란드엠빙하기얼음시추프로젝트(North Greenland Eemian

Ice Drilling project, NEEM)에 참가한 코펜하겐 닐스보어연구소(Niels Bohr Institute)의 도르테 달옌센(Dorthe Dahl-Jensen)과 그녀의 동료들은 12만 년 전의 얼음코어를 연구한 결과, 그린란드 빙상은 과학자들이 예상한 것만큼 그렇게 많이 녹지는 않았다는 사실을 확인했다. 실제로 오래 이어진 몹시 따뜻한 이 시기에 2.5킬로미터 두께의 빙상은 약 400미터밖에 녹지 않았다. 그린란드는 전에 생각한 것보다 온난화 충격에 대해 훨씬 더 복원력이 있는 것 같다. 이것은 일견 좋은 소식처럼 들렸다!

그러나 이내 골치 아픈 문제가 한 가지 불거졌다. 만약 그린란드가 얼음 가운데 400미터밖에 잃지 않았다면, 전 지구의 해수면은 2미터만 상승했어야 옳다. 그렇다면 나머지 물은 대체 어디서 왔단 말인가? 그 방정식으로는 나머지 2~6미터의 물이 설명이 안 되는 것이다. 유일하게 가능한 답이 있는데, 그것은 바로 남극대륙이었다.

연구자들은 언제나 남극이 아니라 북극이 취약한 극지라고 여겼다. 남극대륙은 늘 복원력 있는 빅브라더(big brother)로 간주해온 것이다. 그곳의 빙상은 (만약 모두 녹는다면 전 지구 해수면을 약 70미터 상승시키기에 충분한) 다량의 물을 늘 안전하게 가두고 있는 것처럼 보였다. 하지만 우리가 헛짚은 듯하다. 남극대륙은 우리의 생각만큼 그렇게 복원력이 있지는 않은 것 같다.

최근에 독립적인 연구진이 내놓은 두 가지 결과가 그렇게 말해주고 있다. 그들은 관측 결과를 토대로 서남극대륙의 거대 빙상을 유지해주는 핵심인 스웨이츠 빙하(Thwaites Glacier)와 그에 인접하거나 그와 서로 연결된 빙하들이 돌이킬 수 없는 해빙의 길에 접어든 것 같다고 결론지었다. 2007년 이래 이들 빙하가 녹아내리면서 그린란드 전체가 해마다 북쪽 바다에 더해주는 것만큼의 물(2800억 톤)을 서남극대륙의 아문센해에 쏟아붓고 있다는 것이다. 게다가 그 양은 그때 이후 급속도로 불어나고 있다.

서남극대륙에게 이것은 우려할 만한 티핑 포인트다. 바닷물이 따뜻해지면 이 거대 빙상이 아래에서부터 녹아내리기 때문이다. 이렇게 되면 다시 빙상이 기대고 있는 경사진 기반암이 마치 기름을 친 듯 미끄러워져서 빙상이 회귀 불능의 움직임에 돌입하게 된다. 서서히 바다로 미끄러져 들어가는 것이다. 이 지점에서 전체 스웨이츠 빙하가 바다로 무너지지 않도록 막아주는 유일한 존재는 600미터 높이의 해저 산맥이다. 연구자들은 스웨이츠 빙하가 서남극대륙의 다른 빙하들이 제자리를 유지하도록 해주는 거대한 얼음마개(ice plug) 역할을 한다고 믿고 있다. 만약 이 마개가 떨어져나간다면 다른 빙하들도 바다로 미끄러져 들어갈 수밖에 없는 것이다.

물론 우리는 빙하가 거대한 도미노처럼 한꺼번에 무너져 내리는 광경을 보지는 못할 것이다. 앞으로 200~500년 동안 세계는 최소 3미터 정도 해수면이 상승하는 광경을 접하게 될 가능성이 더 많다. 이것은 더딘 속도이고 긴 기간이라고 생각될지도 모르겠다. 하지만 실은 지금이 중요한 순간이다. 우리가 지금 '켜기(on)' 단추를 누르느냐 '끄기(off)' 단추를 누르느냐에 따라 남극대륙의 운명이 갈리기 때문이다. 일단 티핑 포인트를 넘어서면 그때는 너무 늦다. 우리는 사실상 지금 이 순간 미래를 쓰고 있는 것이다.

하지만 우리가 남극대륙의 해빙 속도를 늦추기 위해 즉각 조치를 취한다 해도 우리 세기 동안 해수면은 전 지구적으로 1미터 더 상승할 것이다. 같은 시기에 대해 '정부간기후변화위원회'가 추정했던 기왕의 1미터에 1미터가 더해지는 것이다. 펜실베이니아 주립대학의 빙하학자 리처드 엘리(Richard Alley) 교수가 이 연구 결과를 발표할 당시 지적한 바와 같이, 남극대륙이 이 티핑 포인트를 넘어선다는 것은 허리케인 샌디(Sandy: 2012년 10월 말 자메이카와 쿠바, 미국 동부 연안에 상륙한 대형 허리케인—옮긴이) 규모의 폭풍해일이 항구적으로 덮치는 데 비견되는 전 지구적 해수면 상승을 초래한다는 뜻이다.

지구가 보내는 메시지: 대금결제일

지금까지 지구 시스템의 놀라운 복원력은 인류가 공짜로 발전할 수 있게 해주었다. 지구를 대규모로 남용하는 시대—특히 1950년대 중반에 시작된 압박들의 '거대한 가속' 이후—에조차 지구는 놀라우리만치 너그러워서 인간이 빚어낸 영향을 약화하는 '음의 되먹임'을 사용해왔다. 우리가 '과거와 다름없이' 온실가스를 배출하고 생물다양성을 서서히 잃어가고 대기와 수질을 오염시키고 자연자원을 지나치게 추출하고 토지와 숲을 파괴하는 삶을 살아감에도 불구하고 지구는 큰 반격 없이 꿋꿋하게 버틴 것이다.

실제로 환경을 희생하면서 일궈낸 경제성장 모델은 꽤나 잘 작동했다. 앨 고어(Al Gore)가 지적한 대로, 우리는 대기권을 마치 '하수구'인 양 사용함으로써 이익을 두둑이 챙겼다. 산업혁명에 참여한 국가들의 경우 이런 식의 접근법을 통해 이례적으로 빠른 기간 동안 거대한 부를 축적할 수 있었다. 이 접근법은 잘 먹혀들었다. 지구가 그 같은 경제성장에 보조금을 대주었기 때문이다. 즉 더 많은 에너지, 더 많은 자원의 이용, 더 많은 생태계의 소비를 대개는 무료로 제공해준 덕택이었다.

하지만 이제 '대규모로 지구를 남용하던' 시대는 종지부를 찍었다. 우리는 지금 같은 발전 패러다임에 따라 걸어온 길의 벼랑 끝에 서 있다. 자원이 바닥나서가 아니다. 수질이 악화되어서도 대기가 오염되어서도 생태계가 나빠져서도 아니다. 우리가 지구에 가하는 압력이 잘못된 '켜기' 단추, 즉 반사하는 얼음과 눈이 사라지면서 그린란드의 온난화가 빨라진 사태처럼 자기강화하는 '양의 되먹임' 효과를 나타내도록 촉발하는 단추를 누르는 시기에 다가가고 있기 때문이다. 이것이 무엇보다 꼭 피해야 하는 '크나큰 재앙'이다.

지구가 던지는 메시지는 강렬하고도 분명하다. 이제 공짜는 끝났다는 것이다. 적색 경보기가 사방에서 나부끼고 있다. 인류는 우리 과학자 팀이 2009년 세상을 안전한 운용 공간 내에 머물도록 하기 위해 찾아낸 아홉 가지 지구 한계 가운데 세 가지—기후 변화, 생물다양성 손실, 전 지구적 질소 순환—에서 이미 지구 한계를 넘어섰다. 토지 이용 변화(삼림 벌채와 도시 확장 탓이다), 담수 이용(식량에 대한 요구가 꾸준히 느는데 식량을 생산하려면 다량의 담수가 필요하기 때문이다) 같은 나머지 문턱값들도 위기에 처해 있다. 최근 동료 과학자들이 분석한 바에 따르면, 지구의 인 순환도 세계 차원에서 위험지대에 놓여 있다.

기후 변화의 상황을 살펴보자. 2014년은 거의 틀림없이 전 지구적 기후 위기를 겪은 중대시점으로 기억될 것이다. 대기중의 이산화탄소 농도가 결정적인 수준인 400ppm에(즉 모든 온실가스 농도가 450ppm에) 다다른 해였기 때문이다. 정치 지도자들은 일반적으로 온실가스 농도 450ppm이

지구 기온 섭씨 2도 상승에 상응하리라는 생각을 받아들여 왔다. 수많은 과학자가 보여준 바와 같이, 그리고 우리의 지구 한계 연구가 강력하게 뒷받침해주는 바와 같이, 이것은 매우 낙관적인 가정이다. 실제로 대부분의 위험 분석에 따르면, 우리가 지구 기온 섭씨 2도 상승을 피하려면 대기중의 온실가스 농도를 그보다 더 낮은 상태로 안정화해야 한다. 하여간 섭씨 2도 상승은 기후 변화의 지구 한계로, 그 선을 건너가면 파멸적인 티핑 포인트를 건드릴 수 있다.

이제 우리는 그 천장에 이르렀다. 대기를 포화 상태로 만든 것이다. 하지만 여전히 기왕의 방식을 바꾸지 않은 채 고집을 피우고 있다. '지구탄소프로젝트(Global Carbon Project)'에 참가한 코린 르 퀴어(Corinne Le Quéré)와 '미래지구(Future Earth)'라는 국제 과학자 팀은 지구 탄소 배출량이 실제로 2014년에 급증했다고 밝혔다. 그들이 내놓은 추정치에 따르면, 이산화탄소는 2013년 360억 톤이라는 어마어마한 양이 배출되었다. 인류 역사상 최대 수치였다! 그리고 우리는 2015년경 400억 톤 고지를 돌파할 가능성이 있다고 예측했다. 실제로 우리는 이 세기말쯤 섭씨 4도 온난화로 치닫게 될 길을 걸어가고 있다.

우리는 이것을 수용하기 힘든 수준이라고 생각한다. 섭씨 2도 온난화조차 우리를 매우 위험한 지경으로 몰고 갈 거라고 믿기 때문이다. 섭씨 2도 온난화를 경험한 마지막 시기인 12만 년 전에 전 지구 해수면은 지금보다 4~8미터 높았다. 지구가 지질학적 과거에 어떤 모습이었는지와 관련하여 우리가 알고 있는 모든 것에 비추어볼 때 섭씨 4도 온난화는 전 지구를 그야말로 곤경에 빠뜨릴 것이다. 그렇게 되면 뉴욕이나 시드니 같은 도시를 보존하는 일은 고사하고 인류를 어떻게 먹여 살릴지부터가 막

인도의 마디아프라데시(Madhya Pradesh) 주의 한 농부가 토지를 개간하기 위해 숲을 불태우고 있다. 화전을 일구는 방식은 건강 문제를 일으키고, 지역 차원의 대기오염을 초래해 강우 패턴에 영향을 끼친다.

막해질 것이다.

우리는 이 추정치들이 꽤나 보수적인 것일 수 있음을 늘 유념해야 한다. 왜냐하면 생물권의 거대한 탄소싱크에 힘입어 지구가 계속 복원력을 지닐 테고 티핑 포인트는 없다는 낙관적인 가정에 기초하고 있기 때문이다. 우리는 파멸에 이를 소지가 다분한 결과들 앞에서 일어날 성싶지 않은 일들이 일어날 가능성을 염두에 둘 필요가 있다.

우리가 만나게 될 세계는 어떤 세계일까? 점점 덜 아름다워지는 지구일까? 아니면 점점 더 허약해지는 지구일까? 석유나 금속 같은 자원을 발견하기가 점점 더 힘들어지고 식량이나 식수 같은 생태계 서비스가 점차 희소해짐에 따라 살아가는 데 더 많은 비용이 드는 장소일까? 맑은 공기 같은 건강한 조건을 제공해주기가 점점 더 버거워지는 장소일까? 이것이 지구상의 안전한 운용 공간을 다 써버린 죄로 우리가 치러야 할 대가일까?

위험 상황으로 치닫는 생물다양성

'크나큰 재앙'을 촉발할 위험, 즉 급작스러운 지구 차원의 변화로 치닫는 문턱값을 넘어설 위험은 비단 기후 시스템에만 국한되는 게 아니다. 우리는 숱한 경험적 증거를 통해 지역의 호수와 숲, 산호초에 이르는 수많은 생태계 역시 티핑 포인트가 있다는 것을 알고 있다. 오랫동안 안정적인 상태에 머물러 있던 생태계가 느닷없이 또 다른 상태로 뒤바뀔 수 있는 것이다.

열대우림을 예로 들어보자. 열대우림은 삼림벌채나 기후 변화로 인해

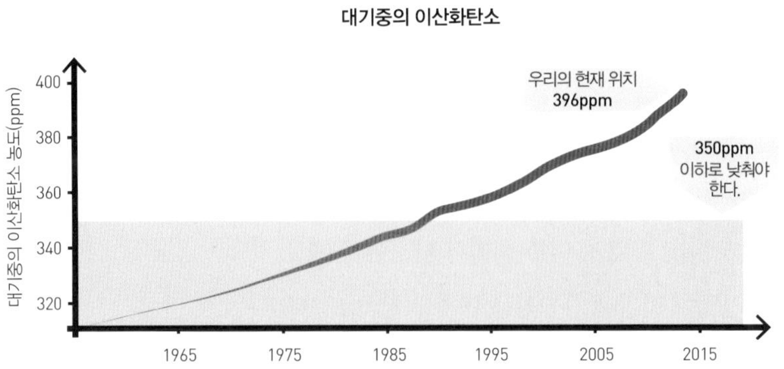

그림 3.2 **대기중의 이산화탄소**
기후의 지구 한계는 이산화탄소 농도 350ppm으로 설정되었다. 증가하는 대기중의 온실가스 농도에 대한 기후 시스템의 민감도 분석, 현 지질시대보다 따뜻한 상황에서 북극 거대 빙상이 취하게 될 행동, 그리고 이산화탄소 농도가 400ppm에 육박하는 현재 기후 시스템에서 관측된 행동을 토대로 한 수치다. 그림에서 보듯이 우리는 이미 기후 변화의 한계를 넘어 위험지대에 들어섰다. 따라서 기후 시스템에서 안전한 운용 공간으로 돌아가고자 한다면 이산화탄소 농도의 증가 추세를 바꿔놓는 데 그칠 게 아니라 대기로부터 얼마간의 이산화탄소를 거둬들이는 단계까지 나아가야 한다.

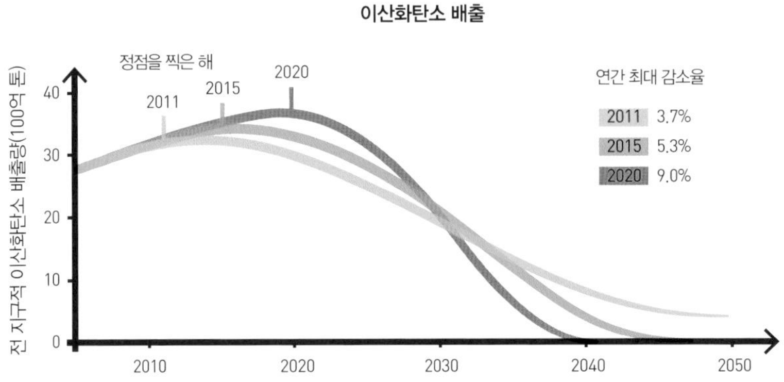

그림 3.3 **기후의 지구 한계 내에 머문다는 것은 유한한 탄소예산으로 살아간다는 것을 뜻한다.**
기후의 지구 한계 내에서 안전한 운용 공간으로 되돌아가려면 세계경제는 이번 세기 중반까지 탈탄소화되어야 한다. 지구의 이산화탄소 배출 곡선이 빨리 방향을 틀면 틀수록 안전한 운용 공간으로 돌아가기가 한층 수월해진다. 2020년이 지나서야 방향을 틀면 지구 차원의 감소율을 연간 9퍼센트가량 요구하게 될 텐데, 이 같은 가파른 감소율은 사실상 거의 실현이 불가능하다.

압박을 받으면 갑자기 사바나로 달라져서 그렇게 새로운 상태로 자리를 잡게 된다. 하나의 생태계가 안정적인 상태를 유지하려면 그 상태를 강화하는 되먹임이 필요하다. 열대우림의 경우, 그 생태계를 안정적으로 유지해주는 되먹임은 방대한 천개(canopy, 天蓋)에 힘입은 수분과 강수의 자기생성이다. 그런데 나무를 잘라내어 열대우림의 천장이 군데군데 뚫리고 온도가 높아지면 그 시스템은 서서히 메말라간다. 복원력도 사라진다. 결국 열대우림 시스템은 문턱값을 넘어서는 지점에 이르고, 이제 되먹임도 수분을 자기생성하는 데에서 메마름을 자기생성하는 쪽으로 급선회한다. 갑자기 열린 천개 사이로 건조한 공기가 흐르게 되면 전에 그 시스템이 머금고 있던 수분이 증발한다. 나무뿌리가 수분을 덜 끌어 올리게 되면서 비도 덜 만들어진다. 메마름을 자기생성하는 열대우림 시스템은 사바나 상태에 빠져들게 된다.

우리가 스톡홀름복원력센터(Stockholm Resilience Centre, SRC)에서 추적한 생태계 티핑 포인트의 예를 두 가지 더 들어보자. 첫째, 산호초 시스템이다. 이 시스템은 해양 온난화, 영양물질 과부하, 남획 등의 압박을 받으면 급작스럽게 붕괴한 결과 연산호 시스템, 즉 해조가 판치는 산호초 시스템으로 달라진다. 둘째, 호수·습지·강·지하수 시스템이다. 이 시스템은 농가와 도시지역에서 유출수가 흘러들어 질소·인이 과부하되하면 산소 부족이나 조류 대번식 사태가 초래되면서 돌연 무너질 수 있다.

한 생태계의 복원력에 기여함으로써 그 생태계의 현상을 유지하는 데 도움을 주는 요소들 가운데 가장 중요한 것은 아마도 생물다양성일 것이다. 먹이사슬 생태계 전체는 상어·늑대·사자·대구 같은 최상위 포식자들, 혹은 파랑비늘돔·쥐돔 같은 방목식자들이 사라지면 순식간에 균형이 깨져버려서 그 생태계를 일시에 다른 상태로 내모는 티핑 포인트를 건드릴 수 있다. 같은 일이 지구 차원에도 적용된다. 생물다양성은 국지적 생태계를 규제하는 지구 한계로서 '아래로부터 위로' 작용하지만, 여러 시스템들이 한꺼번에 전복되면 범지구적인 관심사로 떠오른다. 지구의 안정성은 수많은 생태계의 안정성에 달려 있으며, 그 생태계들은 다시 토양 속의 박테리아에서 화분 매개자나 최상위 포식자에 이르기까지 상이한 역할을 담당하는 종들의 풍부함에 의존하기 때문이다.

우리가 2009년 지구 한계에 관한 분석 결과를 내놓은 이래, 생물다양성은 '위로부터 아래로' 작용하는 지구 차원의 티핑 포인트 구실도 할 수 있음을 시사하는 새로운 증거가 나왔다. 캘리포니아 대학 버클리 캠퍼스의 앤소니 바르노스키(Anthony Barnosky)가 이끄는 국제 생태학자 집단이 최근 분석을 통해 내놓은 증거에 따르면, 만약 우리가 지금과 같은 속도로 줄곧 생물다양성을 잃어간다면 이번 세기 중엽쯤 지구 차원의 티핑 포인트와 마주할 가능성이 짙다. 인구 증가, 광범위한 자연 생태계의 파괴, 기후 변화 같은 압박이 한데 어우러지면 지구의 생물권은 돌이킬 수 없는 변화 쪽으로 치달을지도 모른다. 이것은 또한 지구 농업 시스템을 상당 부분(대부분은 아닐지라도) 붕괴시킬 수 있다. 토양 생산성은 미생물 무리에, 씨앗이나 과실의 발달은 화분 매개자에 기대는 데에서 보듯이, 농업 시스템은 종들이 균형 있게 공존하는 상태에 크게 의존하기 때문이다. 적절하게 대비하지 않는다면 이 같은 지구 차원의 티핑 포인트는 놀라우리만큼 파괴적인 결과를 낳을 것이다. 그 결과 가운데 하나가 스스로를 부양하는 인간의 능력 감소다.

산호초: 기후 변화를 알려주는 '탄광 속 카나리아'

만약 당신이 바다에서 무슨 일이 일어나고 있는지 알고 싶거든 세계의 주요 산호초에 세심하게 주의를 기울여보라. 흔히 '바다의 열대우림'이라 불리곤 하는 산호초는 생물학적으로 더할 나위 없이 풍부하고 생산력 있는 생태계의 보고다. 산호초는 환경 변화에 극히 민감하므로 기후 변화를 알려주는 '탄광 속 카나리아(canary in coal mine: 문제를 사전에 알려주는 사람이나 매개체를 지칭하는 표현—옮긴이)'라고 말할 수 있다. 바다에 무슨 변화라도 생길라치면 그 변화는 산호초에서 맨 먼저 모습을 드러내곤 한다.

최근에 산호초는 심하게 고초를 겪고 있다. 심지어 인도네시아 서뉴기니 지방의 라자암팟 제도(Raja Ampat Islands) 근해에서 발견되는 것 같은 지상에서 가장 풍부한 산호초들조차 전 지구적 변화의 영향을 비껴가지는 못했다. 오염이나 남획 따위와는 거리가 먼 이곳에서도 따뜻해지는 바다는 산호의 백화 현상을 부채질했다. 산호가 그들의 조직 내에서 살아가면서 생생한 빛깔을 빚어내는 미세조류를 잃어감에 따라 생기는 현상이다.

백화 현상은 바닷물이 평상시보다 섭씨 1~2도 높은 상태가 몇 주만 지속되어도 광범위하게 발생한다. 익히 알다시피 온실가스 배출로 야기된 열 증가분의 95퍼센트가 바다에 갇혀 있으므로 기후 변화는 심각한 백화 현상을 뒤에서 부추기는 주된 요소다. 더욱이 휴스턴 대학의 대니얼 F. 글리슨(Daniel F. Gleason)과 제라드 M. 웰링턴(Gerard M. Wellington)이 20년 전에 보고한 바와 같이, 백화 현상은 태양복사에너지 수준이 높아지는 현상과 더불어 발생하기도 한다. 글리슨과 웰링턴이 백화 현상을 관찰했던 카리브해에서는 산호초의 상당수가 높은 수온뿐 아니라 평균보다 강한

자외선에 노출되기도 했다. 자외선 농도는 왜 증가했을까? 그것은 아마도 기업과 지역사회가 배출한 프레온가스 등의 화학물질 탓에 성층권의 오존 보호층이 얇아졌기 때문일 것이다.

또 하나의 문제는 오스트레일리아의 대보초(Great Barrier Reef: 오스트레일리아 북동 해안에 발달한 세계 최대의 산호초—옮긴이)에서 발생했다. 지난 20여 년 동안 산호에 의한 건강한 석회화 추세가 14퍼센트 정도 감소한 것으로 보인다. 수온 증가가 산호에 모종의 스트레스를 안겨주었다는 연구가 나왔지만, 산호초가 탄산칼슘 골격을 구축하기 어렵게 만드는 데에는 또 한 가지 요소가 관여하고 있다. 바로 나날이 심화하는 해양 산성화다.

인간이 대기중에 배출한 이산화탄소의 약 3분의 1은 바다에 용해되어 있다. 바다에서 이산화탄소는 탄산의 형태를 띠는데, 탄산은 바닷물의 '수소 이온 농도(pH)'를 낮추어 바닷물이 더욱 산성화하도록 이끈다. 이것은 다시 산호가 골격을 키우는 데 필요한 바닷물의 탄산염 이온 농도를 감소시킨다. 해양 산성화는 손쓰지 않고 내버려두면 산호의 골격과 산호초를 용해시키는 결과마저 초래할 수 있다.

연구에 따르면, 남획과 오염으로 약해진 산호초는 수온 상승이나 해양 산성도의 증가를 견뎌내고 살아남을 가능성이 라자암팟 제도 근해의 청정 산호초보다 낮다. 인근 지역에 사는 사람들 집단이나 국제 어선들이 산호초에서 남획을 일삼자 중요한 식물식자종들이 자취를 감추고 있으며, 그와 더불어 비료 등의 오염물질이 포함된 유출수가 연산호와 해조의 성장을 부추기고 있다. 이런 결과들이 어우러지면 산호초 생태계는 생산성을 잃은 전혀 다른 상태로 걷잡을 수 없이 빠져든다. 반면 생물다양성을 유지하고 있는 산호초 생태계는 기후 변화의 영향을 피해서 되살아날 가능성이 한층 높다. 결국 크나큰 재앙에 맞서는 가장 좋은 방어책은 복원력 있고 다양한 생태계다.

물고 물리는 상호작용의 뜻하지 않은 결과들

인류가 새롭게 창출해낸 시대, 즉 인류세에서는 인간이 아홉 가지 지구 한계 과정들을 통해 지구에 무지막지한 압박을 가한다. 이 사실을 인식하는 것만으로는 충분치 않다. 지역 차원에서 일어난 일은 지구 차원에서 일어나는 일에 직접 영향을 미치고, 역으로 지구 차원의 변화는 지역 문제에 관여한다. 이것을 인식하는 것만으로도 충분치 않다. 우리는 티핑 포인트를 넘어서면 모든 차원의 상호작용이 뜻하지 않은 결과로 비화할 수도 있다는 사실을 받아들여야 한다.

한 가지 예를 들어보자. EU는 얼마 전 자신들의 '관할수역'에서 최첨단 어선들을 몰아내기 위해 어획 정책을 개정했다. 하지만 그 어떤 정치 지도자도 자기네들이 세계 최악의 에볼라 바이러스 발발과 관련될지도 모를 일련의 사건을 촉발하고 있다는 것을 미리 점치지는 못했다. 사태의 전말은 이랬다. EU가 어획 가능 한도를 전보다 빡빡하게 바꾸자 국제 어선들은 서아프리카 연안으로 자리를 옮기는 식으로 대처했다. 그들은 엄청난 양의 어류를 마치 진공청소기로 먼지를 빨아들이듯이 '닥치는 대로 잡아들였다'. 서아프리카 연안은 기후 변화, 오염 그리고 어장의 부실한 관리로 진작부터 맹그로브 숲, 잘피 밭, 산호초가 망가져가고 있었다. 이런 효과들이 한데 어우러지면서 아프리카 어부들의 어획고가 곤두박질쳤다. 식량 부족에 내몰린 그들은 가족을 부양하기 위한 대체물로서 점

미래의 산호초 백화 현상 발발 빈도

2030

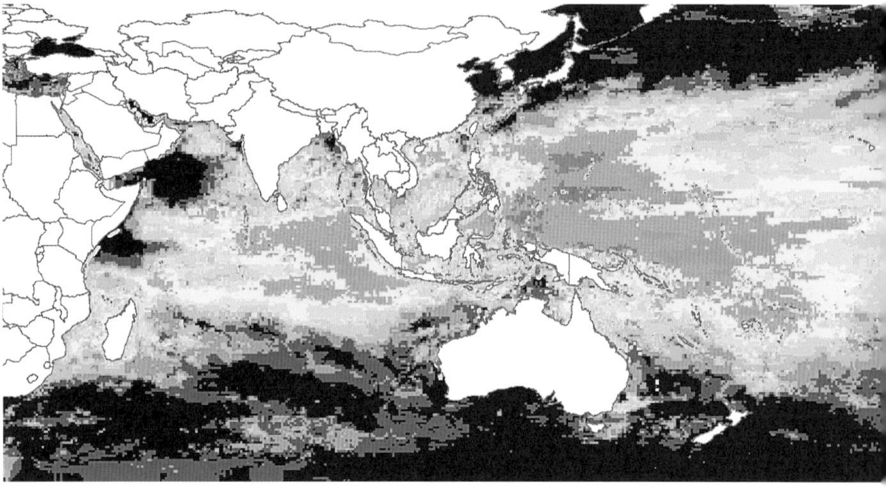

2050

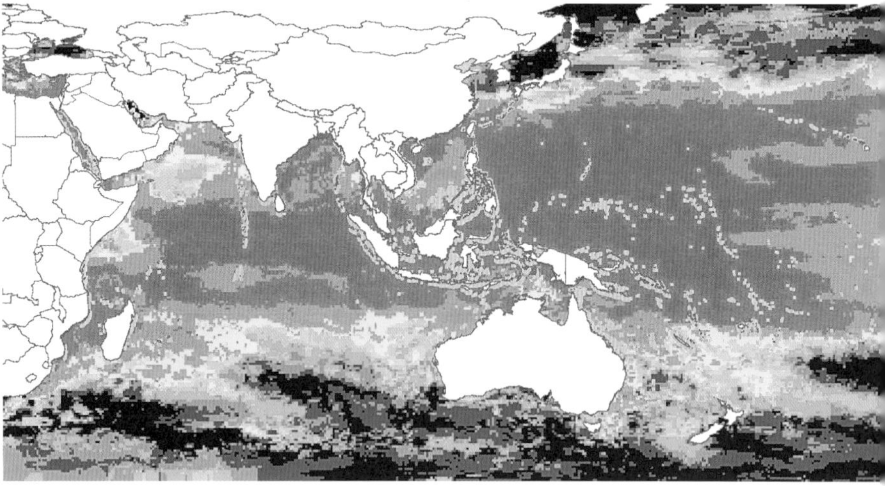

그림 3.4 **산호초의 백화 현상 추정치**

2030년대와 2050년대에 발생하리라 추산되는 산호초 백화 현상의 빈도를 표시한 지도다. 산호는 지나치게 상승한 수온이 지나치게 오래 지속되면 '백화'한다. 지도의 색깔은 미국 국립해양대기청(National Oceanic and Atmospheric Administration, NOAA)이 제시한 백화 경고 수위 2(심한 열 스트레스)에 이르리라 예측되는 2030년대와 2050년대의 햇수 퍼센트를 나타낸다.

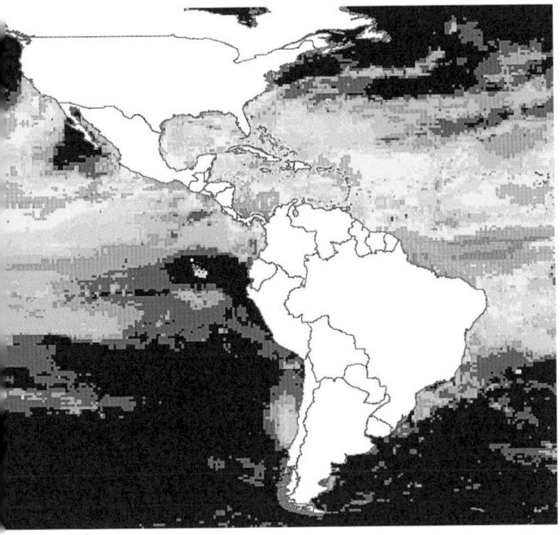

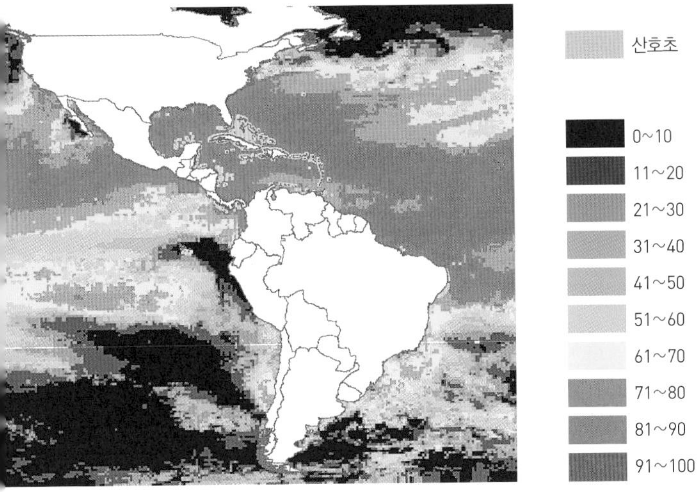

차 야생동물 고기에 눈을 돌리게 되었다. 그 결과 지역의 교역 패턴이 달라졌으며, 사냥꾼들은 에볼라 같은 동물원성(動物原性) 감염병의 주원천인 침팬지 등 숲 거주 동물을 더 많이 살해하기에 이르렀다. 라이베리아, 시에라리온, 세네갈, 기니, 나이지리아 등지에서 에볼라가 발생하기 시작한 것은 한 어린이가 숲에서 에볼라 바이러스에 감염된 야생동물의 도살육을 접촉하고부터였을 가능성이 있다. 하나의 영향력이 일파만파 퍼져나가는 상호연관된 세상에서 살아가느니만큼 그 어린이는 다른 사람들에게 병을 퍼뜨렸을 것이다. EU의 입법부 건물을 서아프리카의 숲과 격리하는 것이 더는 불가능한 세상이 되었다.

이와 비슷한 예상치 못한 일련의 사건이 줄줄이 이어지면서 2010~2011년 '아랍의 봄(Arab Spring: 튀니지에서 시작해 아랍 중동 국가 및 북아프리카로 확산된 반정부 시위의 통칭—옮긴이)'을 재촉했다. 아랍의 봄은 본시 러시아의 극심한 열파와 함께 시작되었다. 러시아에서는 산불이 대규모로 번지고 가뭄이 길게 이어지자 블라디미르 푸틴(Vladimir Putin) 총리가 부득이 밀을 비롯한 주요 곡물의 수출을 제한했다. 10여 년간 가뭄에 시달려온 오스트레일리아의 케빈 러드(Kevin Rudd) 총리가 취한 그 비슷한 조치들과 세계시장에서의 대대적 투기 열풍도 세계 식량 가격이 급상승하는 데 일조했다. 설상가상으로 농업에 쓰이는 중요한 비료 원료인 인산의 세계 가격이 덩달아 세 배로 뛰었으며, 유가 또한 100퍼센트 급등해 농부들의 에너지 비용을 한껏 끌어 올렸다. 결국 북아프리카와 아프리카 북동부 나라들의 수도 대부분에서 식량 폭동이 일어났다. 이들 지역은 소요로 들끓었다. 튀니지의 노점상 모하메드 부아지지(Mohamed Bouazizi)는 경찰의 부당한 대우에 항거하여 분신하면서 국제적 혁명에 불을 지폈다. 수십 년에 걸쳐

보르네오 니아루 멘텡 재도입 센터(Nyaru Menteng Reintroduction Center)에서 보호받고 있는 오랑우탄. 어미가 사냥꾼들에게 살해당한 뒤 구조되었다.

억압적 독재가 이어지자 국가마다 좌절한 젊은 활동가 세대들이 독재자에 맞서 들고일어나면서 독재 정권들이 도미노처럼 무너지기 시작했다. 지구가 세계 식량시장에 청구서를 제출한 결과 식량 가격이 급작스레 상승하면서 평범한 도시민들 사이에 사회적 소요가 일었다. 독재자의 폭압에 넌더리가 난 젊은 세대들의 사회적 반란도 그런 분위기를 거들었다. 러시아에서 사회생태계의 열파로 시작된 것이 아프리카에서는 완벽한 폭풍우로 번지면서 그 시스템을 뒤흔들었다.

이런 유의 장기적인 상호작용은 인류세에 새롭게 등장한 현상이다. (석탄을 연료로 가동하는 오하이오 계곡이나 노보시비르스크의 공장 같은) 어느 한 지역에서의 인간 활동은 (온실가스로 인한 기온 상승 같은) 전 지구적 환경 변화를 불러일으키고, 그 결과 (북극해의 해빙이 녹는 현상 같은) 또 다른 지역의 거대한 지구 규제 시스템을 놀라우리만치 급격하게 악화시킨다. 오늘날에는 유럽, 미국, 중국의 노동자들이 사무실이나 공장으로 통근할 때 어떤 방법을 선택하느냐에 따라 사헬 지대의 농부들에게 이득을 안겨주는 강우의 가능성이 달라진다. 또한 동남아시아 국가들이 자국의 열대우림을 어떻게 관리하느냐에 따라 유럽이 겪게 되는 열파의 빈도나 북극의 이누이트족이 꽁꽁 언 바다에서 사냥을 할 수 있는지 여부가 좌우된다. 이러한 활동들은 지구 차원의 변화를 한층 증폭하는 되먹임을 일으켜서 첫 번째 지역에 부메랑 효과를 낳거나, 아니면 좀더 가능성이 있는 것으로 애초의 문제를 일으키는 데 하등 관여했을 성싶지 않은 다른 지역들에까지 영향을 준다.

이러한 범지구적 상호작용 망 때문에 인류세를 살아가는 우리는 이제 우리 지역의 공동체에서 확실하게 사회경제적 번영을 누리는 최상의 전략을 고민할라치면 필히 육지와 바다를 총망라한 생물권 내의 모든 생물군계를 고려해야 한다. 크나큰 재앙들에 직면한 세상에서 세계 공동체인 우리 인류가 어떻게 전 생물권을 관리할 것인가 하는 문제는 모든 나라, 아니 모든 시민의 관심사여야 한다.

4

모든 것이 정점에 이르다

전 지구적 원자재 부족 사태가 나날이 악화하고 있다. 세계는 향후 50년 안에 금, 은, 납, 아연, 주석, 동, 니켈 등을 비롯한 주요 금속의 상당수가 부족해지는 상황에 직면할 수 있다. 원유, 천연가스, 인, 희토류금속(rare-earth metal) 등 다른 주요 자원들의 경제적 원천 역시 최고점에 다다를 가능성이 있다. 이러한 원자재를 발견하고 추출하기가 점점 더 어려워짐에 따라 기업은 환경을 오염시킬 소지가 많은 저급한 자원을 개발하느라 더 많은 에너지를 써야 하며, 그 결과 경제와 생태계에 가외의 부담을 안겨주게 된다. 훨씬 더 나쁜 일로, 만약 우리가 지금까지처럼 지속불가능한 일방향적 방식으로 계속 이들 자원을 생산하고 소비한다면, 즉 경제 과정의 한쪽 끝에서는 땅속에서 자원들을 추출하고 다른 쪽 끝에서는 그 폐기물을 쌓아둔다면, 기후 시스템과 살아 있는 생물권 양자에서 위험한 티핑 포인트로 내몰릴 수 있다.

그러니만큼 원자재는 중요한 문제다.

심지어 이탈리아 로마처럼 인구밀도가 높은 도시 환경에서조차 모든 것은 자연으로부터 온다. 세계적으로 풍요를 구가하고자 하는 인구가 날로 늘면서 자연자원에 새로운 부담이 더해지고 있다.

지구 차원의 금속 부족 사태를 초래하는 원인이 무엇인지 이해하려면, '펴 늘일 수 있는(가단성의)' 부드럽고 유독한 금속 인듐(indium)의 수요가 크게 늘어난 상황을 떠올려보라. 인듐은 오늘날 스크린이 평면인 TV 세트, 랩톱 컴퓨터, 태블릿의 액정 화면을 만드는 데 전례 없는 양이 소모되고 있다. 최근의 추정치에 따르면 전 세계적으로 인듐은 소비율이 생산율을 능가했으며, 그 결과 2006년에서 2009년 사이 가격이 열 배 넘게 껑충 뛰었다. 일부 낙관론자들은 여전히 추출할 수 있는 인듐이 지각에 다량 매장되어 있다고 주장한다. 그러나 대부분의 경우 농도가 너무 낮아서 추출이 비용효과적이지 않으므로 경제에 커다란 부담을 안겨줄 가능성이 있다. 혹자들은 인듐의 대체물이 나타나기를 희망하지만, 실제로 마침내 그것을 개발하여 써먹기까지는 오랜 세월이 걸릴 것이다.

인듐 수요가 말해주듯이 다방면의 과학기술 진보로 금속에 대한 우리의 의존도는 점점 높아만 간다. 예를 들어 컴퓨터 칩, 평면 스크린 TV, 휴대전화 화면 등을 비롯한 여러 문명의 이기를 생산하려면 약 50가지 금속이 필요하다. 오늘날 우리가 살아가고 있는 상호의존적인 세상은 물론 굉장한 세상이지만, 우리가 사용하는 디지털 기기들과 그것을 제조하는 데 드는 원자재 간의 관련성에 대해 알고 있는 사람은 극히 드물다. 그것을 소비하는 이들은 과거보다 믿기 어려울 정도로 크게 늘어났다. 아시아와 라틴아메리카 인구의 상당수가 중산층으로 격상함에 따라(어느 추정치에 따르면 2030년경에는 자그마치 30억 명에 이를 거라고 한다), 그들이 금속을 소비하는 패턴이 미국이나 유럽의 중산층을 닮아가기 시작했다. 그들은 '금속 집약적인' 디지털 기기와 전자 기기를 사용하는 생활양식에 더 깊이 발을 들여놓았다. 오늘날에는 전 세계의 휴대전화 사용자(68억 명)가 거의 전 세계 인구수와 맞먹으며, 1초마다 10명이 컴퓨터를, 20명이 휴대전화를 구입하고 있다. 그 결과 금속 수요가 갑작스레 큰 폭으로 늘어났다. 이러한 기기들은 삽시간에 우리 생활을 좀더 효율적으로 굴러가도록 만들었으며, 흔히 성공적인 지속가능성 현상으로 묘사되는 일도 더러 있다. 하지만 기기의 수가 크게 불어나면서 그들의 편리함이 안겨주던 이득을 압박했으며, 지구 차원의 지속불가능성을 계속 심화하는 반등효과를 초래했다.

만약 지구상의 모든 인간이 오늘날 평균적 부를 누리는 세계시민들의 최소 절반 수준을 소비하게 된다 치면, 중요한 경제적 광물자원들이 얼마나 갈까? 그 답은 놀랍다. 몇 년 전 발표된 추정치에 따르면, 예컨대 세계적으로 안티몬(antimony) 공급량은 불과 10년 만에 바닥나고, 은은 5년 이내에 고갈될 수 있다고 한다. 만약 우리가 대체물을 찾아내지 못하거나 재활용을 더욱 적극적으로 하지 않는다면 인듐은 단 몇 년 사이 동날 가능성이 있다.

과거에 탄탈리움(tantalium)이라고 알려져 있었던 탄탈럼(tantalum)은 청회색이고 광택이 나고 단단한 전이금속으로 합금할 때 널리 쓰인다. 휴대전화를 비롯한 여러 전자기기의 축전기에 쓰이는 금속들 가운데 하나이기도 하다. 안타깝게도 콩고 민주공화국에서는 1998년에서 2002년 사이 이 희귀금속의 채굴을 둘러싸고 전쟁이 벌어져 수백만 명이 목숨을 잃기도 했다. 이 전쟁의 발발은 휴대전화 시장이 성장하면서 탄탈럼 가격이 상승한 것과 시기적으로 일치한다. 콩고 내전의 주원인 가운데 하나는 아프리카에서 가장 규모가 큰 탄탈럼 광산을 포함하여 콩고의 광물자원을 장악하고자 하는 목적이라는 것이 널리 받아들여지는 견해다.

갈등의 소지를 안고 있는 또 하나의 원천은 그 시장에서 중국이 맡고 있는 역할이다. 중국은 세계 희토류금속의 무려 93퍼센트를 공급할 뿐 아니라 아프리카의 탄광에 투자해오고 있으며, 금속을 재활용하고자 전자 폐기물을 사들인다. 중국이 공급을 중단하기로 마음먹는다면 어떤 일이 벌어질까? 2010년 9월, 중국이 일본과 외교적 마찰을 빚고 있을 때 중국 세관원들은 희토류금속 수송품을 일본행 배에 선적하지 못하도록 막았다. 그 실랑이는 이내 해결되었다. 하지만 희토류금속의 소비가 계속 늘어남에 따라 이러한 유의 지정학적 위험은 날로 커져갔다. 자연히 점점 더 많은 정부에서 '금속 정점(peak metal)'이라는 주제를 심각하게 받아들이기 시작했다.

이와 관련하여 우려가 짙어지고 있는 까닭은 남은 주요 금속 매장분이 지구상의 모든 이들에게 오늘날 선진국 국민들이 누리는 것과 똑같은 삶의 질을 제공해줄 만큼 충분치가 못해서다. 적어도 현재의 과학기술 수준과 기업 모델을 고려할 때는 그렇다. 제조업자들은 사후에 이러한 요인들을 고려해서는 안 된다. 애초부터 여전히 비교적 풍부한 요소들로 만드는 기술들만 개발하는 쪽으로 한시바삐 돌아서야 한다. 순환경제 원칙이나 '요람에서 요람으로〔cradle-to-cradle: 유럽의 복지정책을 나타내는 유명한 문구 '요람에서 무덤까지(cradle-to-grave)'에 빗댄 표현이다. 산업계를 중심으로 확산되고 있는 용어로, 자원의 끊임없는 순환을 의미한다—옮긴이〕' 전략에 입각한 새로운 비즈니스 모델도 필요하다. 이 모델에서는 더 많은 원자재를 추출하는 게 아니라 더 이상 쓸모없는 제품에서 거둬들인 자재를 재사용하여 경제성장을 도모한다.

과학기술 개발과 관련하여 한 가지 긍정적인 점은 금속이 석유, 석탄, 인과 다르게 재활용할 수 있고 최종 상태에서도 복구가 가능하다는 것이

얼마나 오래갈까

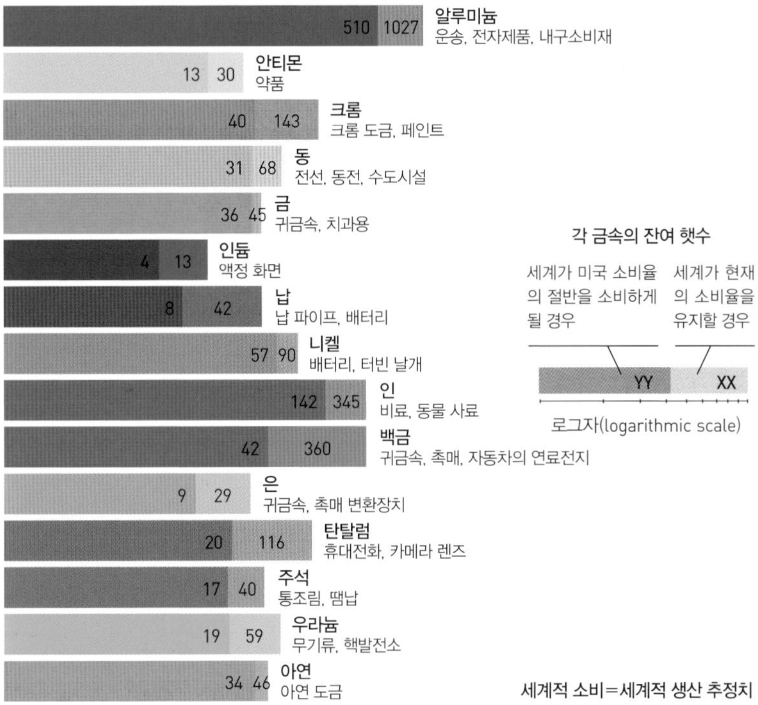

그림 4.1 **범지구적 금속 부족 사태**

기계, 디지털·전자 제품에 대한 현대세계의 욕구를 충족하느라 금속 수요가 증가함에 따라 접근 가능한 자원이 고갈되고 있다. 대다수의 주요 금속은 불어나는 수요로 빠르게 정점을 향해 치닫고 있다. 지상에 살아가는 모든 이들이 미국의 평균 시민이 쓰는 금속의 절반만 사용한다 해도 향후 20~30년 사이 쉽게 접근할 수 있는 금속들은 바닥나고 말 것이다. 이로써 금속 가격은 상승하거나 널을 뛰는 쪽으로 옮아가고, 귀중한 자연자원이 국제 지정학에서 중요한 요소로 떠오를 가능성도 있다. 해법은? 금속 사용의 효율을 과감하게 개선하고 기업과 사회 모두 순환모델로 전환해야 한다.

다. 흔히 금속은 순수한 형태로 사용되고 소멸하지 않기 때문이다. 광석을 확보하기가 점점 더 어려워지고 광석을 추출하는 데 드는 에너지며 생태적, 사회적 비용이 꾸준히 늘자 금속의 재활용(리사이클링)이 경제적으로

BẾN XE BUÝT
CHÚ Ý
XE BUÝT VÀO BẾN
HOÀNG ANH
255
TAXI
2
5

LÀM LỐP Ô TÔ XE MÁY
LÀM LỐP Ô TÔ XE MÁY
Sửa chữa

더 이익인 것처럼 보인다. 하지만 분석가들은 지속가능한 생산 수준에 도달하려면 금속의 재활용률을 크게 늘려야 할 것으로 추산했다. 오늘날 은 16퍼센트, 주석 26퍼센트, 동 31퍼센트, 니켈 35퍼센트, 금 43퍼센트, 알루미늄 49퍼센트에 그치는 재활용률이 대부분의 경우 90퍼센트를 넘어야 한다는 것이다. 동을 예로 들어보자. 동은 기업들이 좀더 효율적으로 사용하고 재활용률을 95퍼센트로 끌어 올리면, 현재 예측치인 31년이 아니라 그로부터 600년이나 더 세계경제에 공급될 수 있다.

프래킹과 관련한 문제

이제 '석유 정점(peak oil)' 문제가 남았다. 다른 원자재에서와 마찬가지로 석유 정점 역시 세계적인 석유 추출량이 최고조에 달하는 시점을 뜻한다. 그 시점 이후에는 세계의 석유 생산율이 더 이상 손쓸 수 없는 내리막길로 접어든다. 석유 정점은 1980년대 말 기후과학에 관한 초기 논쟁과 흡사하게 오랫동안 상당히 논쟁적인 이슈였다. 논란을 주도한 것은 현상유지를 바라는 기득권자들이자 목소리 큰 논객들이었다. 이들은 석유 정점을 뒷받침하는 증거들에 의문을 제기했고, 고의적으로 조작된 '사실들'을 과학으로 둔갑시켜서 사람들을 종잡을 수 없고 혼란스러운 상태로 몰아갔다.

하지만 이제 더 이상 석유 정점에 이의를 다는 의견치고 믿을 만한 경우란 없다. 오늘날에는 과거에 과학자들이 산발적으로 제기했던 평가가 주류의 입장으로 자리 잡았다. 에너지와 관련한 지적 정보를 제공해주는 세계적 기관들이나 거대 석유사들도 이 평가를 받아들이고 있다. 예컨

베트남의 도시 풍경이다. 우리의 도시지역은 윤택하면서도 지속가능한 환경이 될 것인가, 아니면 쌓여가는 쓰레기, 물 부족, 오염에 시달려 결딴나고 말 것인가?

대 끝까지 세계적인 석유 정점의 도래 위험을 얕잡아보던 국제에너지기구(International Energy Agency, IEA)는 자체 발행하는 '2010년 세계에너지 전망(Global Energy Outlook)'에서 세계는 이미 2006년 석유 정점에 도달했을 가능성이 높다고 시인했다. 더욱 최근에는 세계 석유 생산에서 정점을 찍을 정확한 시기는 수요와 공급의 변동에 달려 있다고 주장했다. 국제에너지기구는 이 주장을 기반으로 석유회사들이 원유의 정점 탓에 그보다 훨씬 더 더럽고 기후에 훨씬 더 위험을 안겨주는, 하지만 여전히 풍부하게 존재하는 오일샌드(tar sands, oil sands), 셰일 오일(shale oil), 석탄액화연료(coal to liquids) 같은 '비전통적 석유 생산'이나 액성천연가스(natural gas liquids)로 눈을 돌리게 되리라고 예측했다.

안타깝게도 그 예측은 현실이 되었다. 이것이 바로 우리가 왜 지구 한계를 규정하고 그 안에서 경제 발전과 과학진보를 꾀해야 하는지 말해주는 완벽한 증거다. 그런 경계가 없다면 우리는 새로운 과학기술과 관례를 도입함으로써, 그러니까 이 경우에는 에너지 효율이 떨어지고 기후에 더욱 해악을 끼치는 대안들을 수용하는 식으로 석유 부족에 대처함으로써, 그야말로 낭떠러지를 향해 마구 달려가게 될 것이다.

미국에서는 최근 노스다코타, 몬태나, 텍사스를 비롯한 여러 주의 셰일 오일 붐에 힘입어 15만 개 이상의 새로운 유정에서 전 세계 원유 공급분의 10퍼센트 이상을 캐내고 있다. 석유회사들은 지난 10년 동안 '수압파쇄(hydraulic fracturing)', 좀더 일반적으로 '프래킹(fracking: 석유나 셰일 가스를 추출하는 기술—옮긴이)'이라 알려진 기술을 써서 석유를 얻어내는 데 최소 1조 달러를 쏟아부었다. 약 100만 갤런의 물, 모래, 화학물질을 섞어 각 유정에 주입하여 지표면 아래 3048미터나 되는 깊은 곳의 '단단한' 퇴적

물을 강하게 쥐어짜는 기술이다. 자국의 석유 공급량을 늘리는 노력이 성공을 거두는 광경을 지켜본 이들 가운데 일부는 프래킹 덕택에 경제가 살아날 수 있었고, 결국 미국이 에너지 독립을 이루고 제조업자들이 에너지 비용을 절감하게 되었노라며 반겼다.

하지만 실상을 알면 정신이 번쩍 들 것이다. 수압파쇄는 전통적인 시추 방식보다 훨씬 더 빠르게 매장량을 고갈시키는 경향이 있다. 프래킹 시추 기술을 사용한 유정의 생산은 평균적으로 불과 3년 뒤면 정점에 이르는 까닭에, 석유회사들은 부단히 새로 더 많은 유정을 시추해야 같은 생산량을 유지할 수 있다. 더욱이 프래킹 유정의 수익성은 전통적 유정의 수익성에 한참 못 미친다. 화학물질에 의한 지하수의 오염 가능성에서부터 강력한 온실가스인 메탄의 대기중 배출에 이르기까지 프래킹이 환경에 미치는 위협은 이만저만이 아니다. 독립적인 분석가들은 이 모든 요소들을 토대로 미국에서의 셰일 오일 붐은 이 세기가 끝나기 전에 흐지부지될 거라고 점쳤다.

분명 석유 정점은 석유가 모두 사라진다는 것을 의미하지는 않는다. 그보다 석유 생산율을 늘리고자 하는 모든 노력이 실패할 것임을 암시한다. 오늘날 우리가 값싼 석유를 바닥내고 있는지 여부에 대해서는 더 이상 왈가왈부할 필요가 없다. 다만 세계경제가 구가할 수 있는 '값싼 화석연료 시대'가 얼마나 남았는지 따져볼 수 있을 따름이다. 실제로 지난 30년 동안에는 새로운 석유가 거의 발견되지 않았다. 훨씬 더 많은 석유를 발견하게 될 가능성은 희박하다. 몇몇 석유 생산 지역에서는 이미 생산량이 가파르게 감소했다. 좀더 장기적인 관점에서 보면 이제 세계가 재생 에너지 체제로 옮아가야 한다는 것은 자명하다. 이것은 자원 제약 때문이기도

하고 다른 한편 우리 지구의 복원력을 보존하기 위해서이기도 하다.

석유, 석탄, 천연가스의 사용을 중단해야 하는 가장 절박한 이유는 결국 전 지구적 온실가스 배출을 줄이기 위해서다. 만약 세계가 기후 변화의 경계를 넘어섬으로써 빚어지는 위험을 피하고자 한다면, 대기중의 이산화탄소 농도를 350ppm 이하로 줄여야 한다. 모든 믿을 만한 분석에 따르면, 350ppm은 2050년까지 탄소 기반 경제에서 벗어나기 위해 각국이 따라야 하는 목표치다. 다시 말해 인류사는 석유의 시대를 문명의 진화 과정에서 눈 깜짝할 사이에 스쳐간 호시절로 기록하게 될는지도 모르겠다.

인 정점

21세기에 우리가 마주한 문제에는 석유 정점과 광물 정점만 있는 게 아니다. 그 못지않은 타격을 입히는 또 한 가지 문제가 인의 부족이다. 수십억 인구의 농업 생산과 식량 안전을 위협할 수 있기 때문이다.

오늘날의 농업은 인광석(phosphate rocks)을 채굴해서 생산하는 인산염 비료를 꾸준히 공급해야만 유지된다. 일부 분석가들에 따르면, 인류는 '인 정점'에 다가가고 있거나, 아니면 이미 그 지점을 지나서 전 세계적으로 채굴할 수 있는 인 보유량이 줄어들기 시작했을 가능성도 있다. 이러한 연구들은 인광석에서 만들어지는 현재의 인이 50~100년 내로 고갈될 수 있음을 암시한다. 이러한 추정치에 대해서는 논란의 여지가 있다. 하지만 인은 한번 고갈되면 어떤 것으로도 대체가 불가능한 자원이며, 조만간 인 부족 사태는 피하기 어렵다는 데 토를 다는 이는 아무도 없다. 인은 리사이클링이 가능함에도 불구하고 이 사실에는 변함이 없다. 인은 리사이클링이 기술적으로 어렵고 비용도 많이 드는 경향이 있어서 결국 대부분 우리 담수원이나 연안해의 바닥에 퇴적층을 이루며 켜켜이 쌓인다. 세계의 상당 지역에서 비료 생산 업계들은 진작부터 인 부족에 시달려왔다. 모든 대륙들 가운데 특히 아프리카는 세계 최대의 인광석 수출 대륙임에도 불구하고 식량 부족 사태를 가장 심하게 겪고 있다.

어떤 지역은 인 부족 사태로 어려움을 겪고 있는가 하면, 또 어떤 지역은 인을 과다 사용함으로써 조류가 대발생하도록 내몰아 호수, 저수지, 연안해의 강어귀에서 독성, 산소 부족, 어류의 떼죽음 같은 문제를 일으키기도 한다. 이러한 인은 대부분 침식이나 농업용 유출수에서 비롯되지만 일부는 제대로 처리하지 못한 인간 폐기물에서 생겨나기도 한다. 이것이 바로 2장에서 기술한 지구 한계 작업에서 우리가 호수나 해양에 유독한 조류의 대발생, 대대적인 '죽음의 지대'를 촉발하지 않고 토양에 사용할 수 있는 채굴 인의 최대량을 제안한 이유다.

말하자면 인은 한편으로 줄어들고 있는 자원이자 우리 식량에 들어 있는 주요 영양소이면서, 다른 한편으로 채굴 인의 80퍼센트가 인간에 의해 식량으로 소비되지 않는다는 사실이 말해주듯이 주요 오염물질이기도 하다. 버려진 인은 수생 생태계, 담수 자원, 연안해 지역에 막대한 피해를 안겨준다. 오늘날에는 중국, 모로코, 남아프리카공화국, 요르단, 미국 이렇게 오직 다섯 개 국가가 전 세계 인의 약 90퍼센트를 캐내고 있다. 세계의 인 정점은 필시 지정학적 함의를 지닐 터다. 예를 들어 미국의 기업들은 수많은 인광석을 모로코로부터 수입하고 있다. 모로코가 서사하라를 장악하고 그 지역의 인광석 보유고를 틀어쥐고 있기 때문이다. 유엔은 서사하라로부터 인을 수입하는 행위를 비난해왔다.

수많은 전문가의 견해에 따르면, 세계가 임박한 인 정점 문제를 풀고 인의 지구 한계를 넘어서지 않기 위해서는 경작지, 식량 분배와 소비, 인간 폐기물의 처리와 관련하여 인 사용을 조정해야 한다. 농가에서는 곡물이 필요로 하는 양만큼만 인을 사용해야 하며, 인이 풍부한 토양의 침식은 최소화해야 한다. 육류 소비 감소는 인의 소비를 낮추는 또 하나의 방편이다. 더욱이 인간 폐기물에는 비료로 재활용할 수 있는 다량의 인이 들어 있다. 한 인간의 소변에 함유된 인은 그가 소비하는 식량에 거름하는 데 쓰는 양과 얼추 비슷하다고 한다.

어떤 추정치에 의하면, 사하라 이남 아프리카는 생산적이고 생태적인 위생 기준을 따른다면 비료 공급에서 자급자족이 가능해진다. 그리고 소농들에게 그들이 필요로 하는 영양물질을 공급하고 식량 안정성과 소득을 거둘 새로운 기회를 제공할 수도 있다. 사하라 이남 아프리카는 본질적으로 인이 줄어드는 자원인 만큼 신중하게 사용하고 재활용해야 함을 깨달음으로써 깨끗한 물과 소중한 비료를 넉넉히 공급하는 윈윈 상황을 만들어낼 수 있다. 유럽이나 미국 같은 좀더 부유한 지역도 마찬가지다.

아무것도 정점에 이르지 않은 세계 상상하기

'모든 것이 정점에 이른'〔'석유 정점' 이론의 권위자 리처드 하인버그(Richard Heinberg)는 저서 《모든 것이 정점에 이르다(Peak Everything: Walking to the Century of Declines)》에서 현재 우리의 모습에 대해 경고한다. 우리나라에는 《미래에서 온 편지》라는 제목으로 번역·소개되었다—옮긴이〕 사태가 임박한 위협으로 다가오고 그 결과 자원 쟁탈전과 가격 불안정이 초래되는 미래에는 과연 누가 승자로 떠오를까?

아마도 폐(閉)루프 생산 시스템, 재생 에너지원, 고객·시민과의 서비스 지향적 관계로 전환함으로써 그런 급작스러운 충격으로부터 스스로를 보호할 수 있는 국가나 기업이 결국 앞서가게 될 것이다. 반면 더럽고 불건강하고 비효율적이고 나날이 매력을 잃어가는 현재의 발전 모델을 끝까지 고집하는 국가나 기업은 뒤처지고 말 것이다.

7장에서 좀더 심도 있게 다루겠지만, 우리는 이 책에서 새로운 리더십, 소생, 혁신의 시대를 지향하는 관점 변화를 지지한다. 우리가 그리는 세계는 지금 우리가 살아가고 있는 지속불가능하고 지나친 자원 비효율성을 드러내는 세계와는 판이하다. 새로운 세계는 폐루프 시스템을 통해 자원을 활용하고 영양물질의 과부하를 피하고 희토류금속의 과용 같은 생태계 악화에 제동을 거는 식으로, 21세기 중엽이면 90억, 2100년이면 110억에 이를 세계 인구의 열망에 부응하는 생태적 능력과 복원력을 갖출 것이다.

우리가 그리는 세계는 에너지와 자원 사용에서 새로운 과학기술과 '영향력 제로(zero-impact)' 체제를 발달시킨 효율적이고 현대화한 세계다. 거기에서는 기업이 자연자원을 재활용하기 위해 '요람에서 요람으로' 시스템을 도입하는 등 사회생태적 윤리기준을 지닌 순환경제를 따른다. 이러한 관점 변화는 지금처럼 자원을 추출하고 사용한 뒤 오염된 쓰레기로 처분하는 일방향적 과정과 거기에서 드러나는 '환경적 오만'을 떨쳐낸다는 것을 의미한다. 이 같은 태도는 서서히 달라져왔지만 좀더 획기적인 변화가 필요하다. 변화는 오직 우리 사회와 기업의 생리 속에 폐루프 사고를 도입해야만 성취될 수 있다. '버리기' 개념이 순환적 물질 흐름에 비추어 부와 발전을 확대하려는 체계적인 노력에 자리를 내주어야 하는 것이다.

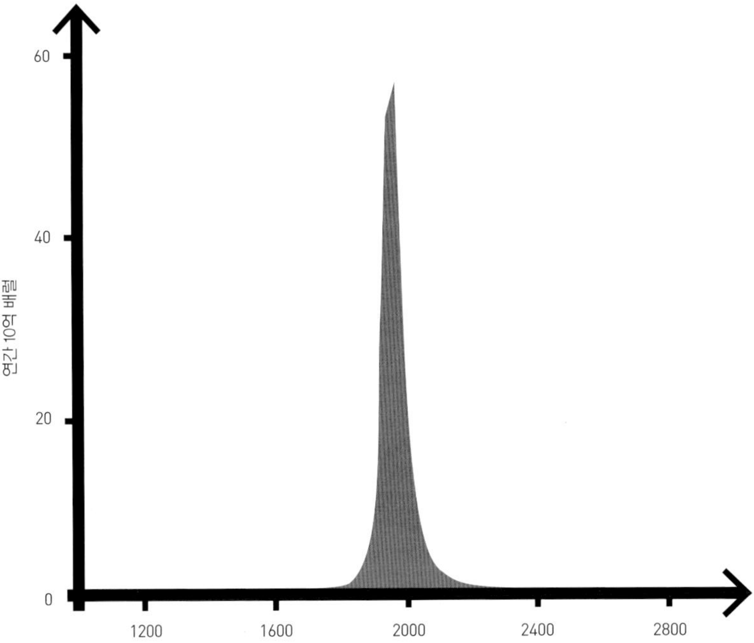

그림 4.2 **석유시대**
인류는 불과 250여 년 동안 지각에 매장된 석유를, 그러니까 생성되기까지 장장 1억 년이나 소요된 그 원료를 몽땅 소진했다. 이 시대는 인류사에서 그림과 같이 마치 '기다란 못' 같은 꼴로 표현된다. 인류는 이 시기 동안 값싸고 접근하기 쉽고 에너지가 몹시 풍부한 원유 덕택에 유례없는 번영을 구가했다.

이러한 세계에서는 공급량이 줄고 있는 세계의 자연자원을 파내고 시추하고 추출할 필요가 없다. 세계 차원의 원자재 부족 사태라는 개념 자체가 낡은 것이 된다.

연안해 어업으로 생계를 이어가는 수백만 가구의 소득원인 산호초 어류가 모잠비크 바미지(Vamizi) 섬의 마을 해변에서 햇볕 아래 건조되고 있다.

2부 사고의 대전환

눈을 감고 그들의 소리를 듣는다. 매미, 개구리, 올빼미……. 쏙독새(nightjar)라 불리는 새들이 아직껏 밤의 찬가를 우짖고 있다. 짙은 보르네오 열대우림에서는 수많은 목소리가 다투어 합창한다. 상당수는 이제 귀에 낯익은 것들이지만, 또 어떤 것은 진정으로 우리의 상상력을 자극한다. 어떤 울음소리는 곡조가 아름다우나 어떤 울음소리는 괴이한 공상과학 영화에나 나올 법하게 강렬하고 인위적이다.

날은 아직 꽤나 어둡고, 나는 텐트 덮개를 열고 나의 나무 잠복처 가운데 하나로 이어진 길을 따라 걸었다. 나무 위 300미터상에 위치한 밤의 둥지에서 잠들어 있는 오랑우탄 어미와 새끼를 깨우지 않으려고 신경을 바짝 곤두세웠다. 거대한 디프테로카프 나무(dipterocarp tree)에 다다른 나는 작업복으로 갈아입고 나무에 오를 장비를 챙긴 다음 그 거대한 나무 기둥을 타고 오르기 시작한다. 하지만 아직 내 눈에 보이는 것이라고는 후텁지근한 대기 속을 깜빡거리며 날아다니는 반딧불이뿐이다. 나는 오늘 밤 등반용 밧줄을 개미 식구들과 공유하고 있다. 그들은 구불구불한 덩굴식물이나 리아나 대신 완벽하게 직선인 밧줄 길을 이용하고 있는 것이다.

굵은 나뭇가지에 밧줄이 매여 있는 꼭대기에 이르러 땅에서 56미터 떨어진 곳에 설치한 목재 디딤판 위로 사뿐히 올라선다. 위장용 네트와 초록색 방수포로 뒤덮인 잠복처에서는 열매 달린 거대한 무과화나무가 건너다보인다. 나의 바람은 그저 오랑우탄, 긴팔원숭이, 코뿔새(hornbill), 큰다람쥐(giant squirrel)의 사진을 좀더 많이 건지는 것이다. 네트 밖으로 보이는 하늘이 아까보다 조금 밝아진 듯하지만, 아직도 스쳐 지나가는 잿빛 구름을 거의 볼 수 없다.

잠시 뒤 태곳적부터 그래온 대로 긴팔원숭이들이 건너편 둔덕에서 서로서로를 부르는 독특한 울음소리(bubbling call)를 내기 시작할 터다. 청란(argus pheasant)이 질세라 그 합창에 제 목소리를 더할 것이다. 실제로 그들이 우짖는 소리는 생태계가 건강하다는 것을 말해주는 징표다. 청란은 중요한 지표종(indicator species)이다. 그들의 존재는 숲이 양호한 상태라는 것을 말해주기 때문이다. 숲이 벌목으로 해체되면 나무가 스트레스를 받아서 열매도 씨앗도 맺지 않는다. 이렇게 되면 수많은 종이 의존하는 그 생태계가 안정감을 잃으며 급기야 청란도 사라진다. 청란이 사라진 숲은 허약해진 시스템이다.

처음 보르네오를 찾아온 것은 내 나이 스무 살 무렵이었다. 거대한 나무들 사이를 거닐면서 마치 대성당에 들어선 듯한 느낌에 사로잡혔다. 1988년의 일이다. 그때 이후 나는 잡지에 기사를 기고하거나 책을 집필하기 위해, 그것도 아니면 다큐멘터리 영화를 제작하기 위해 이곳을 제집 드나들듯 했다. 족히 30~40번은 될 성싶다. 나에게 이곳은 생명의 기운이 약동하는 작은 기적의 장소다. 어디를 둘러봐도 놀라운 뭔가를 발견하게 된다. 하지만 내가 무엇보다 좋아하는 것은 채찍뱀(whip snake)이다. 채찍뱀은 나무에서 도마뱀에 몰래 접근할 때면 조심스럽게 앞뒤로 왔다 갔다 하면서 마치 바람에 살랑이는 리아나 줄기인 양 군다. 이루 말할 수 없이 아름답다.

하지만 보르네오는 이제 더 이상 그렇지 않다. 섬의 많은 부분이 과거의 모습을 잃어버렸다. 열대우림의 상당 부분(약 75퍼센트)이 파괴되었고, 야자유 나무를 비롯해 다른 작물들을 재배하는 대농장에 자리를 내주었다. 어찌 된 일인지 출입금지 구역으로 지정되어 있던 장소들마저 결딴났다. 어떤 국유림에서는 전체의 30퍼센트나 되는 나무들이 불법적으로 잘려나갔다. 부정부패가 빚은 결과다.

우리는 어째서 또 하나의 열대우림이 사라지는 것을 걱정해야 하는가? 그리고 왜 오랑우탄이나 긴팔원숭이를 염려해야 하는가? 우려해야 할 그보다 더 중요한 일은 없는가? 70억이 넘는 인구가 살아가는 세상이니만큼 피치 못하게 무언가는 희생되어야 한다, 안 그런가? 보르네오라고 해서 그러면 안 될 이유가 무엇인가?

깊이 따져보아야 할 질문들이다. 오랜 세월 외따로 떨어진 비교적 원시적인 지역들에서 시간을 보내고 나니 한 가지 사실이 분명해졌다. 보르네오 같은 야생의 장소는 마치 인체 내의 허파가 근육 건강에 중요하듯이 멀리 떨어진 도쿄나 시카고 같은 장소의 건강에 중요하다는 것이다. 도시, 사회, 국가는 살아남고 번영하기 위해 건강한 자연 생태계에 의존한다. 그들은 서로 연결되어 있으며 상호의존적이다.

2부의 여러 장에서는 지속가능한 자원 활용, 생태계, 기후가 어떻게 경제를 구축하는 데 도움을 주는지 보여줌으로써 이 아이디어를 좀더 깊이 파고들 것이다. '과거와 다름없는(business-as-usual)' 접근법으로는 더 이상 발전, 복지, 안녕을 이룰 수 없다. 앞으로는 우리의 목적을 이루기 위해 일련의 혁신적 과학기술, 효율 개선, 지속가능한 '순환'경제가 필요하다.

우리는 남아 있는 지구의 아름다움을 관리하는 스튜어드 역할을 떠안아야 한다.

태곳적 숲에 둘러싸인 나무 디딤대에 서 있으면 내 존재가 한량없이 작게 느껴진다. 그런가 하면 나는 그 숲에서 힘을 얻기도 한다. 보르네오는 자연계에 대한 경외감으로 가슴을 부풀어 오르게 해준 장소들 가운데 하나다. 익히 알고 있듯이 자연세계는 우리가 가지겠다거나 버리겠다고 선택할 수 있는 성질의 것이 아니다. 그것은 우리의 생존에 반드시 필요한 것이다.

-마티아스 클룸

5

죽은 지구에서 기업은 없다

최근 세계 각지의 운동선수 수천 명이 연례 마라톤에 참가하기 위해 베이징에 모여들었다. 그런데 행사 당일 아침 극심한 대기 오염으로 상당수 주자들이 뛰기를 단념했다. 참가자들도 혹여 병에 걸리지 않도록 마스크를 착용하는 등 각별히 주의를 기울였다. 보건 관리들이 그날 대기의 질 지수가 '위험하다'고, 즉 시민들에게 격렬한 야외활동에 참여하지 않도록 권장하는 한계치를 훌쩍 뛰어넘었다고 발표한 뒤에도 행사를 강행한 데 대해 주최 측을 비판하는 이들도 있었다. 어떤 사람들은 스모그가 너무 심해서 스타디움이 거의 보이지 않을 지경이라며 고개를 저었다. 베이징 거주민의 말마따나 "숨 쉬기조차 힘든" 날이었다.

2014년 10월의 일이다. 그러나 베이징 당국이 느낀 딜레마는 이런 날들이 전혀 예외가 아니라는 점이었다. 베이징 사람들은 스마트폰 앱을 통해 대기의 질 경보를 확인하는 것으로 아침을 시작한다. 걸핏하면 적색 경보가 뜨는데, 위험 수준이라는 뜻이다. 그런 날이면 창밖을 내다보기만

거대 선박이 수많은 연안지대의 물고기를 싹쓸이하자 사진에서 보는 것처럼 말레이시아 사라왁의 어부들이 고기잡이에 어려움을 겪고 있다.

해도 상황을 단박에 알아차릴 수 있다. 짙은 스모그가 끼어서 유리가 아니라 벽을 마주하고 있는 것 같은 착각이 이는 것이다.

중국 당국은 대기의 질, 수질, 식량 안보의 악화가 국가 경제 발전에 심대한 위협을 가한다는 사실을 충분히 인식하고 있다. 명민하고 젊은 중국의 학계 인사들은 높은 GDP라는 경제적 이점에도 불구하고 이런 환경에서 살아가는 데 아무런 매력을 느끼지 못한다. 세계에서 가장 인기 있는 도시들, 재능과 혁신적인 아이디어를 가진 이들을 끌어들이는 도시들은 하나같이 안전하고 건강한 환경을 제공해주는 곳이다. 너무나 간단한 이치다.

더욱이 기업 지도자들 역시 어떤 기업도 제대로 기능하지 않는 사회에서는 성공적으로 운영될 수 없으며, 시장·공동체·국가가 제대로 굴러가느냐 그렇지 못하느냐를 결정하는 중요한 요소가 바로 환경이라는 사실을 알고 있다. 예를 들어 브라질 상파울루 시의 지도자들은 물 공급은 줄어들고 물 수요는 늘어나는 데 따른 물 부족 사태를 해결하느라 골머리를 앓고 있다. 물 공급의 감소는 분명 기후 변화와 아마존 열대우림의 삼림 파괴에 크게 영향을 받은 결과다. 이 문제는 그 도시에 살아가는 1100만 시민들의 생활조건과 기업환경을 위협한다. 봄베이에서 나이로비에 이르는 다른 수많은 도시도 하수, 대기, 화학물질의 오염과 관련한 비슷한 도전에 직면해 있다. 이는 우리가 숲, 수로, 토양, 대기를 악화하고 야생동식물을 멸종으로 몰아가면 인간의 안녕 또한 돌이킬 수 없는 쇠퇴의 길을 걷게 되리라는 점을 분명하게 말해준다. 쇠퇴의 규모가 사람들의 생각보다 한층 더 크고 경제에도 심각한 타격을 입힐 가능성이 있다. 그러므로 여기에서 그 문제에 주목해보고자 한다. 자연의 복원력이 사라지면 지구의 물리적 과정들이 문턱값을 넘어서고 그 결과 건잡을 수 없는 되먹임이 촉발되며 우리 삶이 급작스러운 변화와 충격과 스트레스에 휩싸일 수 있다. 이런 일이 벌어지면 그간 위기가 닥칠 때마다 극복하고 일궈낸 경제 발전을 더는 이루기 어렵게 된다. 우리 사회의 미래는 전적으로 안정된 기후, 생태계의 복원력 그리고 지속가능성에 달려 있다. 다시 말해 노르딕초이스 호텔(Nordic Choice Hotel)의 최고경영자 페터 스토달렌(Petter Stordalen)이 명함 뒷면에 적은 대로 "죽은 지구에서 기업은 없다".

전반적인 논리는 간단하다. 안정된 지구는 생태계를 제공함으로써 우리가 그 생태계를 사랑하고 이용하도록 해준다. 또한 깨끗한 공기에서 건강한 식량에 이르기까지 우리가 필요로 하는 기능과 서비스를 제공한다. 이러한 생태계의 기능과 서비스는 직접적인 부의 원천일 뿐 아니라 복원력의 기반이기도 하다. 우리는 그 덕택에 풍요롭고 안전하게 살아간다. 안정성에서 비롯된 복원력과 생태적 풍요로움을 토대로 기아 근절이나 경제성장 같은 발전의 욕구와 열망을 충족할 수 있다. 안전한 생태계에서 복원력에 이르는 일련의 요인들이 없다면 경제 발전은 기대하기 어렵다.

당신은 이렇게 반문할지도 모르겠다. 과거에도 환경이 악화하는 가운데 얼마든지 놀라운 경제 발전을 이룩하지 않았는가 하고 말이다. 하지만 1990년 무렵까지만 해도 지구의 복원력은 상당했다. 생태계는 따로 비용을 물리지 않은 채 세계경제에 대규모의 보조금을 제공해주었다. 실제로 호주국립대학(Australia National University)의 로버트 코스탄자(Robert Costanza) 교수와 일군의 동료 연구자들이 진행한 최근 연구에 따르면, 이러한 보조금의 가치는 자그마치 연간 125조 달러, 즉 세계 GDP의 1.5배에 달하는 것으로 밝혀졌다. 그러나 이제 지구의 무임승차 시대는 막을 내렸다.

문제의 조짐

최근에 인간 활동이 지구의 복원력에 영향을 미쳐왔음을 가장 극명하게 보여주는 경보는 1990년대 초 뉴펀들랜드 연안해에서 북대서양 대구 어장이 파괴된 일이었다. 1950년대 말 수 세기 동안 지역민들의 생계 수단이 되어주며 번영을 구가하던 캐나다의 대구 어장에 세계 각지에서 공장형 저인망 어선들이 몰려들었다. 1960년대 말 대구 어획량은 거의 네 배가량 늘어나 연간 80만 톤에 달했다. 대구를 잡아들이는 속도가 개체수가 자체적으로 보충되는 속도를 앞지른 것이다. 1970년대 말이 되자 대구 어획고는 연간 13만 9000톤으로 눈에 띄게 줄어들었다. 캐나다와 미국은 자국의 해양 관할구역을 200해리(370킬로미터)로 늘려서 다른 나라의 선박들이 얼씬거리지 못하도록 막는 식으로 그 사태에 대응했다. 하지만 다른 나라들을 밀어내고 이내 그 자리를 차지한 캐나다의 공장형 선박들이 1992년까지 씨를 말릴 기세로 닥치는 대로 대구를 잡아들였다. 1992년은 보다 못한 캐나다의 연방 관리들이 결국 어획중단(moratorium)을 선언한 해였다. 하지만 너무 때늦은 조치였다. 이미 대구 어장이 완전히 결딴난 뒤였던 것이다.

급작스럽고도 회복 불가능한 어장 파괴는 1989년부터 1995년까지 약 1억 2000만 달러로 추산되는 경제적 손실을 낳았다. 그리고 수많은 뉴펀들랜드 마을의 전통적인 생활양식이 막을 내리게끔 내몰았다. 4만 명이

생태계를 현명하게 관리함으로써 얻는 경제적 이득

생물군계 혹은 생태계	평균 복구 비용 (달러) (높은 시나리오)	복구로 인한 연간 이익 추정치 (평균 시나리오)	지난40년동안거둔 이익의 현재가치 (달러/헥타르)	내부수익률 (%)	비용 대비 이익률
산호초	542,500	129,200	1,166,000	7	2.8
연안 생태계	232,700	73,900	935,400	11	4.4
맹그로브	2,880	4,290	86,900	40	26.4
내륙 습지	33,000	14,200	171,300	12	5.4
호수와 강	4,000	3,800	69,700	27	15.5
열대우림	3,450	7,000	148,700	50	37.3
기타 숲	2,390	1,620	26,300	20	10.3
숲과 관목지	990	1,571	32,180	42	28.4
초지	260	1,010	22,600	79	75.1

생태계를 현명하게 관리하면 경제적 이득을 볼 수 있다.
오늘날 우리의 경제활동에서 생태계가 차지하는 역할을 최소한으로 잡는다 해도 값으로 따질 경우 지속가능한 관행·기업이 지속가능하지 않은 경우보다 이익이 많음을 보여주는 예는 적지 않다. 더욱이 생태계를 지속가능하게 관리하면 복원력을 구축하는 데에도 도움이 된다. 복원력은 다양한 충격에 맞설 수 있는 보험자본이다. 이것은 경제적 가치의 중요한 측면이다.

넘는 이들이 일자리를 잃고 거리로 나앉았다. 세계 전역의 여러 해양 생태계에서도 비슷한 사태가 잇따랐다. 예컨대 발트해에서는 대구의 남획과 도시와 농경지에서 유출된 영양물질의 과부하로 드넓은 지역이 '죽음의 지대'로 변해버렸다.

인간이 지구에 영향을 미쳤음을 보여주는 또 한 가지 예는 기상이변의 횟수가 날로 늘고 있다는 것이다. 우리는 1980년대 말 기후 변화가 지구 한계(즉 대기중의 이산화탄소 농도 350ppm)를 넘어선 이래 열파, 가뭄, 폭우, 홍수 같은 기상재해를 과거보다 한층 더 자주 목격하고 있다. 2003년에는 유럽에서 기록을 갈아치운 최악의 열파로 거의 4만 명이 목숨을 잃었다. 현대에 유럽을 덮친 최악의 환경 재난이었다. 오스트레일리아에서는 2000년부터 2012년까지 장장 12년 동안 극심한 가뭄이 이어져 약 40억 달러의 손해를 낳았다. 파키스탄, 아프가니스탄, 독일, 태국에서는 대규모의 홍수로 수백만 명이 삶의 터전을 잃었다. 2012년 허리케인 샌디는 애초에 진출하리라 예상한 대서양상의 경로에서 벗어나 돌연 내륙 쪽으로 방향을 틀어 미국 뉴저지와 뉴욕주를 덮쳤다. 폭풍해일이 월가를 3미터나 물에 잠기게 만들었으며 놀라 나자빠질 정도인 190억 달러의 피해를 뉴욕 시에 안겨주었다. 실제로 자연재해로 인한 비용은 1980년대 이후 꾸준히 늘었다. 인류세에는 지진, 쓰나미, 화산활동 같은 지질학적 재난이 아니라 열파, 가뭄, 들불, 홍수, 산사태, 폭풍 같은 기후 관련 사건이 더욱 빈번하게 일어나고 있다. 오늘날 환경 관련 재난은 세계경제에 연간 1500억 달러의 비용을 지우는 것으로 추정된다.

세계경제에 보조금을 지급하는 지구

자연환경 악화가 경제에 미치는 영향을 측정하는 또 한 가지 방법은 우리가 자연환경으로부터 얻는 서비스를 대체하려면 비용이 얼마나 드는지 추산해보는 것이다. 우리는 거의 생각해보지 않지만 지구는 경제 발전에 놀랄 정도로 많은 보조금을 지급하고 있다. 수많은 연구에 따르면, 실제로 사회자본과 자연자본의 악화를 경제활동 비용으로 고려할 경우 GDP 기반의 성장은, 모두 없어지지야 않겠지만 크게 약화한다. 지속불가능한 생태계, 자연자원, 기후의 사용료를 모두 합하면 미국, 독일, 중국의 경제성장은 거지반 사라지고 만다.

로버트 코스탄자 등이 2014년 실시한 연구에 따르면, 인류는 2007년에서 2011년 사이 환경 악화로 인해 연간 대략 20조 달러의 생태계 서비스를 잃어버렸다. 그만큼의 손실까지 고려에 넣는다면 전 세계 GDP는 연간 총 75조 달러가 된다. 코스탄자와 그의 동료들은 식량 생산에 쓰이는 담수, 토양의 질, 목재의 가치 등 자연이 경제에 제공하는 '직접적인' 서비스만을 고려했다. 그들은 풍광을 생산적이고 복원력 있게 만들어주는 최상위 포식자, 질병이 발생했을 때조차 농사를 지을 수 있도록 도와주는 꽃가루 매개자(벌·나비) 같은 '간접적인' 생태계 기능은 포함시키지 않았다. 그런 까닭에 그 연구의 추정치는 낮게 잡은 것이다. 그렇기는 해도 그 연구는 세계경제가 자연으로부터 어마어마한 보조금을 받고 있음을 보여준다. 만약 기업이 생태계 서비스에 비용을 지불해야 한다면 세계경제의 산출량은 27퍼센트나 줄어든다.

오늘날 지속가능한 생태계 관리가 지역사회, 국가, 지역뿐 아니라 기업에게도 이득이 된다는 증거는 적지 않다. 2005년 유엔이 발표한 제1회 새천년생태계평가(Millennium Ecosystem Assessment, MEA)에 따르면, 95개국의 과학자 1360명은 오늘날 인간이 의존하는 중요한 환경 서비스의 약 3분의 2가 인간 활동에 의해 감소하고 있다고 추산했다. 자연자본프로젝트(Natural Capital Project), '생태계와 생물다양성의 경제학(The Economics of Ecosystems and Biodiversity, TEEB)' 기획도 비슷한 수치를 내놓았다. '생물다양성 및 생태계 서비스에 관한 정부 간 과학정책 협의체(Intergovernmental Science-Policy Platform on Biodiversity and Ecosystem Services, IPBES)' 역시 '정부간기후변화위원회'의 자매 격으로 생물다양성과 생태계 서비스가 인류

발전에 어떻게 기여하는지에 관한 증거를 찾아내는 작업에 착수했다. 이를테면 흔들리는 풀잎에 맺힌 아침 이슬, 위풍당당하게 열대 초원을 누비고 다니는 영양 무리들처럼 지구상의 모든 값진 것들이 우리가 번영을 구가하는 데 영향을 끼치고 있음을 보여주는 증거는 수없이 많다.

바다에서 살아가는 식물성 플랑크톤에서부터 기반암에 퇴적되어 있는 광물에 이르는 지상의 모든 생물과 무생물은 서로 상호작용하여 지구의 생물리적 형태를 결정한다. 우리가 푸른빛이 감도는 흰 거대 빙상에서 타이가(taiga)에 이르는 안정적인 거대 생물군계를 지니고 있으며, 그것이 전 지구적 탄소·질소·인·물의 순환과 더불어 우리가 아는 지구 상태를 유지해주고 있다는 것은 결코 우연의 일치가 아니다. 토양 박테리아에서 돌고래에 이르기까지 생물권에서 살아가는 유기체는 먹이그물을 통해 복잡한 포식자-피식자 관계를 형성하며 상호작용한다. 그들은 '확률은 낮되 파급력은 큰' 사건들이 발생했을 때 중복성을 제공함으로써 생물학의 '보험회사' 노릇을 하기도 한다. 육지 생태계와 바다 생태계의 상당 부분에서는 상이한 종들이 토양 분해, 식물 수분 같은 똑같거나 비슷한 역할을 맡는다. 하지만 그들은 바이러스성 질병이나 가뭄, 혹은 기온 변화에 똑같은 정도로 민감하지는 않아서 우리가 이른바 '반응 다양성(response diversity)'이라 부르는 중요한 복원력의 한 가지 요소를 생태계에 부여한다. 자연이 수십 억 년에 걸쳐 어렵사리 터득해낸 바와 같이 누구라도 가진 돈을 탈탈 털어서 말 한 마리에 몽땅 걸고 싶지는 않을 것이다.

실제로 자연은 대단히 복원력이 좋아서 우리는 그간 지나치게 마음을 놓고 있었다. 심지어 '여기저기서 몇몇 종이 사라지는' 지속불가능한 발

인도네시아 서뉴기니의 맹그로브 숲은 그 뿌리 시스템이 물고기의 삶터다. 최근 '생태계와 생물다양성의 경제학(The Economics of Ecosystems and Biodiversity, TEEB)' 기획이 밝힌 대로, 맹그로브 시스템은 훼손되지만 않는다면 소규모의 연안 마을에 쏠쏠한 소득원이 되어준다. 반면 느닷없는 극심한 물난리로 맹그로브 숲이 파괴되면 생계 수단이 사라져서 막대한 사회적 비용이 발생할 수 있다.

전조차 그래봐야 별일 아니라고 일축했다. 크게 잘못된 생각이었다. 지구는 지금 여섯 번째 대멸종의 소용돌이에 휩싸여 있다. 생태계는 이 문제에 어느 정도까지는 대처할 수 있다. 우리가 잃어버린 종들이 먹이그물의 아래쪽에 놓인 것들이라면 같은 기능을 담당하는 다른 종들에 의해 대체될 수 있는 것이다. 그러나 언제까지고 그런 일이 가능한 것은 아니다. 그 기능 집단들 가운데 중요한 마지막 종이 사라진다면 그 생태계는 무너지고 만다. 그리고 우리가 서서히 깨닫고 있듯이 거대 생태계는 대구, 상어, 사자, 독수리 같은 중요한 최상위 포식자 종의 멸종에 유독 민감하다. 이 종들이 사라지면 그로 인한 파괴적인 폭포효과(cascading effects)로 생태계 전반이 결딴날 수 있다.

늑대, 나무 그리고 호박벌

변화가 생태계에 폭포효과를 일으키며 일파만파 번지는 것을 단적으로 보여주는 예가 옐로스톤국립공원에서 일어났다. 1920년대에 그 공원의 최상위 포식자 가운데 하나인 늑대를 정부 사냥꾼들이 살상한 것이다. 이어지는 70년 동안 공원 생태계에서는 늑대가 사라진 결과 엘크의 수가 크게 불어났고, 그것은 다시 공원 전체에 연쇄반응을 불러일으켰다. 엘크가 지나치게 넓은 육지 면적에서 풀을 뜯어 먹는 바람에 삼림지와 유수량이 줄어들었고, 명금이나 비버 같은 종들의 서식지가 사라졌다. 그러던 차에 1995년 환경보호주의자, 지주, 공원 관리당국이 열띤 논쟁을 벌인 끝에 늑대 열네 마리를 도로 들여왔다. 오늘날 그 공원에는 늑대 100마리가 살아가고 있으며, 우리는 그들의 귀환이 가져온 놀라운 결과에 대해 잘 알고 있다. 전에는 오직 인간의 사냥으로만 조절되던 엘크의 개체수를 늑대들이 크게 억제한 결과 바람직한 생태적 균형을 회복한 것이다. 초목을 뜯어 먹는 종의 개체수를 줄이는 것만으로도 숲이 되살아났다. 초목은 단 6년 만에 몇 배나 빠르게 자랐고, 강둑이 보호되면서 강들도 한결 안정감을 되찾았다. 또한 서식지가 복구되면서 독수리, 오소리, 비버 같은 종들이 돌아왔다. 옐로스톤의 독특한 풍광은 불과 10여 년 만에 다시 원상 복구되었다.

지속가능한 생태계 관리가 사회에 어떤 사회경제적 가치를 부여하는지 보여주는 또 하나의 고전적인 예는 뉴욕 시의 경우다. 100여 년 전, 뉴욕 시 관리들은 두 가지 기로에 서서 저울질을 해야 했다. 그 도시로 흘러드는 물을 정화하는 정수처리장을 건설할 것이냐, 아니면 뉴욕주 북부 캐츠킬산맥(Catskill Mountains)에 자리한 4900제곱킬로미터의 수역을 보호하고 숲이 물의 흐름을 규제하도록 내버려두는 식으로 자연을 물 공급을 위한 처리 서비스로 활용할 것이냐. 그들은 후자를 선택했다. 오늘날 뉴욕 시의 840만 시민들은 매일 미국에서 최고로 깨끗한 물 45억 세제곱미터를 소비할 수 있게 되었다. 관리들은 만약 지금 같은 시스템이 아니라 전통적인 정수처리장을 짓고 에너지와 화학물질을 소비했다면 비용이 자그마치 100억 달러나 들었으리라고 추정한다. 뉴욕 시는 숲을 수질 규제자로 활용함으로써 공장 가동 비용을 연간 수백만 달러씩 절감하고 있는 셈이다.

생태계 서비스의 가치를 보여주는 좀더 최근의 예는 2012년, 영국이 여왕 솜털호박벌(short-haired bumblebee)을 포획해 오라는 비밀 임무를 주고 과학자들을 스웨덴에 파견한 일이다. 솜털호박벌은 한때 영국 남부에 지천이었지만 1988년 영국의 야생화 들판이 대거 경작지로 바뀐 뒤 영영 자취를 감추고 말았다. 이러한 개발의 아이러니는 바로 그 경작지들이 호박벌을 비롯한 곤충의 수분에 의존하고 있다는 사실이었다. 영국 경제에 연간 4억 파운드가 넘게 기여하는 것으로 추산되는 서비스다.

스웨덴 국민들은 영국 과학자들의 임무가 무엇인지 밝혀지자 다소 불만을 터뜨렸다. 그들은 특히 영국 과학자들이 스웨덴의 벌을 수집하면서 아무런 공식 허가도 구하지 않았다는 데 발끈했다. 지역의 환경보호주의자들은 만약 영국 과학자들이 스웨덴의 호박벌을 너무 많이 잡아가면 "우리 역시 영국 꼴이 나고 말 것"이라고 으름장을 놓았다. 한 은퇴한 생물학자는 "어슬렁어슬렁 돌아다니면서 뭔가 슬쩍해간 그 침입자들은 더 이상 세계의 지도자가 아니"라고 일갈했다. 하지만 나중에 밝혀진 바에 따르면, 영국 과학자들은 양국의 외교적 마찰을 피하기 위해 조용하고 발 빠르게 애초 비밀에 부친 임무와 관련하여 스웨덴 당국으로부터 허가를 받았다. 논란은 이내 잠잠해졌다. 당시 영국 과학자들은 솜털호박벌을 영국의 전원지역에 다시 풀어놓는다는 만만찮은 작업에 힘쓰고 있었다. 보존주의자들이 새로 야생화, 클로버, 살갈퀴를 심어놓은 지역이었다. 인근의 농민들도 제 나름대로 거기에 힘을 보탰다. 논 가장자리를 따라 솜털호박벌이 노닐 수 있는 긴 '초록지대'를 조성한 다음 손대지 않고 내버려둔 것이다. 그들은 누구보다 솜털호박벌이 다시 제 고향에 자리 잡는 모습을 보고 싶었다.

솜털호박벌 사건은 육지 생태계와 해양 생태계에서 수많은 종이 맡은 대개 잘 알려져 있지 않은 역할, 그리고 그들이 사라질 때 우리 경제가 치러야 할 비용을 상기시킨다. 3장에서 이미 언급한 대로, 오늘날 세계는 빠른 속도로, 즉 자연적인 배경멸종률보다 100~1000배 빠른 속도로 종을 잃어가고 있다. 대멸종을 멈추지 않는다면 그로 인해 치르게 될 비용이 계산하기 힘들 정도로 불어날 것이다.

'기업의 사회적 책무'의 종언

점점 더 많은 기업들이 지속가능한 기업이 좋은 기업이라는 동일한 결론에 도달했다. GE는 수익이 1600억 달러가 넘었는데, 2005년 이래 생산사슬에 에너지 효율을 도입함으로써 3억 달러를 절감했다고 발표하면서 많은 이들의 이목을 집중시켰다. 그들은 푸마, 월마트, 유니레버 같은 기업들과 마찬가지로 지속가능한 기업 해법을 통해 순수익 가운데 점점 더 많은 부분을 창출하고 있다고 전하면서 분명한 메시지를 들려주었다. 환경은 더 이상 기업에게 사회적, 도덕적 책무의 영역이 아니다. 오히려 점차 핵심적인 사업이자 기업의 진정한 중추요, 시장을 장악할 것인지 도태할 것인지 결정하는 열쇠가 되어가고 있다.

비전을 지닌 일부 기업 지도자들은 어느 시점에서인가 이 사실을 간파했다. 그들에게는 언제나 인간, 지구, 이윤, 이 세 가지 최종 성과가 가장 핵심적인 목표였다. 그러나 지난 3~5년 사이 기후와 생태계 관련 이슈들이 '기업의 사회적 책무(Corporate Social Responsibility, CSR)' 부서에서 중역실로 이관됨에 따라 기업계 전반에서 사고 대전환이 이루어졌다.

2014년 5월에 열린 스톡홀름식량포럼(Stockholm Food Forum)의 한 위원회에 연사로 나선 '지속가능한 발전을 위한 세계기업위원회(World Business Council for Sustainable Development, WBCSD)'—세계경제의 10퍼센

트를 좌우하는 200개 다국적기업으로 이루어진 국제 네트워크—의 의장 피터 베커(Peter Bakker)는 "기업의 사회적 책무는 끝났다"고 선언했다. 베커는 서서히 줄어드는 유한한 자원을 놓고 경쟁이 거세지고 화석연료 가격이 들쭉날쭉하고 지구의 되먹임으로 전체 사회가 불안정해질 가능성이 커지는 세상에서 살아가려면, 더 이상 지구를 기업 외적인 이슈로 여겨선 안 된다고 말했다. 이제 지구는 '기업과 한 몸'인 것이다. 베커가 이끄는 조직은 이것을 환영했으며, 이른바 《비전 2050》 기획을 '액션 2020' 계획으로 바꾸었다. '액션 2020' 계획은 기후, 생물다양성, 물, 토지, 영양물질 따위를 포함하는 지구 한계 과학에 토대하여 향후 몇 십 년 동안 '그린(green, 환경친화적)' 비즈니스가 어떤 형태를 띠게 될지 정의한다.

최근 EU는 유럽 기업의 미래 경쟁력을 분석하는 이른바 '유럽자원효율성플랫폼(European Resource Efficiency Platform, EREP)'의 작업을 최종 마무리했다. 지구의 위험 카드를 모두 테이블 위에 올려놓고 보면 유럽이 향후 성장하고 직종을 창출하면서 경쟁해볼 수 있는 유일한 길은 단기적으로는 자원 효율성을 대폭 개선하는 것, 장기적으로는 순환경제로 이행하는 것뿐이다. 모든 시민들이 발전하기 위해 자원 사용권을 공유하는 세계화한 세상에서 경쟁력이나 나눔에 대한 도덕적 책무와 관련해 가장 사리에 닿는 것은 100퍼센트 '환경친화적' 성장뿐이다. 만약 당신이 전 지구적 환경 재난의 위험이 빠르게 증가하고 있다는 사실을 고려한다면 이 논쟁이 훨씬 더 설득력 있게 들릴 것이다. 지속가능성은 번영에 이르는 지름길로서 전적으로 우리가 생태계와 지구 전반에 남아 있는 아름다움을 현명하게 관리할 수 있는지 없는지에 달려 있다. 2014년 세계경제포럼에서 니콜라스 스턴 경(Lord Nicholas Stern)이 현명하게 지적한 대로, 지속가능성은 세계성장에 관한 '하나의' 이야기가 아니라 '유일한' 이야기다.

새로운 서사

이제 왜 우리의 행성에 관심을 기울여야 하는가라는 서사로 화제를 옮겨 볼 차례다. 실은 40여 년 전에 이미 그랬어야 한다. '환경보호주의자'인 우리들 역시 이 문제의 중요한 일부다. 우리는 환경 '보호'를 기반으로 한 운동을 주창했으며 상당한 성공을 거두었다. 하지만 그것은 모두의 사고에 악영향을 끼쳤다. 우리는 지금 한쪽에는 자연이, 다른 한쪽에는 사회가 자리한 세상에서 살아가고 있다. 환경 대 발전. 그런데 그 두 가지는 결단코 만나는 법이 없다. 경제학자들은 지구에 미치는 영향력을 '외부효과'로 언급하는 시대착오적 주문에 갇혀 있다. 그런데 그보다 더 부정확한 말이 어디 있는가. 어떻게 모든 부의 원천인 지구 위에서 살아가면서 그것을 '외부'라고 선언할 수 있단 말인가.

우리는 환경 문제를 시민적, 사회적, 기업적, 정책적 노력을 통해 해결하려고 노력하면서 인간이 가하는 피해로부터 환경을 '보호'하자는 논리에 사로잡혀 있다. 유엔 기후협상은 책임성이라는 이슈를 해결하고자 '부담을 나눠 지고' 기후 시스템을 '보호'하자고 말한다. 생물다양성 협의회는 인간으로부터 '보호'되어야 할 대상을 최대화하는 데 초점을 맞추며, 무엇보다 다른 종들을 보호하는 도덕적 책임에 호소한다. 지난 수십 년 동안 기업들은 '기업의 사회적 책무'를 떠안는 고위관리들의 리그를 조직함으로써 현명하게 이런 요청에 부응해왔다. 국제적으로 발돋움하려는 야심을 품은 회사는 예외 없이 인간 활동에 좌우되는 어떤 외부효과 요소들을 '보호'하는 활동에 이타적으로 동참하겠다고 선언했다.

하지만 이제 그런 시대는 끝났다. 판세가 달라진 것이다. 인류세라는 포화 상태에 이른 혼란스러운 세계에서 우리는 지구 전체의 스튜어드가 될 필요가 있다. 지구의 스튜어드로서 어느 한 종, 어느 한 생태계를 구하는 문제가 아니라 다름 아닌 우리 자신을 구하는 문제를 떠안았음을 인식해야 한다. 그래야 인류는 부단히 경제 발전, 번영, 좋은 삶을 추구할 수 있다. 지구 자체는 모든 것이 변하든 말든 아랑곳하지 않는다. 정작 위험에 빠지는 쪽은 우리의 세계다. 결국 모든 기업은 급작스러운 사회생태적 변화로 불안해진 세계에서는 어떤 기업도 살아남기 어렵다는 것을 인식해야 한다. 오직 안정된 기후, 안정된 생태계만이 우리가 도시와 마을을 살 만하게 만드는 데 필요한 복원력과 지속가능성을 제공해줄 수 있다.

그렇다면 인간은 그토록 빠르게 변화를 도모할 수 있을까? 우리는 '그렇다'고 생각한다. 세계가 2030년에 필요로 할 도시지역의 약 60퍼센트는 아직 건설조차 되지 않았다. 하지만 우리는 기후, 물, 에너지, 영양물질의 재활용이라는 관점에서 비용효과적으로 그 일을 해내는 법을 알고 있다. 또한 자연적 완충지대에 의한 복원력이 우리를 폭풍우나 홍수로부터 보호해주도록 도시지역을 설계할 수도 있다. 삶의 질을 높이고 생태적 기능을 다양화하기 위해 조밀한 도시지역에 생태계를 결합하는 방법도 알고 있다. 세계는 다가오는 몇 십 년 동안 약 90조 달러를 투자하여 새로운 하부구조를 구축할 것이다. 투자액을 4퍼센트만 늘려도 그 하부구조 전체를 기후의 관점에서 '환경친화적으로' 꾸릴 수 있다.

결국에 가서 걸림돌이 되는 것은 어제 우리에게 먹혔던 것이 내일도 잘

먹힐 거라는 아무짝에도 쓸모없고 터무니없이 고집스러운 믿음이다. 우리에게는 안전한 지구 운용 공간 내에서의 인류 번영, 지구 한계 내에서의 성장이라는 새로운 패러다임이 필요하다. 그것은 지구의 남은 아름다움을 지키는 스튜어드 되기를 우리 삶과 기업의 (지엽적 과제가 아닌) 핵심적 과제로 받아들여야 성공할 수 있는 패러다임이다. 그것을 마치 숨 쉬는 것처럼 자연스러운 일로 만들 필요가 있다. 일단 그렇게 되면 한층 성공적으로 미래세대가 번영하는 데 필요한 토대를 갖출 수 있다.

바탄타섬에 사는 소년이 인도네시아 서뉴기니 라자암팟 제도 연안해에서 조개를 잡기 위해 다이빙을 하고 있다.

6

혁신의 촉발

케네스 볼딩(Kenneth Boulding)은 1950년대에 워싱턴 D.C.에서 열린 의회 청문회에서 다음처럼 도발적인 발언을 했다. "유한한 세상에서 급격한 성장이 영원히 이어질 수 있을 거라고 믿는 자가 있다면 그는 미친 사람이거나 아니면 경제학자거나 둘 중의 하나다." 그 자신 역시 경제학자인 볼딩은 훗날 인류가 단 하나밖에 없는 행성에서 살아가고 있음을 보여주는 개념으로서 '우주선 지구(Spaceship Earth)'라는 용어를 만들어냈다. 우리는 이것을 우리가 고안해낸 지구 한계라는 개념들의 전신 격이라고 본다. 볼딩은 제한 없는 성장 모델을 무자비하고 약탈적이고 낭만적이고 폭력적인 행동을 불러일으킨다 하여 '카우보이 경제(cowboy economy)'라고 명명했다. 그가 1966년에 열린 어느 환경 관련 학회에서 말했다. "카우보이 경제에서는 소비가 미덕으로 간주되며 생산도 마찬가지다. 그리고 카우보이 경제는 성공 여부를 작업 처리량으로 가늠한다." 그에 반해 볼딩은 유한한 세계 모델을 '우주인 경제(spaceman economy)'라고 불렀다. "지구는 그

물에 떠 있는 구조로 지어진 네덜란드 마스보멜(Maasbommel)의 수륙양용 주택들은 해수면 변화에 발맞춰 최대 4미터까지 상승할 수 있다.

어떤 자원도 무한정 추출하거나 오염시켜도 좋을 만큼 보유하고 있지 않은 단 하나의 우주선이기 때문이다." 그에 따르면 '우주인 경제'의 목적은 생산과 소비의 수준이 아니라 삶의 질을 한 단계 더 끌어올리는 것이다.

그로부터 수십 년이 흐른 지금 환경 문제가 늘어가고 자원이 한정되어 있음에도 불구하고 무한 성장이 가능한가라는 질문을 둘러싸고 여전히 열띤 논쟁이 이어지고 있다. 우리는 유한한 지구에서의 성장 개념을 조롱하는 볼딩 같은 신맬서스주의자도 무한한 성장을 지지하는 신자유주의자도 옳지 않다고 본다. 두 극단의 중간께에 절충점이 있다고 믿는다. 우리는 앞에 놓인 증거들을 토대로 인류가 미래에 '지구의 안전한 운용 공간 내에서' 성장하게 되리라고 확신한다.

환경주의자들은 40년 동안 시나이 사막(Sinai Desert)의 험준한 광야에서 지낸 모세처럼 '성장의 한계(limits to growth)'를 역설하면서 돌아다녔지만 거의 혹은 전혀 성공을 거두지 못했다. 이제 '성장의 한계'가 아니라 '한계 내 성장(growth within limits)'이라는 한층 더 건설적인 패러다임을 통해 세계를 바라보아야 할 때다. 이것은 결국 우리가 성장을 어떻게 바라볼 것인가 하는 문제로 귀결된다. 최근까지 세계는 지나치게 잘못 사용되어 왔다. 우리는 세계를 전혀 사용하지 않기를 바라는 게 아니라 사회의 궁극적 목적, 즉 인류의 안녕에 주력하기를 바란다. 이러한 의미에서 성장, 즉 더 많은 경제 발전은 오로지 인류의 안녕을 성취하는 수단에 불과하다. 그저 근근이 생계를 이어가는 지구상의 절대다수에게 성장과 인류 안녕은 일방향적인 관계다. 이 절대다수의 세계시민들, 즉 절대빈곤층과 중산층 사이에 놓인 계층(일반적으로 연간 2만 5000달러 이하로 살아간다)에게 더 나은 복지란 수명·교육수준·의료접근성·사회보장의 개선을 의미한다. 그러나 부유한 소수들—기본적으로 대개 전통적인 선진국인 OECD 국가에서 살아가는 이들이지만 빈곤국가의 부유층 비율도 점차 늘고 있다—에게 GDP 기반의 경제성장과 인류 발전 지표 간의 관계는 더 이상 그렇게 직접적이지 않다. 실제로 시에나 대학의 스테파노 바르톨리노(Stefano Bartolino) 등이 보여준 바와 같이, 개인들은 일정 수준의 경제성장을 넘어서면 사회자본(공동체의 협력과 발전을 촉진하는 유무형의 자본—옮긴이)을 상실하기 시작한다. 그들은 이 상실을 급격한 자연자본의 감소를 초래하는 훨씬 더 많은 소비를 통해 보상함으로써 결국 악순환에 빠지고 만다.

대체로 우리는 사회경제 발전은 복지 개선이라는 인류의 목적에 도달하는 필요하고도 바람직한 수단이라는 데 동의한다. 여기에서 중요한 문제는 사람과 지구 둘 다를 공정하게 다룰 수 있느냐 하는 것이다. 다시 말해 우리는 이 세상에 살아가는 모든 이들의 열망을 충족하면서도 여전히 지구의 안전한 운용 공간 내에 머물 수 있는가? 지금으로서는 아무도 그 답을 모른다. 우리가 알고 있는 것이라고는 미래의 인류 번영이 전적으로 안전한 지구를 지키는 데 달려 있다는 사실뿐이다.

새로운 혁신의 물결

피터 다이아맨디스(Peter Diamandis)와 스티븐 코틀러(Steven Kotler)는 최근 저서 《풍요: 미래는 당신이 생각하는 것보다 더 낫다(Abundance: The Future is Better than You Think)》에서 역사상 최초로 우리의 능력이 야망을 따라잡기 시작했다고 주장했다. 그들에 따르면, 인류는 이제 '급격한 변화(radical transformation)'의 시기에 접어들고 있다. 우리가 진기한 과학기술의 도움으로 단일세대에 속한 세상 모든 이들의 욕구와 열망을 충족하게 될 시기 말이다. 말하자면 모두를 위한 풍요가 실제로 눈앞에 다가온 것이다.

이것은 정녕 인류에게 놀라운 진일보다. 이 책 앞부분에서 말한 대로 우리는 2050년이면 인구가 70억이 아니라 90억 넘게 불어나고 가난하던 다수가 부유한 다수가 되는 세상에서 살아갈 것이다. 하지만 그런 일이 실제로 가능하려면 세계경제는 같은 기간 동안 세 배쯤 성장해야 한다. 이것은 피치 못하게 세계에 이루 말할 수 없는 부담을 더해줄 것이다. 그러지 않아도 기본적 생태수용력(biocapacity: 생태계에서 자원을 제공하고 폐기물을 흡수할 수 있는 능력치—옮긴이)을 25퍼센트 웃돌아 작동하고 있는 세계, 즉 인류가 진작부터 세 가지 지구 한계를 넘어섰고 지구가 위험천만한 되먹임으로 반응해오면서 값비싼 청구서를 내밀기 시작한 세계가 아닌가.

과연 세계는 낙관적인 전망을 구현할 수 있을까? 우리는 세계 지도자들의 우울한 타성을 극복하고 세계 발전의 길에서 벗어나 지속가능성 쪽으로 선회할 수 있을까? 급격하게 발전하는 과학기술, 자원 효율성, 순환경제 모델, 소비를 전제하지 않은 행복을 추구하는 젊은이들의 경향성 같은 유망한 진보를 이룩할 수 있을까? 우리는 이 질문들에 긍정적인 답을 내놓을 수 있다고 생각하기 시작했다.

우리가 효율성과 해결책에서 체계적이고 분명한 변화가 가능하다고 확신하는 것은 최근 과학기술이 어지러운 속도로 발달하고 있기 때문이다. 인텔 사의 공동창업자 고든 E. 무어(Gordon E. Moore)가 1965년 관찰을 통해 밝혀낸 컴퓨터 기술 발달과 관련한 '무어의 법칙(Moore's Law: 컴퓨터 처리 능력이 2년마다 두 배로 증가한다는 법칙—옮긴이)'은 비단 마이크로프로세서뿐 아니라 생명공학, 나노테크놀로지, 커뮤니케이션, 그래핀(탄소를 얇게 펼친

소재—옮긴이) 태양전지 같은 진기한 물질의 사용에도 예외 없이 적용된다. 과학과 기술의 발전 속도는 시장 기반 사회의 급속한 팽창과 더불어 세계의 지도자들로 하여금 다가오는 수십 년의 발전 목표를 야심 차게 설정하도록 고무했다. 오늘날 우리의 지도자 세대는 2030년경 세계의 절대빈곤과 절대기아가 근절될 것으로 낙관하고 있다. 아시아와 아프리카에서만 인구가 20억~30억 명 불어날 테고 그중 10억은 절대빈곤이고, 30억은 영양부실 상태일 거라고 예측됨에도 불구하고 말이다.

그러나 과학기술이 이 모든 일을 해낼 수는 없다. 환경에 부정적인 영향을 끼치는 지구 차원의 변화—특히 그 가운데 생물다양성의 손실과 기후 변화—로 인해 인류가 마주한 난관은 녹록지 않다. 지속가능성으로 옮아가려면 과학기술을 대대적인 체제 혁신 및 생활양식의 변화와 접목해야 한다. 하지만 다음의 다섯 가지 세계적 변화에서는 과학기술도 중요한, 심지어 주도적인 역할을 담당할 수 있다.

- 재생가능하고 지속가능한 에너지 시스템
- 지속가능하고 건강한 식량 시스템
- 기업·사회·공동체를 위한 순환경제 모델
- 총인구의 70퍼센트가 도시에서 살아가게 될 세계에서의 지속가능한 미래 도시
- 지속가능한 운송 시스템

이 다섯 가지 변화 영역은 지구상의 모든 생태계를 지속가능하도록 관리하고 미래세계의 번영을 보장하는 데 긴요한 선결조건이다. 그리고 우리는 오늘날 새로운 과학기술, 진기한 시스템 통합, 새로운 행동 전략 등

을 통해 이 모두를 성취할 수 있다는 희망을 보고 있다.

세계 에너지 체제의 탈탄소화

독일의 전형적인 어느 토요일 아침, 당신은 커피머신을 켜면 태양력이나 풍력을 통해 필요한 전기 가운데 평균적으로는 30퍼센트를, 우호적인 상황에서라면 최대 75퍼센트까지를 얻을 수 있다. 세계 4위의 경제대국에서 보게 되는 이 빼어난 발전(發電) 사례는 혁신적인 장기 시책과 태양전지와 풍력 기술의 효율성과 비용효과성의 발달이 어우러져서 이룩한 성과다. 독일이 2011년 채택한 국가 에너지 정책인 이른바 '에너지 전환 정책(Energiewende: 화석연료와 원자력을 이용한 에너지 발전으로부터 신재생 에너지 및 저탄소 발전 시스템으로의 전환을 모색하는 에너지 정책—옮긴이)'은 '재생 에너지 발전 보조금 제도(feed-in tariff system: 신재생 에너지원으로 생산한 전력 가격과 기성 에너지원으로 생산한 전력 가격의 차액을 정부가 보전해주는 제도—옮긴이)', 에너지를 사고파는 열린 시장 제도, 강력한 정치적 목표, 인센티브 기반의 지속가능 에너지는 상 주고 지속불가능 에너지는 벌주는 조치들을 골자로 한다. 재생 에너지 발전 보조금 제도는 에너지 공급에 필요한 설비에 대해 최저가를 보장함으로써 재생 에너지 개발 기술에 투자하도록 유도했으며, 지방분권화한 에너지 시장은 수백만에 달하는 소규모 생산자들을 만들어냈다. 독일의 정치적 목표는 2050년까지 원자력 에너지를 줄이고 재생 에너지 비율을 80퍼센트까지 끌어 올리는 것이다.

물론 기후와 관련하여 안전한 운용 공간 내에 머물 수 있는 에너지 제도를 실시하려던 독일의 실험에 전혀 문제가 없었던 것은 아니다. 탄소 가격이 효과적으로 정해지지 않는 바람에 저렴한 천연가스가 시장에 마구 풀리면서 비뚤어진 반동효과(rebound effect)가 나타났다는 점을 일례로 들 수 있다. 갑자기 더러운 화석연료들 가운데에서도 가장 더러운 연료인 석탄의 가격이 곤두박질치게 된다. 이것은 대전환에서 기술과 혁신은 그냥 내버려두어서는 안 된다는 것을 분명하게 일깨워준다. 반드시 정책이 뒤따라야 하는 것이다. 전 세계적으로 에너지 정책이 대전환에 성공할 수 있는 유일한 방법은 다음과 같다. 즉 탈탄소화의 속도 같은 과학을 기반으로 한 목표와 지속가능성은 장려하되 지속불가능성은 벌하는 정책(이를테면 탄소세, 법적 구속력을 지닌 배출량 목표 등)을 기술 발전과 결합하는 것이다.

세계가 재생 에너지 체제에서 대대적인 혁신을 이룰 수 있다는 것, 그것도 대단히 급속도로 그렇게 할 수 있다는 것을 보여주는 증거는 차고 넘친다. 가령 태양전지의 경우 그간 규모, 효율성, 비용효율성이 놀라우리만치 발달했다. 오늘날 태양 에너지는 세계 에너지 생산량의 1퍼센트에도 못 미치지만, 그것이 빠르게 성장하리라고 믿지 않을 이유는 어디에도 없다. 그 외에 유망한 기술 발전의 사례로는 비싸고 무거운 실리콘 기반의 태양전지 대신 그래핀(탄소)을 전도체로 사용하는 기술, 저가 염료를 이용한 태양전지, 즉 그래첼 전지(Grätzel cell) 기술 따위를 꼽을 수 있다.

미래에 지구 기후 섭씨 2도 한계 내에서 모든 기본적인 에너지 욕구가 충족되리라고 말하고 있는 것은 비단 우리만이 아니다. 미래 에너지를 연구하는 세계 최대의 단체 글로벌에너지평가(Global Energy Assessment, GEA)도 최근 오늘날의 기술로 그것을 충분히 달성할 수 있다고 결론지었다. 그러려면 바이오매스, 파도, 풍력, 태양력 에너지, 여러 원자력 에너지의 효율을 대폭 개선하는 갖가지 지속가능한 정책이 필요하다.

지속가능한 집약농으로 '모두를 위한 식량' 조달

식량 생산 방식이야말로 지구 한계를 넘어서게 만드는 '주범' 가운데 단일 요소로서 최대다. 식량 생산은 가장 많은 토지와 담수를 소비하고 가장 많은 온실가스를 배출하며 생물다양성에 최대의 위협이고 영양물질 부하의 주된 출처다. 만약 우리가 식량 문제에 제대로 대처하기만 한다면 안전한 운용 공간 내에서 행복을 누리기에 더없이 좋은 조건이 마련될 것이다.

현존하는 경작지만으로도 얼마든지 세계를 먹여 살릴 수 있음을 보여주는 증거는 많다. 이 점은 무척이나 중요하다. 지구에 남아 있는 자연 생태계의 복원력을 지켜야 할 필요가 있기 때문이다. 주지하듯이 이것이야말로 혁신을 촉구하는 최대의 인센티브다. 현재의 경작지에서 두 배의 효과를 거두는 새로운 녹색혁명이 필요해서다. 2050년에 90억~100억 명에 달하리라 추정되는 세계 인구를 먹여 살리려면 식량 생산량을 50~70퍼센트 늘려야 한다. 그야말로 새로운 녹색혁명이 요구되는 것이다. 그런데 새로운 녹색혁명은 기존의 경작지를 확장하지 않고 이뤄져야 하므로 진정한 '녹색'혁명이 되지 않으면 안 된다. 그뿐만 아니라 새로운 녹색혁명은 과학기술과 농업제도에서의 획기적인 발전을 요청한다. 우리는 지속가능한 농경을 통해 작물이 점점 더 잦아지는 가뭄, 홍수, 건조기 같은 기상이변에 한층 더 복원력 있도록 만드는가 하면 다른 한편 생산량도 획기적으로 늘려야 한다. 미네소타 대학의 조너선 폴리가 주도적인 과학자 집단과 함께 진행한 평가는 최근 생산 가능한 양과 실제로 생산하는 양 간의 간격을 좁힘으로써 현재의 농경지만으로 인류를 먹여 살릴 수 있다는 결론에 도달했다. 이것은 가령 아프리카 같은 장소에서는 앞으로 어떻게 해볼 여지가 무궁무진하다는 것을 말해준다. 아프리카에서는 현재 옥수수나 기장 같은 주식의 생산량이 1헥타르당 1톤에 불과하지만 향후 3~5톤까지 끌어올릴 수 있다. 우리는 이 일에 성공하려면 정밀농업(precision farming), 보존농업(conservation agriculture), 식이 개선, 음식물 쓰레기 줄이기(음식물의 무려 25~30퍼센트가 쓰레기로 버려진다) 등 대대적인 농업 혁신이 필요하다고 결론 내렸다. 능히 해낼 수 있다. 다만 문제는 기후, 물, 화학물질, 영양물질과 관련하여 지속가능한 방식으로 그 일에 성공할 수 있느냐, 그리고 질병이나 기후의 충격에 대처하는 복원력 있는 농업체제를 구축할 수 있느냐다.

이 점과 관련해서는 현대의 생명공학이 중요한 역할을 담당한다. 야생종이나 그에 상응하는 재래종에 퍼뜨리지 않으면서 건강하고 복원력 있고 지속가능하고 생산적인 식량 작물이나 종들에 유전자를 결합하는 기술이 그 해법의 골자다. 여기에서 우리는 기업 의존성을 낳고 불투명한 부작용을 수반하는 유전자조작유기체(Genetically Modified Organism, GMO) 제1세대로부터 지속가능하고 생산성 높은 식량(곡물에서 어류에 이르는)을 생산하는 시대로 옮아갈 수 있는 가능성을 본다. 엄격한 정부의 규제를 받는 투명한 공공부문 과학이 현대 생명공학을 지원하는 데 핵심 역할을 맡고 있다. 급속도로 불어나는 세계 인구에게 영양가 높은 식량을 제공하면서도 자연 생태계와 조화를 이루는 다년생곡물을 개발하는 것이 그 일례가 될 수 있다.

순환경제로의 전환

일방향적 기업 모델에서는 인간이 자원과 생태계를 이용하여 재화와 서비스를 만들어내고 소비한 다음 폐기하는데, 이제 이 같은 모델은 더 이

아프리카에서 정치적, 사회적으로 가장 안정된 국가들 가운데 하나인 카메룬의 야운데(Yaoundé) 시가 번영하는 미래라는 비전을 구현하고 있는 중이다.

상 쓸모가 없다. 대개 이러한 과정은 에너지 유출과 가치사슬에 따른 환경유량(environmental flows)이 포함되어 있어서 다양한 수준의 환경오염과 환경악화를 초래한다. 이제 우리는 상이한 제품을 생산하는 데 관여하는 온갖 자본들(사회자본, 자연자본, 금융자본, 물적 자본)이 경제 내에서 재순환하고 미래세대의 재화와 서비스를 만드는 데 다시 쓰이는 순환경제 체제를 구축해야 한다. 에른스트 폰 바이츠제커(Ernst von Weizsäcker)와 그의 동료들은 2009년에 출간한 책 《5배: 자원 생산성 80퍼센트 개선으로 세계경제 전환하기(Factor 5: Transforming the Global Economy through 80 Percent Improvements in Resource Productivity)》에서 생산 시 자원과 생태계 구성요소의 대부분을 재순환한다면 자원 효율성을 5배 끌어 올릴 수 있다고 주장했다. 이것은 새로운 경제 발전 논리, 즉 지구 한계 내 성장을 향한 지난한 길로 세계를 안내할 것이다.

고전적인 예는 레이 앤더슨(Ray Anderson)이 자신의 카펫 타일 회사, 인터페이스(Interface)에서 구현하고자 한 순환기업 전략이다. 지난 25년 동안 칼헨리크 로버트(Karl-Henrik Robert)가 이끄는 팀이 개발한 내추럴스텝(Natural Step: 1989년 스웨덴에서 창립한 비영리·비정부 기구—옮긴이)의 접근법에 자극받은 앤더슨은 배출량 제로 생산 시스템, 물발자국·생태발자국의 대폭 감소, 높은 재활용률 따위를 도입하여 자신이 이끄는 기업을 탈바꿈시킴으로써 결국 더 많은 이윤을 낳을 수 있었다. 그의 전략은 카펫을 판매하는 것이 아니라 자신이 생산한 제품에 대해 끝까지 책임을 짐으로써 고객과의 관계를 판매하는 것이었다. 지금은 그 밖에도 무수한 예들이 존재하며 앞으로도 더 많은 예들이 등장할 것이다. 엘런 맥아더 재단(Ellen McArthur Foundation)은 최근 순환기업 모델로 옮아가면 기업이 이득을 얻게 된다는 것을 보여주는 증거를 다수 제시했다. 예를 들어 그들은 기업이 휴대전화를 좀더 분해하기 쉽게 생산하고, 역(逆)생산 공정을 개선하고, 휴대전화를 되돌려주는 데 따른 인센티브를 제공한다면 재제조 비용을 50퍼센트 정도 절감할 수 있다고 말했다.

복원력 있는 도시의 건설

우리가 곧 만나게 될 세상에서는 총인구의 70퍼센트가 도시에서 살아갈 것이다. 따라서 도시 환경을 살 만하고 지속가능하고 충격이나 스트레스로부터 복원력이 있게끔 만드는 것이야말로 세계가 해결해야 할 중대과제들 가운데 하나다. 다행히도 우리는 에너지와 물질 사용의 효율성을 극대화하고 복원력과 삶의 질에 초점을 맞추어 도시 경관을 새롭게 디자인함으로써 이 일을 해낼 수 있다.

"잘 설계된 도시는 상대적으로 좁은 장소에 더 많은 인구를 지속가능한 방식으로 수용함으로써 삶의 질을 개선하고 자원 효율성을 높이고 더 많은 천혜의 자연지대를 보존할 수 있다." 유엔 사무총장 반기문은 2012년도 《유엔 도시 생물다양성 개관(UN Cities Biodiversity Outlook)》의 서문에 이렇게 적었다. 통념과 달리 시카고, 멕시코시티, 싱가포르, 케이프타운 같은 도시들은 실제로 풍부한 생물다양성을 자랑한다. 그 도심지들 역시 창의성, 혁신, 학습의 장소다. "전례 없는 도시화의 물결 속에서 생물다양성을 보존한다는 전 지구적 과제를 해결하려면 반드시 이 같은 특성들을 조성해야만 한다." 스톡홀름복원력센터에서 일하는 우리의 동료 토마스 엘름크비스트(Thomas Elmqvist)와 그의 공저자들은 이렇게 썼다.

지속가능하고 복원력 있는 도시에 투자하는 것이야말로 미래의 부를 창출하고 지구 한계 내에서 번영을 구가하는 최선의 방법이다. 그런데 기회도 많지만 풀어야 할 숙제는 훨씬 더 많다. 급성장하는 메가시티들과 도심지들 가운데 일부는 세계에서 가장 가난한 지역에 들어서 있는데, 이러한 곳에서는 효과적인 거버넌스를 찾아보기 어렵고 도시의 성장이 수용 능력을 넘어서는 빠른 속도로 뒤죽박죽 이루어지고 있다. 하지만 그 밖의 일부 도시들은 '환경친화적인' 하부구조 개발, 대중교통에 대한 집중 투자, 효율적인 쓰레기 재활용, 재생 에너지 개발 권장, 자동차 공유(car-sharing) 장려, 최대한 자연적인 빛의 원천 활용하기 따위를 통해 변화가 가능하다는 것을 보여준다. 유엔의 연구는 코펜하겐의 베스터브로(Vesterbro) 지역, 런던의 베딩턴 제로 에너지 개발(Beddington Zero Energy Development) 프로젝트, 독일 프라이부르크(Freiburg im Breisgau)의 바우반(Vauban) 지역, 네덜란드 퀼렘보르흐(Culemborg)의 이바 랭스미어(Eva Lanxmeer) 지구 등을 환경친화적인 도시지역의 예로 꼽고 있다. 유엔 연구의 설명에 따르면 이곳들은 탄소중립(carbon neutral: 개인이나 기업·단체가 배출한 온실가스를 식목·대체 에너지에의 투자 등 상쇄 방안을 통해 재흡수함으로써 실질 배출량을 '제로'로 만드는 것—옮긴이) 지역으로 설계되었으며, 생태시민의식(eco-citizenship) 개념을 촉구하여 시민들로 하여금 환경을 보호함으로써 스스로의 안녕을 개선하도록 장려한다.

지속가능한 운송

이제 우리는 대규모의 순환 고속도로망과 대중교통에 투자함으로써 지속가능한 운송 체계를 구축할 수 있다는 것을 알고 있다. 코펜하겐, 암스테르담, 미국 오리건주의 포틀랜드 같은 도시들은 수년 동안 자전거 타기에 더없이 좋은 도시로 꾸려졌다. 최근에는 그 목록에 부상하는 남반구 도시들도 가세했다. 콜롬비아의 보고타는 시장 엔리케 페날로사(Enrique Peñalosa)의 선견지명 있는 통찰에 힘입어 큰 혜택을 누렸다. 그는 보고타 시에서 1998년 대중교통과 자전거 타기를 확대하기 위한 노력에 착수했다. 그 결과 이제는 300킬로미터에 이르는 자전거 전용도로가 슬럼 지역이 포함된 도시 외곽 지역과 도심지를 이어주고 있다. 자전거 사용량은 그 운동이 처음 시작된 이래 다섯 배나 늘었다. 도시 거주민의 절반이 정기적으로 대중교통을 이용하는 뉴델리는 2001년에서 2003년 사이 버스에 사용되는 연료를 천연가스로 대체하여 이산화탄소를 비롯한 오염물질의 배출을 줄일 수 있었다. 1999년에 시작된 방콕의 대규모 고가 수송 제도 스카이트레인(Skytrain)은 오늘날 매일 60만 명의 승객을 실어 나른다. 방콕 시는 2017년을 목표로 그 제도를 더욱 확장할 계획이다. 대한민국 서울의 통근자들은 버스와 택시에 같은 교통카드를 이용할 수 있어 나날의 출퇴근이 한결 수월해졌다. 싱가포르에서도 정부 관리들이 자가 운송 수단보다 대중교통을 이용하게끔 유도하려고 상당한 투자를 해왔다.

창의성 촉발하기

'제2의 기계시대(The Second Machine Age)'—MIT의 에릭 브린욜프슨(Erik Brynjolfsson)과 앤드루 맥아피(Andrew McAfee)가 오늘날과 같은 기술혁신 시대에 붙여준 이름—의 혜택을 누리려면 혁신과 변화를 관리하는 새로운 패러다임이 필요하다. 혁신을 '관리하다(manage)'니 어쩐지 앞뒤가 맞지 않는 것처럼 들릴지 모르겠다. 변화를 제어하는 규제 같은 기제는 흔히 혁신을 가로막는 것으로 치부되니 말이다. 그러나 우리는 그 정반대를 주장하고 있다. 즉 혁신이나 성장과 관련해 지구 한계를 정하면 창의성을 죽이기보다 훨씬 더 많은 창의성을 촉발할 수 있다고 말이다.

사실 현대 기업의 역사에서 볼 수 있는 온갖 복잡한 신기술들은 결국에 가서 반동효과를 낳았다. 즉 단기적으로는 효율성이 증가하지만 끝내는 지구에 부정적인 영향력을 끼쳤던 것이다. 우리 모두는 그와 관련한 고전적인 예들을 잘 알고 있다. 1980년대의 냉장고 기술은 에너지 효율과 관련하여 '무어의 법칙' 비슷한 도약을 여러 차례 일궈냈다. 그 결과 에어컨도 냉장고도 가격이 싸졌을 뿐 아니라 에너지 효율도 크게 향상되었다. 인간에게도 지구에게도 누이 좋고 매부 좋은 상황이었다. 혹은 우리는 그렇다고 생각했다. 하지만 이러한 진척이 낳은 전반적인 효과는 냉장고 크기를 15퍼센트 정도 키워놓고 냉장고 생산을 1995년의 세 배 이상 늘려놓았다는 것이다. 결국 우리는 에너지 효율을 통해 절감한 부분을 절대적인 에너지 사용량의 증가로 상쇄해버리고 말았다.

안타깝게도 이러한 반동효과는 기본적으로 어디에나, 심지어 지속가능한 기술의 총아인 의사소통 기술에도 해당된다. 이동통신 혁명과 디지털 혁명은 우리를 새로운 세계로 안내했다. 부유한 소수가 독백 형식의 외선 시스템을 통해 의사소통하던 시대에서 오늘날과 같이 세계 각지의 사람들이 40억 대의 휴대전화를 이용하는 시대로 급선회한 것이다(휴대전화 중에서도 1980년대 초의 슈퍼컴퓨터보다 강력한 처리 능력을 지닌 스마트폰의 사용자는 10억 명을 헤아린다). 이러한 혁명은 모두가 이동을 줄이고 의사소통의 효율성을 개선함으로써 좀더 지속가능하게 살아갈 수 있다는 것을 의미한다. 하지만 우리는 2012년에서 2013년 사이 휴대전화 수가 40퍼센트나 증가한 세상에서 살아가면서도 향후 최소 한 해 걸러 한 번씩 휴대전화를 바꿀 것으로 예상된다.

이것은 지금 경험하고 있는 기술혁명을 받아들이되 거기에 적절하게 관여할 필요가 있음을 말해준다. **급증하는 기술에 대해서는 반드시 그것이 작동하도록 허용되는 절대 한계치를 설정해야 한다. 한마디로 풍요는 지구 한계의 안전한 운용 공간 내에서 추구해야만 하는 것이다.**

기술에 관여하면 혁신이 저해될까? 우리는 그렇다고 생각하지 않는다. 외려 혁신이 촉발된다고 본다. 하지만 이것은 일반적으로는 시비논란이 분분한 사안으로 여겨진다. 많은 이들, 특히 자유주의 경제학자들은 그 어떤 유의 규제든 기업가정신을 가로막고 그에 따라 기업의 발달과 경제성장을 저해하는 것으로 간주한다. 우리는 이것이 환경에 해를 입히는 것과 분명하게 연관된, 따라서 장기적으로 번영을 누릴 기회를 앗아가는 영역에는 해당되지 않는다고 본다. 경험적 증거에 따르면 환경 이슈에 관한 엄격한 규제는 혁신을 촉발할 뿐 아니라 심지어 비용을 줄여주기까지 한다. 자동차의 촉매 변환 장치나 프레온을 사용하지 않는 오늘날의 냉각시스템, 생물군계 기반의 냉난방 기술 따위를 떠올려보라. 이 사례들은 모두 엄격한 환경 규제를 받으면서 급격한 변화를 일궈낸 기술들이다.

에너지, 식량, 건강, 도시개발 영역에서의 기술적 풍요를 촉발하는 최선의 방책은 무엇일까? 그것은 장기적이고 야심 찬 정치적 목표를 설정하고, 그 목표에 (지속가능성의 필요조건을 충당하기 위한 혁신과제들의 한계조건을 제공하는) 인센티브 기반의 정책과 규제들을 결합하는 것이다. 결국 그것은

남성들이 베트남 하노이 하노이클럽 호텔의 골프장 근처에서 골퍼들이 잃어버린 골프공을 낚시질하고 있다. 진짜 고기잡이보다 벌이가 더 쏠쏠하다.

지속가능한 지구 관리를 위한 혁신기술 촉발 경쟁으로 귀결된다. 최초의 우주여행 상업화를 추구한 엑스프라이즈(XPRIZE)가 비근한 예일 것이다. 이렇게 되면 건강, 서비스, 생활양식뿐 아니라 유한한 생물리적 지구 한계 예산 내에 머무는 것과 관련해서도 비약적인 발전을 이룰 수 있다.

정책

혁신, 기술, 협동 그리고 보편적 가치가 어우러져서 세계 공동체가 안정되고 복원력 있는 지구와 함께 발전하도록 촉구하는 패러다임, 이 새로운 패러다임을 만들어내려면 무엇이 필요할까? 우리는 다음에서 광범위한 일련의 정책들을 살펴보려 한다.

1. 안전한 운용 공간에 관한 전 지구적 규제: (생물다양성 손실 제로화, 지구온난화의 위험한계 섭씨 2도 이하로 유지하기 등) 과학을 기반으로 규정한 세계 발전의 지구 지속가능성 기준을 토대로 한다.
2. 지구상에 남아 있는 생물리적 공간의 평등한 공유에 관한 범지구적 합의: 여기에는 유한한 탄소 예산, 토지 예산, 질소·인 예산, 담수 예산에 대한 책임을 공유하고 남아 있는 중요한 숲 시스템을 보호하고 생물다양성 손실을 그만 멈추자는 데 대한 합의가 포함된다.
3. 국제 탄소 가격 부여하기: 이산화탄소 톤당 최소 50유로(60달러).
4. '아래로부터의' 동맹, 맹세, 시민운동, 적극적 행동주의에서부터 '위로부터의' 거버넌스, 전 세계 국가와 지역 간의 제도적 통합에 이르기까지 정책이나 거버넌스의 구축 방안이 무척이나 다양하다는 점 고려하기.

5. 성장과 진보의 새로운 기준을 규정하기 위한 'GDP 넘어서기': 이는 진보를 측정하기 위한 새로운 기준인 '환경친화적' 경제성장 개념을 기반으로 한다.
6. 역량 개발에 집중 투자하기: 여기에는 세계의 여러 개발도상국에 적극적으로 기술을 이전하는 것, '제2의 기계시대'를 본격화하기 위해 적극적으로 자금을 투자하는 것 따위가 포함된다.

마침내 이론과 실천 양면에서 소규모가 아니라 대규모로 이 같은 조치들을 취할 시기가 무르익었다. 게다가 우리는 혼자가 아니다. 점점 더 많은 기업 지도자들, 정책 입안자들, 일반 시민들이 세계는 이제 수용불가능한 위험에 직면해 있으며, 지구 지속가능성이라는 기준에 비추어 발전을 이룰 방안을 찾아내야 한다는 동일한 결론에 이르렀다. 예를 들어 거대 다국적기업의 최고 CEO들 거개는 이제 탄소에 가격을 부과하자는 주장을, 그 가격이 국제적이고 예측 가능한 것이기만 하다면 기꺼이 받아들인다. 이와 비슷하게 수많은 정책 입안자들 또한 더는 GDP를 경제 진보의 유일한 척도로 삼지 않으며, 총생태계생산(Gross Ecosystem Product, GEP) 같은 대안적 기준을 추구하는 중국 등을 따르려 하고 있다. GEP는 GDP와 유사하지만 자연자본의 저량과 유량의 증감을 반영한 지표다. 이 사례들은 우리가 지난 4~5년 동안 지구의 환경적 위험에 대해 들려주면서 일궈낸 중요한 진척들 가운데 일부에 불과하다. 그동안 논의의 주제는 부담을 공유하거나 축소하자는 것, 즉 보호와 규제에 관한 것에서 벗어나 부담을 최소화하고 이익을 창출하자는 것, 그리고 안전한 지구의 운용 공간 내에서 인류 번영을 이끌어갈 현대적 고기술 해법을 개발하자는 것으로 서서히 달라졌다.

3부 지속가능한 해결책들

그것은 아마도 내 직업 인생을 통틀어 가장 혹독한 시기였을 것이다. 2009년 7월 말, 스톡홀름에서 북쪽으로 약 650킬로미터 떨어진 아름다운 스키장 아레(Åre)에서 막 환경회의가 열릴 참이었다. 각국 환경장관들뿐 아니라 산업장관 같은 정부 부처 장관들이 모이는 자리였다. 유럽위원회(European Commission) 집행위원장 조제 바호주(José Barroso)도 참가할 예정이었다.

당시 나는 스웨덴에서 가장 영향력 있는 기후·환경 관련 정책 연구소 스톡홀름환경협회(Stockholm Environment Institute, SEI)를 이끌고 있었다. 스톡홀름환경협회는 비록 독립적인 연구기관이었지만 나는 스웨덴 정부가 기후 이슈에 관해 리더십을 발휘할 수 있도록 적극 지원하고 싶었다. 그래서 아레 회의를 앞두고 코펜하겐에 있는 유럽환경청(European Environment Agency, EEA)의 청장 재클린 맥글레이드(Jacqueline McGlade)와 함께 스웨덴 최대 일간지 〈오늘의 뉴스(Dagens Nyheter)〉에 기고문을 발표했다.

그 글에서 나는 맥글레이드와 함께 기후 이슈에 관한 정치적 리더십은 필히 과학을 기반으로 해야 한다고 주장했다. 정치인들은 과학과 타협하려는 경향이 있고 기후 변화 이슈도 예외가 아니었다. 우리의 지구 한계 분석 연구를 포함하여 여러 연구들이 말해주듯이, 세계가 심각한 지구 온난화의 피해를 막으려면 대기중의 이산화탄소 농도를 350ppm 이하 수준으로 묶어둘 필요가 있다. 일부 정치인들은 설사 이산화탄소 농도가 450ppm까지 올라간다 해도 안전하다고 주장했다. 그렇게 되어도 평균 지구 기온이 불과 섭씨 2도 정도밖에 상승하지 않으며, 그리 나쁜 결과를 초래하지는 않으리라는 가정을 근거로 한 주장이었다. 하지만 실제로 450ppm과 섭씨 2도 상승이 서로 관련된다거나 섭씨 2도 상승이 안전하다고 말해주는 과학적 증거는 어디에도 없다. 반면 섭씨 2도 상승은 치러야 할 대가가 너무 크고 위험할뿐더러 파괴적인 티핑 포인트를 건드릴 소지마저 있다고 말해주는 증거는 숱하게 많다. 맥글레이드와 나는 기고문에서 이 점을 지적했다.

그런데 글에서 조제 바호주의 말을 인용한 게 화근이었다. 그 몇 달 전 그는 "과학이 우리에게 들려주는 바"라면서 450ppm이라는 수치를 옹호했다. 우리는 다만 그 수치와 관련해서는 과학적 불확실성이 대단히 크고, 좀더 안전하고자 한다면 목표치를 낮추는 편이 옳다고 지적했을 뿐이다. 우리의 글이 신문에 실린 것은 막 아래 회의가 시작되기 전이었다. 불같이 성이 난 바호주가 가로막고 나섰다. 그는 "자신의 수하인" 유럽환경청 청장이 기고한 스웨덴 신문 기사에 대체 무슨 내용이 실려 있는 거냐고 다그쳤다. 그는 그 기사가 영어로 번역될 때까지 회의를 연기하자고 요청했다.

기사의 전체 맥락을 알게 된 바호주는 격분했다. 한편 맥글레이드는 나에게 전화를 걸어서 우리가 왜 바호주의 인용구를 상세히 검토하지 않았던 거냐고 물었다. 그녀의 미디어 담당자들이 전반적인 기사 내용을 승인하기는 했지만, 내가 그 인용구에 대해 그녀에게 구체적으로 의견을 구하지 않았다는 사실은 인정할 수밖에 없었다. 아레 회의는 맥클레이드가 조작질에 놀아나서 그 기사에 서명했노라고 공식 해명하고서야 비로소 열릴 수 있었다(그녀는 나중에 바호주에게 편지를 써서 인용구에 대해서는 유감이지만 기사 내용은 과학적으로 올바르다고 말했다).

당시 나는 그 사건으로 커다란 충격을 받았다. 하지만 그 일을 겪으면서 과학자는 과학에 충실해야 하며, 과학과 타협하거나 과학이 정치에 아부하도록 만들어서는 안 된다는 중요한 깨달음을 얻었다. 그로 빚어진 소동에 대해 아직도 앙금이 말끔하게 가신 것은 아니지만, 기사 내용에는 일말의 후회도 없다. 우리의 역할이란 사실에 대해 이야기하는 것이지 정치적으로 가능하다 싶은 것만 편들어 주는 것은 아니지 않는가. 과학을 핑계로 부적절한 행동을 일삼는 짓은 결코 받아들일 수 없다.

과학이 필요하다고 말하는 것과 정치가 가능하다고 주장하는 것 간의 간격은 점점 더 벌어지고 있다. 그 이유는 정치인들이 지속가능성이라는 야심 찬 목적을 추구하면 경제성장이 위협받을지 몰라 두려워하기 때문이라고 생각한다. 그런데 과연 우리가 그러한 두려움을 두둔할 필요가 있을까? 그들의 두려움과 달리 각종 세금 같은 환경정책은 실제로 혁신과 새로운 성장을 자극한다. 예를 들어 스웨덴은 탄소세(carbon tax)—이산화탄소 톤당 대략 100유로로 세계에서 가장 높다—를 거둬들이지만 그 일로 스웨덴 경제가 결딴났다는 소리는 들어보지 못했다. 탄소세는 도리어 경제성장과 녹색 기술혁신을 독려했다.

이어지는 장들에서 다루겠지만, 인류는 과학 기반의 목표를 달성하기 위해 안전한 운용 공간 내에서 자연 기반의 해법과 혁신을 촉발해야 한다는 원대한 과제를 떠안았다. 이러한 목표를 이루려면 지구 차원에서 새로운 형태의 거버넌스가 필요할지도 모르겠다. 또한 지구의 복원력 강화를 기반으로 우리의 진보를 측정하는 새로운 도구를 마련해야 한다. 그러나 분명히 말하지만, 그 목표를 달성하려면 그것이 새롭고도 획기적인 기술, 즉 지속가능한 공동의 미래로 나아가는 길을 열어주는 기발하고 멋지고 유용한 아이디어를 개발하고자 하는 유인으로 여겨지게끔 만들어야 한다.

7

스튜어드십을 다시 생각하다

오늘날 환경 스튜어드십(environmental stewardship)에 관해 논의한다는 것은 어떤 의미일까? 만약 수십 억 명이 행하는 나날의 활동으로 지구의 기본적 기능이 약화한다면 우리는 지구를 어떻게 보호해야 할까?

니제르(아프리카 중서부의 공화국—옮긴이) 남서부에 사는 늙은 농부 무스타파 아마두(Moustapha Amadou)에게 물어보라. 그가 사는 곳에서는 이제 생명을 살리는 여름비가 과거보다 늦게, 어느 때는 몇 주나 더 늦게 내린다. 아마두는 니제르의 수도 니아메(Niamey)에서 북쪽으로 100킬로미터가량 떨어진 작은 마을 사마데(Samadey)의 사헬지대 가장자리에서 살아간다. 지난 20년 동안 그 지역 농부들은 자신들이 목격하고 있는 바에 대해 날로 걱정스러워졌다. 원래도 변화무쌍하던 강수 패턴이 한층 더 널을 뛰고 있기 때문이다. 그들은 뭔가가 변하고 있으며 그 속도가 무척이나 빠르다

르완다에 사는 이 소년에게 미래는 과연 어떤 모습일까? 지속가능한 해결책은 그와 그가 속한 세대에게 빈곤을 완화하는 최선의 기회를 제공할 것이다. 지구 한계 내에서 지속가능한 식량 체제를 구축하는 것과 관련해 가장 중요한 과제란 자연 생태계를 침범하면서 농경지를 늘려가던 시대는 끝났음을 인식하는 것이다. 이제 우리는 지금의 농경지만 가지고도 인류를 먹여 살릴 수 있어야 한다. 그러려면 지속가능한 집중화가 요구된다. 이는 다시 첨단과학과 토착과학을 접목한 대대적인 혁신을 필요로 한다.

는 것을 실감하고 있다.

6월에 최초의 폭우가 쏟아지고 나면 사마데 주위의 초원에서는 따뜻하고 달콤한 열대과일 냄새가 났다. 먼지 풀썩이는 회색 들판이 촉촉한 갈색 풍경으로 달라졌다. 아이들은 마을 중앙에 자리한 물 고인 저지대에서 첨벙거리며 놀았다. 그들의 몸과 마음은 건기에서 벗어나 우기에 맞추어졌다. 그들의 공동체에는 축복받은 느낌, 새로운 계절을 반기는 분위기가 감돌았다.

아마두는 다른 무엇보다 먼저 비가 밭의 땅을 최소 손 길이만큼 적셨는지부터 확인한다. 오직 그렇게 한 연후에야 헤아릴 수 없이 오랜 세대가 해오던 관행대로 길고도 배고픈 건기 동안 보관해둔 기장 씨의 파종기가 다가왔는지 여부를 가늠한다.

아마두의 눈에는 어쩐지 상황이 제대로 돌아가는 것 같지 않다. 무엇보다 최초의 비가 왔는데도 저지대가 그만큼 흠뻑 적셔지지 않은 것이다. 마을을 에워싼 땅이 최소 처음 4~5회에 해당하는 비를 흡수해야 손으로 60미터가량 깊이 판 마을 우물이 채워진다. 마을 사람들은 지난 여덟 달 동안의 건기 내내 우물에서 귀하디귀한 담수를 얻었다. 그러던 중 얼마 전부터 평상시보다 비가 더 세차게 내리기 시작했다. 그런데 비는 모든 농부들이 바라는 대로 대지를 촉촉하게 적시는 식이 아니라 억수같이 퍼부으면서 대지가 씻기고 침식을 부추겨 농부들을 두려움에 떨게 했다. 새로운 골칫거리로 떠오른 것이다.

지구가 점차 따뜻해지면 강수 패턴만 달라지는 게 아니다. 느닷없는 폭우, 홍수, 열파, 가뭄, 들불을 몰고 올 가능성도 커진다. 이러한 환경에서는 아마두 같은 소농들이 제 지역의 환경을 관리하는 것만으로는 더 이상 충분치가 못하다. 누구나 마찬가지이듯이 그 역시 지구의 스튜어드가 되는 법을 익혀야만 한다.

그렇다면 지구의 스튜어드가 된다는 것은 정확히 무슨 의미일까? 우리는 어떻게 그것을 이룰 수 있는가? 거기에는 자연자원을 우리에게 유리하도록 이용하는 것을 기반으로 한 생활양식에서 지구의 복원력 강화를 기반으로 한 생활양식으로 급격하게 전환하는 것도 포함된다. 아마두 같은 농부이든, 상하이의 공장 노동자이든, 인도네시아의 어부이든, 아이오와주 디모인 시의 점주이든 간에 우리 모두는 자신의 행복과 번영을 위해 호수, 숲, 폭포, 바다, 빙하가 온전히 제 기능을 발휘하는 상태에 의존한다. 우리가 얼마나 현대화되었든 자연세계에서 얼마나 멀어졌든 간에 우리를 둘러싼 모든 생태계가 제대로 굴러가지 않으면 아무도 살아갈 수 없는 것이다.

아마두 같은 농부들은 대다수 도시민들보다 한발 더 앞서 있다. 그의 생계가 변화무쌍한 지역 날씨에 직접적으로 좌우되기 때문이다. 남은 우리에게 주어진 숙제는 우리의 삶 또한 전체 기후 시스템뿐 아니라 강 유역, 빙하나 숲 같은 거대 생물군계를 지속가능하도록 관리하는 데 달려 있음을 깨닫는 것이다. 사마데의 강수는 우리가 지구의 생태계와 기후를 관리하는 방법과 복잡하게 얽혀 있다.

새로운 게임의 규칙

지구 한계의 안전한 운용 공간 내에서 모두를 위한 윤택한 미래를 추구하는 것, 우리가 마주하고 있는 이 숙제는 세계적 차원과 지역적 차원 모두에서 거버넌스와 관련하여 새롭고도 대담한 전략을 촉구한다. 제도, 집행기관, 국제 사법제도, 국가 간 협업, 새로운 무역질서, 지구 차원의 변화를 요구하는 데 따른 세계적 규정 등 '위로부터' 권력을 동원하는 것만으로는 충분치 않다. '아래로부터'의 풀뿌리 활동가, 지역사회 관리자, 기업 혁신가, 교육 실험가, 지역 차원에서 재능을 발휘하는 공공부문·민간부문의 조직가 들만으로도 충분치 않기는 마찬가지다. 우리에게는 두 가지 접근법이 모두 필요하다. 두 가지가 서로 연결되고 협업할 수 있도록 이끌어야 한다.

다행히도 두 전략은 서로를 밀어줄 수 있다. '위로부터'의 흐름은 '아래로부터'의 흐름을 창의적으로 북돋우며, 그 반대 역시 마찬가지다. 예를 들어 기업 지도자들이 거듭 촉구한 '위로부터'의 분명한 규칙은 아래쪽의 선명성을 낳아 그들이 지속가능하고 복원력 있는 기업 전략에 투자하도록 장려한다. 게임을 시작하기에 앞서 새로운 규칙을 정해야 한다.

세계가 요구하는 모종의 근원적 변화를 이루려면 무엇보다 지구 차원의 강화된 거버넌스 형태가 필요하다. 대다수 거주민들이 아직 발전과 관련한 온당한 권리를 주장조차 하지 않고 있는 세상에서 생태 공간을 어김없이 공정하게 분배하려면 강화된 국제 거버넌스가 필요하다. 지구 한계의 국제적 수호자들도 있어야 한다. '세계를 지배하고' 성장의 한계를 부과하기 위해서가 아니라 지구를 지금처럼 안정된 상태에서 결단코 벗어나지 못하도록 막기 위해서다.

하지만 현재의 상황은 이와 거리가 멀다. 실제로 세계의 지도자들은 여전히 지구 시스템을 위한 거버넌스의 필요성에 회의적이다. 그러나 게임이 달라졌다. 더 이상 지구 차원에서 수지를 맞출 필요가 있니 없니 입씨

름하고 있을 처지가 아니다. 전반적인 지구의 탄소예산, 혹은 토지예산, 혹은 담수예산 내에 머물 수 있을지 여부를 논의할 여력도 없다. 이제 파괴적인 티핑 포인트를 넘어서는 위험을 알아차린 만큼, 지구 지속가능성이라는 목표를 달성하기 위해 역량을 강화해야 한다.

지난 40년간 900건 이상의 환경 조약에 서명한 전 세계 남녀의 엄청난 노력과 선의에도 불구하고 우리는 여전히 잘못된 방향을 걷고 있다. 현대의 경제 발전을 이끌어갈 강제력 띤 범지구적 거버넌스가 시급한데, 아직껏 그것을 고민할 기구조차 마련하지 못한 것이다. 자국의 이익을 추구하는 각국이 세계적으로 환경의 변화곡선을 한사코 부정적인 방향으로 끌고 가는 오늘날, '공유지의 비극〔tragedy of the commons: 개럿 하딘(Garrett Hardin)이 고안한 개념으로, 지하자원·초원·공기·호수에 있는 물고기와 같이 공동체의 구성원 모두가 사용해야 할 자원은 사적 이익을 추구하는 시장의 기능에 맡겨두면 당 세대에 모두 남용하여 고갈될 위험이 있으므로 국가가 관여하거나 이해당사자들이 모여 일정한 합의를 통해 이용권을 제한하는 제도를 설립해야 한다—옮긴이〕'이 그 어느 때보다 강조되고 있다. 공유지의 비극에 따르면, 사람들은 본디 이기적이지만 게임의 규칙이 주어지면 '합리적인' 행동을 통해 공유자원을 소비한다.

낡은 접근법은 이제 쓸모가 없다. 인류가 주어지는 압박을 완화할 지구의 능력을 최대치로 써먹고 있는 인류세에서는 한 나라의 지속불가능한 성장이 또 다른 나라에는 성장에 대한 위협으로 작용한다. 우리는 세계에 산적한 환경적 위협들을 10~20년 전과는 다른 방식으로 다룬다. 지구 차원의 과제는 지구적 해법을 요구한다. 이제 지역, 국가, 지방 차원의 발전은 범지구적으로 합의된 지속가능한 한계와 목표에 따라 한도가 정해져야 한다. 환경과 발전에 관한 범지구적 거버넌스를 강화할 필요성이 커지는 것이 바로 이 때문이다. 강력한 지구 차원의 거버넌스를 구축해야만 지역적 행동과 혁신을 밀어줄 수 있는 것이다.

하지만 위에서 거버넌스를 강화하는 것이 아래에서 그것을 약화한다는 것을 뜻하지는 않는다. 반대로 사회를 아래와 위 양쪽에서 변화시켜 지속가능한 세계로 안내하는 유익한 과정에 이중적 압박을 가해야 한다. 우리의 접근법은 유엔 내에 다국 간 거버넌스를 강화하는 방식이 될 듯싶다. 예를 들어 유엔 환경계획(United Nations Environment Program, UNEP)은 세계무역기구(WTO)나 세계보건기구(WHO)처럼 전 지구 차원에서 규제 권한을 지니는 한편 지역의 공동체와 기업들에게 자율권을 부여하는 특수기구, 즉 유엔 환경기구(United Nations Environment Organization, UNEO)로 달라질 필요가 있다.

이 같은 업그레이드에 관해서는 몇 년 동안 논의가 이루어졌으며, 유엔 환경계획은 2012년 그 산하의 관리이사회에 보편적 회원제(universal membership)를 도입하여 좀더 안정적인 자금조달 체제를 갖춤으로써 그 방향으로 작은 발걸음을 내디뎠다. 우리는 이제 용기를 추스르고 범지구적 지속가능성을 추구하는 쪽으로 체계적인 변화를 실험해야 한다. 목표는 이를테면 지구 한계 같은 지구 지속가능성 기준에 관해 보편적인 합의를 이끌어내는 것이다. 이 기준은 인류 번영을 밀어주는 혁신, 실험, 학습, 실천에서의 커다란 변화를 도모하고, 안전한 지구 한계 내에 머물면서도 세계의 다른 동료시민들과 생태 공간을 공유하는 공정한 방법을 모색하는 목표에 비추어 감시, 보고, 집행될 것이다.

우리가 이러한 실천과 혁신의 내용을 규정하는 것은 아니다. 하지만 모든 국가, 기업, 공동체가 그 경기 규칙을 숙지하고 있는 분명하게 정의된 경기장이 시급하다는 것만큼은 분명하다. 우리는 국제 탄소세에서부터 지구 한계에 관한 국제적 합의에 이르는 일련의 새로운 규제 조치가 필요하리라 믿는다. 그리고 이러한 것들이 시장경제의 작용을 방해하거나 혁신과 기술적 도약을 억압할 거라고 생각지 않는다. 그와 반대로 시장이 사회적 구성체라는 것을 우리는 알고 있다. 시장은 가장 중요한 제 본연의 역할에 계속 집중하고 인간에게 행복을 제공하기 위해 늘 '도움의 손길'을 기다려왔다.

새로운 법규·규범·가치가 요청될 텐데, 모두가 복원력 있고 제대로 기능하는 지구 시스템에 대한 권리를 지닌다는 국제적 인식이 그 일례다. 집단적 행동을 강제하기 위해서는 효과적인 이행준수 체제도 필요하다. 우리에게는 '어젠다 21'처럼 자발적인 행동 계획을 기반으로 한 새로운 국제적 지속가능성 전략도 시급하다. 1992년 브라질 리우데자네이루에서 개최한 유엔 환경개발회의(UN Conference on Environment and Development, UNCED)의 성과물인 '어젠다 21'은 자연자원을 보존하면서 빈곤과 오염을 퇴치하는 지속가능한 방안을 지방정부, 주정부, 중앙정부에 제의했다.

여기에서 가장 핵심적인 조치는 유엔 새천년발전목표(UN Millennium Development Goals, MDGs)를 범지구적으로 합의된 '지속가능 발전 목표'로 바꾸는 노력을 지원해주는 것이다. 2000년 유엔 새천년정상회의의 결과로 도출된 여덟 가지 유엔 새천년발전목표는 지난 10년 동안 특히 빈곤과 기아로부터 벗어나려는 국제적 노력을 자극하고 수행하는 데에서 커다란 성공을 거두었다. 이제 우리는 또 다른 국면에 접어들고 있다. 안정된 지구의 안전한 운용 공간 내 발전이라는 개념을 기반으로 새로운 패러다임의 전반적 얼개를 이해하기 시작한 것이다.

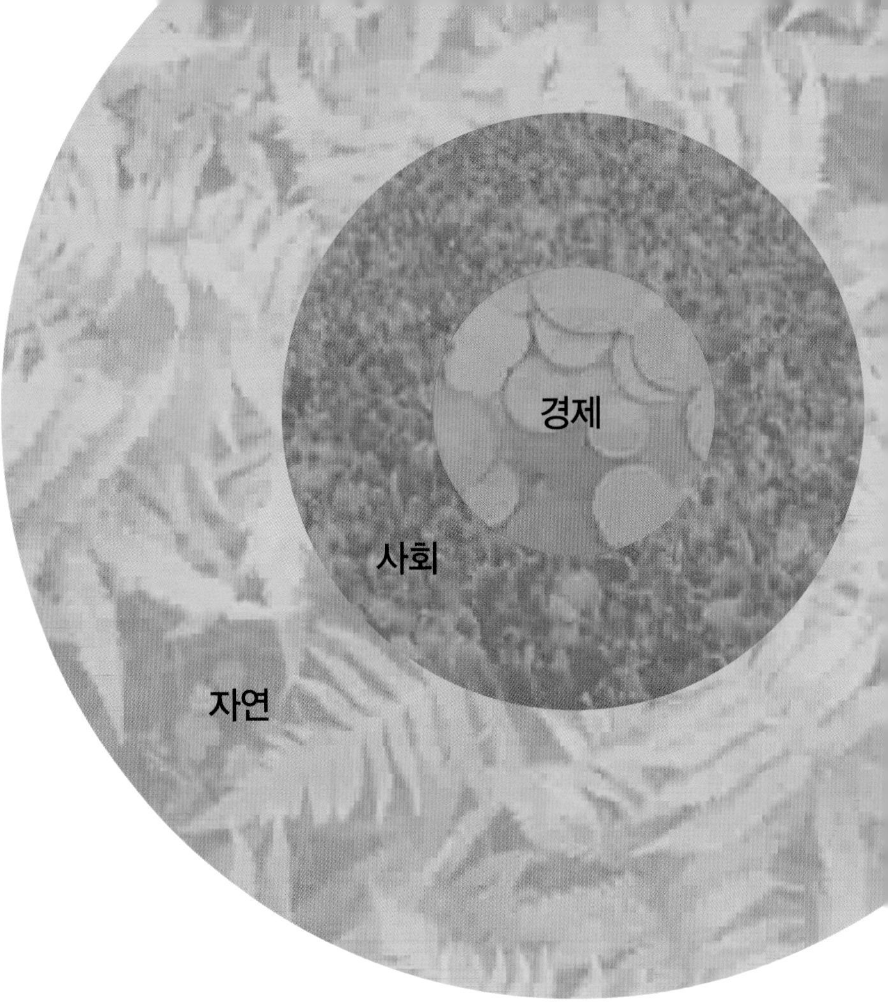

그림 7.1 **인류세의 지속가능 발전을 위한 새 패러다임으로의 전환**
빈곤·기아의 근절과 경제성장에 이르는 세계 발전의 열망을 이루려면 세계는 복원력 있고 안정된 지구 시스템의 안전하고 공정한 운용 공간 내에서 발전해야 한다. 즉 지구 한계 내에서 풍요를 구가해야 하는 것이다. 이것은 발전에 관한 새로운 패러다임을 요청한다. 지금처럼 자연자본과 사회자본의 희생을 전제로 경제 발전을 바라보고, 사회 발전·경제 발전·생태 발전을 더러 상호모순적이기도 한 별개의 부분들로 바라보는 접근법에서 탈피해야 한다는 것이다. 이제 우리는 경제가 사회에 이바지하고 사회는 지구의 안전한 운용 공간 내에서 발전한다고 보는 논리로 옮아가야 한다.

이러한 흐름은 반기문 유엔 사무총장이 이끄는 '지구 지속가능성 고위급 패널'과 더불어 시작되었다. 이 패널은 2012년 개최된 유엔 지구정상회의(리우+20)의 토대를 이루었다. 세계의 지도자들은 이제 지구 차원의 지속가능성이 빈곤 완화의 선결조건이며, 지구환경의 위험 증가가 미래 발전에 걸림돌이 될지도 모른다는 데 대해 처음으로 논의했다. '지속가능 발전 목표'의 초안을 제시한 유엔 공개작업반(Open Working Group, OWG)은 2013~2014년 이러한 통찰력을 좀더 가다듬었다. 이렇게 해서 최종 제안된 '지속가능 발전 목표'에는 실제 개략적인 지구 한계 내에서의 발전 어젠다가 담겼다.

가장 중요한 것으로 '지속가능 발전 목표'에는 인류를 위한 사회의 '최종단계(end game)'라 불릴 법한 일련의 야심 찬 목표가 실려 있다. 그 목표는 빈곤과 기아를 50퍼센트가량 줄이는 게 아니라 완전히 뿌리 뽑는 것이다. 새로운 어젠다는 모두를 위한 교육, 의료 서비스, 성 평등, 투명한 거버넌스를 구현하는 것과 관련된다. 제안된 열일곱 가지 목표, 그리고 150여 가지 세부 목표 가운데에는 기본적으로 아홉 가지 지구 한계를 모두 포괄하는 지구 지속가능성 목표가 들어 있다. 바다, 기후, 생태계, 담수에 관해서는 목표가 분명하다. 전반적으로 '지속가능 발전 목표'는 우리가 새로운 서사를 기반으로 한 발전 논리를 받아들이기 시작했음을 보여준다. 세계의 지도자들은 인류의 진보가 지구 복원력에 전적으로 의존한다는 사실을 인식하고 있다.

'지속가능 발전 목표'라는 통합적 논의틀은 지속가능한 발전과 관련하여 사회적, 경제적, 생태적 지속가능성을 세 가지 별개의 요소로 보는 낡은 접근법을 버리라고 요구한다. 대신 우리는 최근 오스트레일리아 국립대학의 데이비드 그리그스(David Griggs) 교수 연구팀이 과학논문에서 보여준 바와 같이 다중적 발전이라는 논의틀을 채택해야 한다. 이 새로운 틀에 따르면 경제는 사회에 기여하는 하나의 수단이고, 사회는 지구 한계의 안전한 운용 공간 내에서 발전을 도모한다.

사회적·정신적 티핑 포인트

정책 수립자들이 세계 차원의 거버넌스에 접근하는 새로운 방법을 찾아내고자 고심하고 있는 사이(현재까지 성과는 보잘것없다), 점점 더 많은 기업 지도자들은 '과거와 다름없는' 방식을 고수하는 것이 더 이상 선택지가 아님을 깨달았다. 최근까지는 너무나 많은 기업 중역들이 '환경 스튜어드십'이란 이윤 추구에 주력하는 핵심 사업을 녹색의식으로 번지르르하게 포장하는 것이라고 보는 시각에서 기업을 이끌어왔다. 이러한 피상적인 위장술은 연간 보고서와 성과물을 마치 '환경친화적인 양 홍보하는(green-wash)' 다양한 시도를 낳았다. 하지만 오늘날 우리는 변화를 목격하고 있다. 기업의 중역실은 인류세를 위협으로서가 아니라 미래 시장의 기회와 위험에 관한 전략적 '내부자' 정보로서, 즉 한마디로 핵심사업으로서 받아들이고 있는 것이다.

'지속가능한 발전을 위한 세계기업위원회(WBCSD)'가 작성한 보고서 《비전 2050》을 예로 들어보자. 《비전 2050》은 최근 '액션 2020' 전략이라는 이름으로 옷을 갈아입었다. 《비전 2050》은 2050년까지 지속가능성에 도달하기 위해 기업이 가야 할 길을 제시했다. 반면 '액션 2020'은 기업이 과학을 기반으로 한 탄소 예산 내에 머물고, 물 사용이나 영양물질 부하를 늘리지 않고도 현존하는 경작지만으로 농업 수확량을 높이고, 삼림벌채와 생물다양성 손실을 중단함으로써 안전한 운용 공간 내에서 진보를 이루기 위해 즉각적으로 '반드시' 실행해야 하는 일련의 행동들을 소개했다.

이와 비슷하게 '2050년까지의 셸 에너지 시나리오(Shell Energy Scenarios to 2050)'〔셸은 로얄더치셸(Royal Dutch Shell) 석유회사를 뜻한다—옮긴이〕는 '혁명적 전환(revolutionary transitions)'의 시대에 관해 기술하고 있다. 지구의 자원 부족 사태, 지구의 환경적 위험, 심상찮은 에너지 수요의 증가 등도 다룬다. 가장 최근에 나온 이 시나리오는 사회적 요구와 생태적 요구를 동시에 충족하는 지속가능한 에너지 미래의 '청사진'을 제시했다. 같은 맥락에서 네덜란드환경평가연구소와 스톡홀름복원력센터가 내놓은 '2050년을 목표로 올바른 노선에 들어서기(Getting into the Right lane for 2050)'는 유럽이 지속가능한 비전을 실현할 수 있는 가능성을 평가하고 있다. 또한 이 보고서는 유럽이 경제 발전을 도모하면서도 올바른 노선을 따를 수 있을지, 즉 기후·에너지·토지·생물다양성과 관련하여 안전한 운용 공간 내에 머물 수 있을지를 따진다.

하지만 지구 차원의 미래 지속가능성과 관련하여 가장 광범위한 비전을 담고 있는 것은 텔어스연구소(Tellus Institute)가 이끄는 '위대한 전환 이니셔티브(Great Transitions Initiative)'의 시나리오 분석이다. 지구 한계들 대부분을 다루고 있는 이 분석은 세계의 안전한 운용 공간 내에서 모두에게 공정한 미래를 제공한다는 것이 얼마나 지난한 일인지 보여준다. 인류는 지금의 발전 패러다임을 따르는 정책들 가운데 가장 야심 차고 낙관적인 것을 이행한다 해도 모든 지구 한계에서 안전한 수준에 머무는 데 극도의 어려움을 느끼리라는 것이다.

이러한 결론은 두 가지를 말해준다. 첫째는 이제 행동에 나설 수 있다는 것이고, 둘째는 현 사회경제 체제를 '약간 손보고 조율하는' 정도로는 충분치 않다는 것이다. 거대한 변화를 촉발할 수 있는 광범위한 인식전환에 힘입어 경제와 제도, 가치관과 생활양식의 대대적이고 체계적인 변화를 목표로 즉각 행동에 나서야 하는 것이다. 이러한 혁신적 변화를 꾀하는 목적은 오직 하나, 즉 미래의 성장과 번영에 관한 전망을 어둡게 하기 위해서가 아니라 밝게 하기 위해서임을 반드시 기억해야 한다. 지구의 복원력이 없다면 세계의 번영도 가능하지 않음을 잊지 말라. 혁신적인 변화는 얼마나 빠르게 일어날 수 있을까? 솔직히 우리는 그 답을 알지 못한다. 다만 지속가능한 부를 향한 사회적 티핑 포인트의 고무적 예들을 얼마간 알고 있을 뿐이다.

국가 차원에서 볼 수 있는 그러한 예의 하나는 수십 년 전 오스트레일리아 대보초해양공원(Great Barrier Reef Marine Park)에서 일어난 일이다. 수많은 세상 사람들과 마찬가지로 오스트레일리아인들도 기후 변화, 오염된 유출수, 남획, 기타 인간과 자연이 가하는 압박에 맞서 취약한 산호초 생태계를 관리하느라 안간힘을 쓰고 있었다. 듀공(거대 초식동물—옮긴이), 거북, 상어, 그 외 물고기들의 개체수가 감소하고 있는 터라 대보초를 아는 모든 이들에게 기존의 관리 체제는 더 이상 적합하지 않다는 사실이 분명해졌다.

당시 제기된 구상들 가운데 가장 논란이 분분했던 것은 모든 종류의 어획이 금지된 지역을 대보초의 6퍼센트에서 33퍼센트로 확대하는 조치였다. 이것은 세계에서 가장 넓은 비어획지대가 조성된다는 것을 뜻했다. 이 과정에서 가장 결정적인 진척은 대보초가 수많은 위협에 직면해 있

어머니와 아이가 자연을 벗 삼아 브라질 리우데자네이루의 레블론 해변(Leblon Beach)을 거닐고 있다.

다는 것을 지역사회에 설득하고, 대보초 가운데 더 많은 지역을 보호하고 좀더 유연하게 관리하기 위해 공적 지원을 얻어낸 일이었다. 지역사회의 주요 협의체 운동, '압박에 시달리는 대보초(Reef Under Pressure)'가 거둬들인 성과였다. 오스트레일리아 제임스 쿡 대학 '산호초 연구를 위한 ARC 수월성 센터(ARC Centre of Excellence for Coral Reef Studies)'의 테리 휴스(Terry Hughes) 교수 같은 세계적인 저명 산호초 과학자들과 처음 지구한계 연구에서 우리와 함께한 공저자들이 꾸준히 연구 결과를 내놓으면서 이 운동을 거들었다.

성공적인 대보초해양공원 재구획 운동은 더 나은 복원력을 갖추도록 바다를 관리하는 데에서 신기원을 이룩한 국제적 모델로 떠올랐다. 2008년에 실시한 어느 연구에서 스톡홀름복원력센터와 '산호초 연구를 위한 ARC 수월성 센터'의 과학자들은 이 운동이 대중들에게 '정신적 티핑 포인트'를 제시했다고 평가했다. 즉 대중들은 이 운동을 통해 천혜의 대보초에 관한 과거의 인식에서 벗어나 생태계가 돌이킬 수 없는 결정적 지점에 다가가고 있음을 서서히 의식하는 쪽으로 옮아간 것이다. 이러한 사고 전환은 인간과 자연을 좀더 통합적으로 바라보는 관점을 낳았다. 이 관점은 인류의 행복을 위하여 해양 생태계를 더욱 적극적이고 융통성 있게 관리하는 데 토대를 둔다. 과학 동료들은 법률만으로는 지구 차원의 생태계 보호에 필요한 변화를 이끌어낼 수 없다고 지적한다. 훌륭한 과학과 국민적 지지 또한 그 못지않게 중요하다는 것이다.

측정하고 측정하고 또 측정하라

우리는 이해하지 못하는 것은 무시한다. 그리고 측정하지 못하는 것은 관리하지 않는다. 우리는 지난 30여 년 동안 환경의 위험을 애써 무시해왔지만 별 탈이 없었다. 지구 차원에서 사회적으로 환경적으로 교란이 일어나는 조짐을 거의 눈치채지 못했다. 하지만 그런 날들은 이제 끝났다. 눈을 떠야 할 때다. 지금 지구에서 무슨 일이 벌어지고 있는지를 측정하고 이해해야 한다.

이것은 생물권과 다시 연결되는 데 필요한 사고 전환에서 중요한 절차다. 우리는 자연이 사회와 어떻게 상호작용하는지를 모든 방면에서 측정하고, 안정된 지구 시스템에서 실시간으로 변화를 추적해야 한다. 이러한 노력을 위한 토대는 여러 부분에 이미 마련되어 있다. 세계 각지의 과학자들과 기관들은 함께 전지구관측시스템(Global Earth Observation System of Systems, GEOSS)을 구축하고, 이를 통해 기후 변화에서 해양에 흘러든 화학물질에 이르는 주요 지구 한계들을 다루고 있다. 지구관측 위성이 해발고도의 변화를 점검하고 있으며, 세계적인 망을 이루는 아르고 부표들은 무엇보다 해양의 온도와 산성도를 꾸준히 기록한다.

이제 우리는 지구가 어떻게 작동하는지를 과거보다 한층 더 잘 이해하고 있다. 하지만 우리의 지식은 여전히 실망스러울 정도로 불완전하다. 해수면 상승의 속도와 전 지구 차원의 분포에 관한 자료는 아직도 불충분하고 불확실하다. 지구의 '해양 컨베이어벨트'에서 바다와 대기 간의 에너지 교환, 전 지구 차원의 생물다양성 손실률, 남극대륙·북극·그린란드의 빙상 용융, 지구의 일기 패턴 변화에 따른 지역 강수량의 변화와 구름의 역학, 지구 기후에 미치는 대기오염의 영향력 등에 관한 정보 역시 마찬가지다. 한마디로 우리는 측정하고 측정하고 또 측정해야 한다. 확실성에 이르기 위해서가 아니다. 위험을 이해하고 우리 스스로의 이익에 따라 자연을 좀더 현명하게 관리하기 위해서다.

무엇보다 생물다양성의 손실을 추적하는 것이 가장 우선시되어야 한다. 생물다양성이 생태계 복원력에 결정적 역할을 하기 때문이다. 세상에 얼마나 많은 종들이 존재하는지에 관한 우리의 지식은 정말이지 불충분하다. 우리는 무엇을 잃어가는지조차 모른 채 빠른 속도로 생물다양성을 잃어가고 있다.

하지만 측정하는 것만이 다가 아닐 것이다. 지구가 어떻게 작용하고 변화하는지에 관한 지식을 대중과 공유함으로써, 지구가 우리 사회에 어떤 영향을 끼치고 우리 사회를 어떻게 변모시키는지도 보여주어야 한다. 이렇게 하려면 자연과학과 사회과학이 좀더 긴밀하게 손을 잡을 필요가 있다. 다행히 전 세계 유수의 연구기관들이 인간과 자연의 상호관련성을 본격적으로 다루는 작업에 좀더 적극적으로 뛰어들고 있다. 게다가 지속가능성을 위한 지구 시스템을 과학적으로 연구하는 세계 최대의 국제적 노력 '미래지구(Future Earth)' 같은 멋진 작업도 시작되고 있다. 미래지구의 목적은 과학계 밖에 있는 이해당사자들과 함께 지구 지속가능성으로의 전환을 지지하는 새로운 지식을 구축하는 것이다.

우리는 또한 관측, 이해, 사회 간의 점들을 연결해야 한다. 여기에는 커다란 간극이 존재한다. 아직도 우리들 대다수는 지속가능한 세계의 기회와 위험에 전반적으로 무지하며 통찰력 있는 이들은 극히 드물다. 우리가 마주하고 있는 지구 위험에 관한 대중의 인식 부족은 주로 널리 이용할 수 있는 매력적이면서도 사용자 친화적인 정보가 부족하고, 새로운 과학

지식이 교육제도가 미처 따라잡지 못할 만큼 빠르게 발전하고 있기 때문이다. 그런 까닭에 우리는 교육을 최우선 과제로 꼽는다. 세상의 모든 중등학교 교실이 과거의 지질학 도표를 찢어버리고 인류세를 포함하는 새로운 지질학 도표로 바꿔 걸기만 해도 이미 절반은 끝난 셈이다. 고등학교와 대학 학부의 교육과정을 새롭게 개편할 필요도 있다. 무엇보다 사회의 안녕을 이루려면 경제를 지구 한계 내에 두어야 함을 이해하는 새로운 경제학자 세대를 키워내야 한다. 옥스퍼드 대학의 케이트 라워스(Kate Raworth)의 지적대로 만약 경제학을 전공하는 모든 학생들이 지구 한계를 배우는 것부터 시작한다면 세계가 달라 보일 것이다.

정치나 기업에서 환경 어젠다는 지금 같은 '부차적인' 위치가 아니라 '최우선적인' 위치로 달라져야 한다. 실은 이미 그렇게 되어가고 있다. 최근 세계경제포럼이 내놓은 지구 위험에 관한 보고서에서 선도적인 경영관리들은 지구의 환경 위험들을 우려사항 목록의 상단에 올려놓았다. 발생 가능성은 어느 정도인지, 자신들의 사업에 미칠 영향력은 또 얼마나 심각한지에 비추어 그 위험들을 따져본 결과다. 그들이 추려낸 위험에는 물 공급 위기, 식량 부족, 등락을 거듭하는 에너지와 농산물 가격, 온실가스 배출량 증가, 기후 변화에의 적응 실패 등이 있다. 그들이 언급한 그 밖의 위험에는 테러리즘, 만성적인 재정 불균형, 심각한 소득격차 따위도 들어 있다. 우리는 이러한 사실을 통해 위험의 양상이 급격하게 달라지는 기류를 감지할 수 있다. 경영관리들이 깨닫고 있는 바와 같이 우리는 지금 사회적, 생태적 위기가 커질 뿐 아니라 긴밀하게 연관된 그 위기들이 서로 상호작용하면서 다른 위기들을 더욱 부추기는 점점 더 혼란스러운 세상에서 살아가고 있다.

환경적 위험을 올바르게 이해하면 그것이 안전성 위험, 안보 위험, 외교정책 위험, 금융·사업 위험 등과 직결된다는 것을 깨달을 수 있다. 환경 문제의 관리 전략을 개발하는 것은 결국 위험을 관리하는 문제가 된다. 그것을 오늘날 세계시장에서 겪고 있는 것과 비교해보라. 시장이 유일하게 관심을 기울이는 위험은 적어도 공식적으로는 경제적 위험뿐이다. 상장기업들은 여러 사업의 시장 점유율과 이윤폭의 감소 가능성을 심각하게 받아들이므로 성과에 관해 분기별 보고서를 낸다.

우리가 보기에 이것은 지나친 단견이다. 단기적인 이윤에 매달리는 기업은 장기적인 사회생태 복지의 증가를 간과하고 만다.

따라서 우리는 분기별로 재정 보고서를 제출하는 관행을 단계적으로 폐지하고 연 2회로 줄이거나, 아니면 기업들이 안전한 지구 한계 내에 머물기라는 회의의 목표에 비추어 잘하고 있는지 평가하는 분기별 보고서를 내는 편이 낫다고 본다. 여기에는 탄소·질소·인·물의 사용, 기타 생태계 서비스에 관한 영향력을 고려하는 것도 포함되어야 한다〔세계자원협회(World Resources Institute)가 개발한 기업 생태계 서비스 리뷰(Corporate Ecosystem Services Review) 등 이렇게 하기 위한 좋은 도구들은 이미 갖춰져 있다〕. 기업과 생물권이 자연스럽게 다시 이어지면 뉴스나 일간지의 기업 페이지 옆에서 '지구의 현재 상태'라는 페이지를 보게 될지도 모른다. 〈월스트리트저널〉의 금융 페이지 옆에 나란히 실린 지구 페이지에서 세계 최대 기업들의 생태계 서비스 사용과 온실가스 배출량에 관한 분기별 보고서를 보게 될 날을 상상해보라.

마지막으로 우리는 사회 전반이 지식을 공유하려면 거대한 실험이 필요하다고 생각한다. 전 세계 시민들이 지구상에서 무슨 일이 벌어지고 있

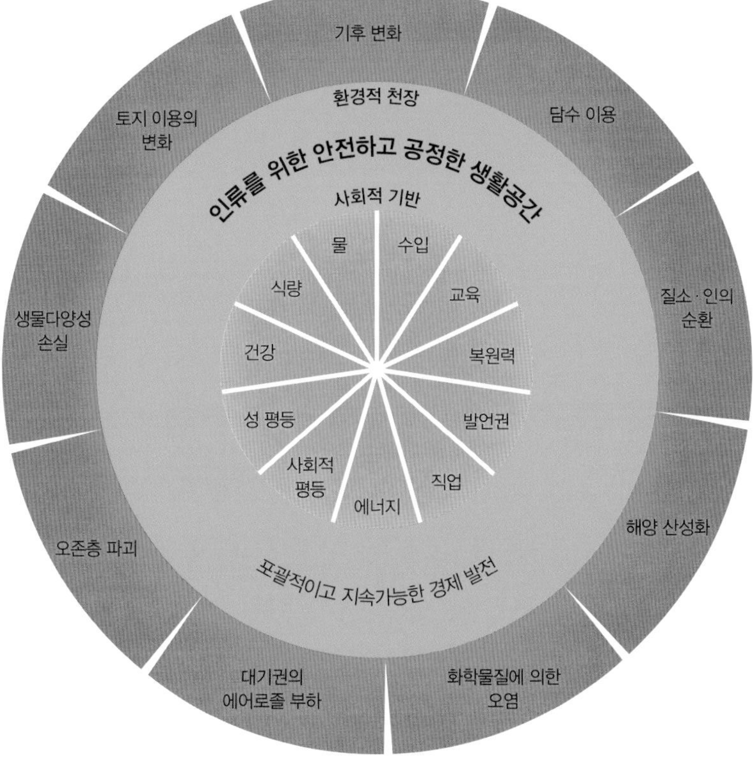

그림 7.2 **인류를 위한 안전하고 공정한 생활공간**

케이트 라워스 현 옥스퍼드 대학 교수가 과거 옥스팜에서 근무하던 시절에 지적한 바와 같이 지구에서 인류 발전에 환경적 천장(environmental ceiling), 즉 지구 한계가 있다면 필시 그에 상대되는 상태인 사회적 기반(social foundation)도 있을 것이다. 사회적 기반은 인류 보편의 권리, 즉 자원, 생태계, 대기권, 안정적 기후, 일정 수준의 공정성·위엄·복원력, 그리고 좋은 삶을 보장해주는 제도 등을 누릴 권리로 구성되어 있다['옥스팜 도넛(Oxfam Doughnut)'으로 일컫는 그림으로 '환경적 천장'의 바깥 부분은 인류가 생존하기 어려운 상태를, '사회적 기반' 안쪽 부분은 인류의 필수 생활요소가 결핍된 상태를 나타낸다—옮긴이].

는지를 실시간으로 추적할 수 있는 전 지구적 지구상황실(Earth Situation Rooms) 네트워크—물리적이든 가상이든—를 개발하는 것이 한 가지 방안이다. 선진적인 지구 관측위성이나 모니터링 시스템과 연결된 대형 비디오 스크린이 넓은 원형의 방을 가득 채운 광경을 떠올려보라. 여기에서는 시민들이 모든 지구 한계나 주요 생물군계와 관련한 지구 차원의 상황뿐 아니라 지역 차원의 추세를 실시간으로 확인할 수 있다.

인류공공재여, 안녕

지금처럼 지구에 가하는 위협이 날로 커지는 시대에 지역 차원에서 자연의 아름다움을 보존하는 데 역점을 두어야 한다느니, 풍광의 다양성을 키우기 위해 노력해야 한다느니, 개인이나 지역사회 같은 부문에 지역적 실천을 촉구해야 한다느니 하는 주장은 얼핏 앞뒤가 맞지 않는 것처럼 들린다. 하지만 모든 일은 우리가 서 있는 곳에서부터 시작해야 한다. 마하트마 간디가 조언한 것으로 알려진 바에 따르면, "세상에서 보기를 바라는 변화, 네 스스로가 그런 변화가 되어야 한다." 이것은 우리가 '아래로부터 위로'의 접근법을 취해야 한다는 것을 뜻한다. 라틴아메리카의 재규어, 북유럽 국가의 늑대, 남아시아의 호랑이를 구출하기 위해 노력하건, 아니면 인도 어느 마을에 안정적으로 담수를 공급하기 위해 애쓰건, 혹은 니제르의 작은 마을 외곽의 밭에 기장 씨를 뿌리려고 노력하건 간에 모두 마찬가지다.

우리는 사실 '인류공공재(global commons)'나 '경제적 외부효과'에 대해 끊임없이 떠들어대는 것은 더 이상 온당치 않다고 본다. 복잡한 환경을 우리와 동떨어진 어떤 것으로 보는 이러한 용어들은 낡은 패러다임에서 비롯된 것이다. 그에 따르면 인간과 자연은 서로 별개의 실재다. 하지만 이제 '작은 지구' '큰 세계'를 살아가는 우리는 모두 같은 공공재의 일부이며, 우리가 공유하는 기후 시스템, 오존층, 전 지구적 물 순환 같은 환경(이들은 다시 지역경제에 영향을 끼친다)에 변화를 가하는 요소다. 서로 관련되어 있으며 환경적으로 포화 상태인 오늘날의 세계에서 외부효과란 있을 수 없다. 유한한 자원에서 깨끗한 공기에 이르는 모든 것들이 인류의 안녕에 기여하는 중요한 부분이다.

이것이 바로 우리가 더 이상 인류공공재란 없다고 말하는 까닭이다. 인간이 환경 과정들을 지나치게 밀어붙여서 지구 시스템이 되먹임을 일으키므로 우리 각자는 환경의 모든 부분에 대해 저마다 책임이 있는 것이다. 인류공공재는 누구의 소유도 아니므로 관리가 엉망이다. 인류세에서는 우리 모두가 일체의 인류공공재를 '공유'하고 있으므로 거기에 대한 책임도 함께 져야 한다. 그 운명이 우리의 미래를 좌우할 터이기 때문이다.

카메룬에서 찍은 은하수.

8

양방향 전략

좋은 뉴스도 있다. 지속가능한 미래가 실제로 가능하다는 증거가 많다는 사실이다. 우리에게 요청되는 범지구적 변화를 가능케 하는 수많은 과학 기술, 관행, 제도가 이미 존재한다. 어쨌거나 인류세가 인간들이 부정적 영향만 끼친 시기는 아닌 것이다. 인간에 의한 대대적인 혁신이 세계를 지구 한계 내에서 풍요를 구가한 시기로 안내할 수 있는 '좋은' 인류세도 가능하다. 안전한 지구라는 한계 내에서 모두가 건강하고 윤택한 세상은 전에는 들어본 적이 없는 이야기다. 이제 그런 시대가 왔다.

우리는 이것이 사고의 대전환, 전망의 변화로부터 시작된다고 믿는다. 2부에서 보았듯이 낡은 사고방식은 벗어던져야 한다. 가령 경제성장은 자연과 무관하다거나 환경 이슈는 인류 발전에 저해가 된다는 생각은 더

다양하고 복원력 있는 열대우림을 밀어내고 들어선 사라왁의 농장에서 야자유 나무로만 단일경작이 이뤄지고 있다. 단기적으로는 이익일지 몰라도 충격이 가해졌을 때 어떤 결과를 초래할는지는 아무도 모른다. 질서 있게 늘어선 야자유 나무들이 사라왁의 천연 동식물 서식지를 대신했다. 1980년대와 1990년대 이후 보르네오 지역의 숲이 전례 없는 수준으로 잘려나갔다. 지난 20년 동안 보르네오의 여러 지역에서 수출된 열대 목재는 아프리카와 남아메리카의 수출량을 모두 합한 것보다 많았다. 벌목 허가권이 종료되었을 때는 수많은 장소의 토지가 야자유 대농장으로 달라져 있었다. 정부는 보조금을 지급함으로써 이 같은 상황을 부추겼다. 1990년대 이후 대농장은 40배나 증가했다. 앞으로 80만 헥타르에 달하는 세계 최대의 야자유 농장이 보르네오에 조성될 계획이다.

이상 쓸모가 없다. 정확히 그 반대가 진실이다. 인류 번영을 위해 지속가능한 기반을 제공하려면 우리 사회를 생물권과 다시 이어주어야 하며, 생물권의 복원력을 강화해야 한다. 안정된 기후, 풍부한 생물다양성 등 지구상에 살아가는 생명체를 밀어주는 체제는 현대경제에 필요한 선결조건이다. 인류세에서는 지속가능성이야말로 번영으로 나아가는 비결이다.

이러한 사고의 대전환을 이루려면 시간이 걸린다. 수 세대가 지나야 할지도 모른다. 하지만 마냥 꾸물거려도 좋을 만큼 한가하지는 않다. 대부분의 지구 한계에서 안전한 쪽에 머무르려면 지금부터 10년 내에 환경에 부정적인 영향을 끼치는 정도를 줄여가야 한다. 30년 넘게 기다릴 수는 없다. 지금 당장 자기강화하는 지구 과정을 촉발할 위험을 낮추기 위해 뭔가 하지 않으면 이번 세기에 파국을 맞을지도 모른다. 이 때문에 지금 우리는 정치 지도자로서, 기업 경영인으로서, 개별 시민으로서 양방향 전략을 취하자고 제안한다. 한편으로 가장 긴급한 과제들에 대해서는 즉각적 해결책을 내놓아야 한다. 다른 한편으로 이 책이 주력하는 장기적인 사고 전환을 촉진하기 위해서는 가능한 모든 일을 다 해야 한다. 장기적인 사고 전환은 인간 사회와 우리가 삶에서 가치 있다고 여기는 것을 어떻게 지구의 복원력 및 자연의 아름다움과 다시 연결 짓느냐 하는 문제와 관련된다.

두 가지 전략 가운데 첫 번째, 즉 단기 해결책에 대해 본격적으로 살펴보자. 인류가 즉각 미래로 뛰어들게 해주는 확실한 기회는 두 가지다. 하나는 세계경제가 화석연료를 전혀 사용하지 않는 쪽으로 전환하는 것이요, 다른 하나는 지속가능한 식량으로 전환하는 것이다. 이 두 가지는 인류가 직면한 만만찮은 도전의 상당 부분을 해결해주고 사회경제적 이득을 낳고 안정성과 안전성을 부여하고 여러 지구 한계들 간에 긍정적인 시너지 효과를 불러일으킨다. 우리는 두 경우 모두에서 성공할 수 있는 노하우를 이미 갖추고 있다. 이러한 즉각적이고 신속한 전환을 가능케 하는 투자, 혁신, 정책을 촉발하려면 세계는 지구 한계 내에 머물면서도 에너지와 식량에 대한 욕구를 충족해야 한다. 이것은 지구온난화와 관련하여 2009년 코펜하겐에서 세계의 지도자들이 합의한 섭씨 2도 한계(과학은 섭씨 1.5도가 더 안전하다고 주장하고 있지만)를 지지한다는 것을 의미한다. 우리가 지구 탄소예산 내에서 살아가야 한다고 말해주는 기준인 것이다. 식량 또한 지구 한계 내에서 생산하겠다는 데 동의해야 한다. 여기에서 목표는 생물다양성 손실 제로, 농경지 확대 제로, 강은 흐르게 하되 질소·인의 순환은 막는 것 등 비교적 명확하다.

발동 걸기

시급한 해법들 가운데 첫 번째는 재생 에너지 체제로의 전환이다. 오늘날의 과학적 지식을 기반으로 하면 이것은 21세기 중엽쯤 가능해진다. 지속가능 재생 에너지는 단 한 가지만으로도 그 잠재력이 어마어마해서 전 세계가 필요로 하는 동력의 몇 배에 달한다. 오늘날 지구의 에너지 소비량은 대략 500엑사줄에 달하는데, 지속가능한 풍력 에너지 단 하나의 잠재력만 해도 1000엑사줄이 넘는다. 거기에다 바이오매스 에너지, 태양 에너지, 지열 에너지, 수력 에너지를 더하면 지속가능 재생 에너지의 잠재력은 1만 1000엑사줄을 웃돈다. 에너지 효율을 키우는 기술이나 관례를 바꾸면 그 규모는 더욱 커질 것이다. 게다가 이런 기술이나 관례는 비용을 절감해주기도 한다.

'독일 기후변화자문위원회(German Advisory Council on Global Change, WBGU)'의 최근 연구는 에너지 미래에 대해 낙관적인 그림을 그린다. 그 연구는 계속 늘어만 가는 전 지구의 에너지 수요를 충족하면서도 기술적으로 실현가능한 전략들을 통해 원유, 석탄, 천연가스 사용량을 점진적으로 줄여나갈 수 있다고 내다봤다. 이 보고서는 만약 인류가 가장 어려운 과제이겠지만 발전(發電), 난방, 수송 시스템에서 화석연료를 사용하지 않는다면 이 같은 전환을 이뤄낼 수 있다고 밝혔다. 냉난방은 발전소에서 버려지는 열을 모아 2차 용도로 사용하는 열병합발전(combined heat and power, CHP) 기술, 전기구동히트펌프(electric heat pumps), 태양열 에너지 따위를 통해 해결할 수 있다. 전기, 수소, 메탄, 천연가스, 연료전지가 구동하는 운송수단이 가솔린으로 굴러가는 탈것을 대체할 것이다. 이 보고서는 전 지구적으로 전력 수요가 매년 1퍼센트씩 늘어도 에너지 효율을 개선함으로써 냉난방 수요를 매년 1퍼센트씩 줄여나갈 수 있다고 밝혔다. 한마디로 쉽지 않은 일이지만 아예 불가능하지는 않다는 것이다.

미래 에너지를 연구하는 세계 최대의 단체 '글로벌에너지평가'도 2012년 그와 비슷한 결과를 내놓았다. 이 연구는 2050년 무렵 늘어가는 에너지 수요를 충당하면서도 세계 에너지 체제에서 탄소를 제로로 만드는 게 가능함을 보여주었다. 물론 그러려면 재생 에너지 시스템에 상당한 투자를 해야 하지만 말이다. '글로벌에너지평가'는 청정에너지 기술에 대대적으로 투자하는 데 연간 1조 5000억 달러면 충분하다고 추산했다. 현재의 화석에너지 보조금은 연간 5000억~6000억 달러라는 엄청난 액수로, 기후한계 내에서 전 지구적 미래 청정에너지로 전환하는 데 필요한 투자의 3분의 1에 해당한다. 따라서 G20 국가들이 이미 약속한 대로 화석연료 보조금을 차차 줄여나가는 것만으로도 재생 에너지 미래로 난 창을 여는 데 적잖은 도움이 된다. 더욱이 이것은 전반적인 지구 GDP에 비하면 적은 액수다. '정부간기후변화위원회' 실무집단 III의 제5차 평가보고서가 밝힌 바에 따르면 지구 기후를 섭씨 2도 증가 이내에 머물도록 하기 위해 이산화탄소를 경감하려는 노력은 경제성장률을 단 0.06퍼센트밖에 낮추지 않는다.

2014년 말 펠리페 칼데론(Felipe Calderón)이 이끄는 '세계경제·기후위원회(Global Commission on the Economy and Climate)'는 이 사실을 확실히 했다. 즉 '새로운 기후경제(New Climate Economy)'라는 보고서에서 탈탄소화한 세계경제로의 전환과 경제성장 간에는 아무런 모순이 존재하지 않음을 분명하게 보여준 것이다. 오늘날 대부분의 분석에 따르면, 탈탄소로의 전환은 단기적으로는 비용이 약간 들지만 중장기적으로는 높은 수익이 보장되는 투자다.

우리는 이 같은 세계적 에너지 혁명을 시작하려면 국제 탄소 가격을 매기는 것이 최선이라고 믿는다. 대부분의 세계 에너지 분석들은 2050년경에 탄소 가격이 이산화탄소 톤당 50~100달러가 될 것으로 예측한다. 하지만 'EU 탄소배출권거래제(Emission Trading Scheme, ETS)'에서는 그 가격이 이산화탄소 톤당 20달러를 밑돌았다. 혁신적 변화를 추동하기에는 지나치게 낮은 가격임이 분명하다. 오랜 기간 동안 체계적으로 높은 탄소 가격을 부과해온 나라는 스웨덴뿐이다. 스웨덴은 1990년 이래 모든 에너지 부문에 걸쳐 이산화탄소 톤당 약 100달러라는 포괄적인 탄소세를 실

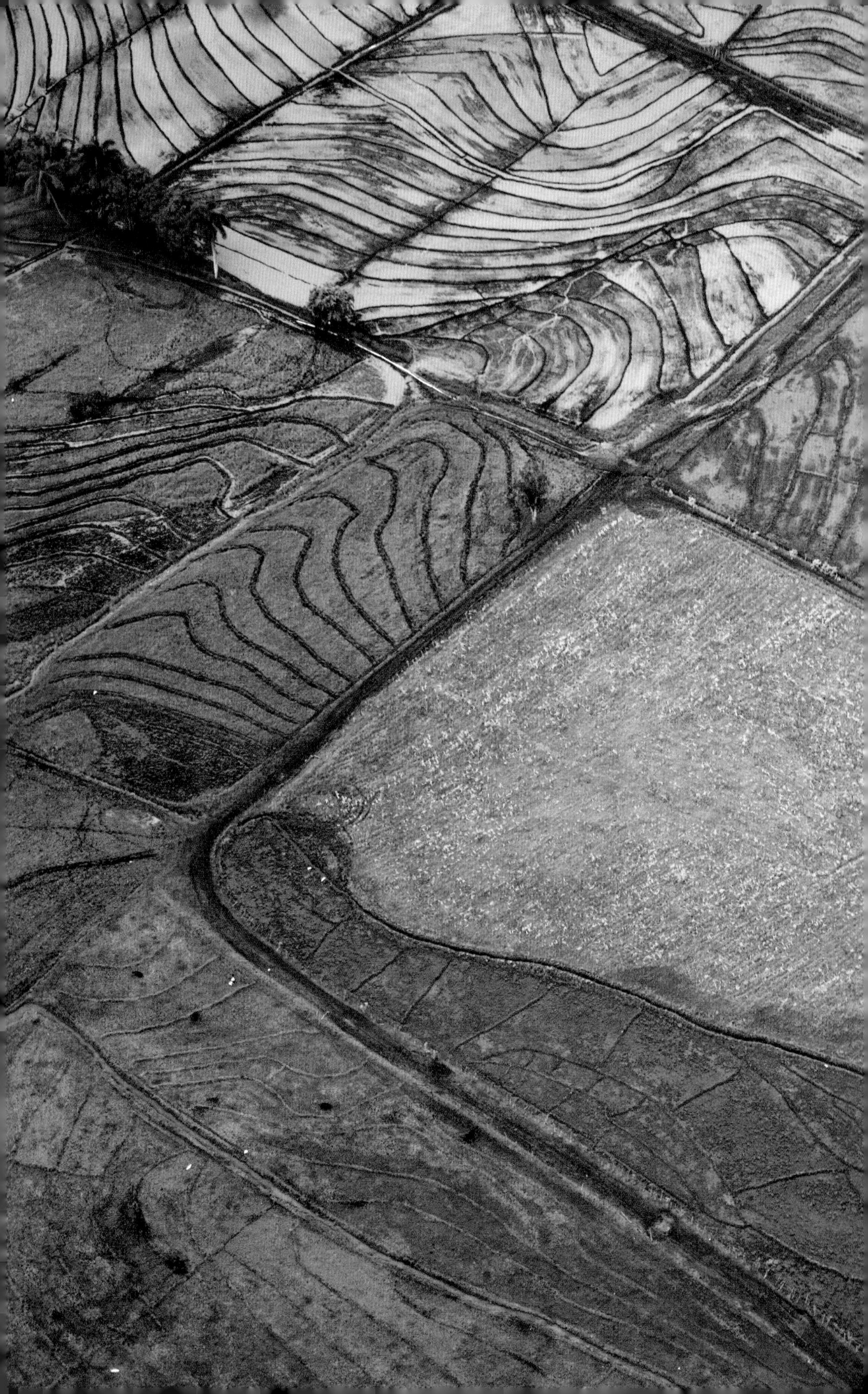

시했다. 이 세금은 결국 스웨덴 경제의 디커플링(decoupling: 한 나라 혹은 일정 지역의 경제가 인접 국가나 세계경제의 흐름에 좌우되지 않고 독자적으로 굴러가는 현상—옮긴이)을 낳았고, 결국 국가 차원에서 기업이 이산화탄소 배출량을 줄이면서도 경제성장을 내내 이어갈 수 있게 해주었다. 탄소세는 난방 영역의 전환을 이끌어내기도 했다. 최후의 화석 에너지원에서 벗어나 산림산업을 통해 얻은 바이오매스 잔재 기반의 난방으로 달라진 것이다. 이렇듯 탄소에 적절한 가격을 매기면 에너지 전환을 독려할 수 있다.

우리는 대체 뭘 믿고 이토록 자신만만하게 전환 시기가 도래했다고 외쳐댈까? 현재의 재생 에너지 기술이 거대한 도약을 이룰 수 있을 만큼 대규모로 에너지 시장을 장악했다는 사실이 한 가지 이유다. 경험적 증거에 따르면 새로운 기술은 10퍼센트 정도 시장을 장악해야 비로소 주도적인 위치에 오를 수 있는 동력을 얻는다. 태양광 발전 시스템에서 풍력 발전용 터빈에 이르는 재생 에너지 시스템은 지난 수십 년 동안 급성장했음에도 불구하고 다양한 에너지 시장에서 오직 한 자릿수 퍼센트를 점유하는 데 그쳤다. 그러나 상황이 급변하고 있다. 독일을 비롯한 몇몇 나라들의 경우, 재생 에너지 체제는 이미 시장 장악력에서 10퍼센트라는 문턱값에 접근했다.

또 한 가지 이유는 물론 세계의 이산화탄소 배출량 감축이 시급한 문제이기 때문이다. 2장에서 살펴본 대로, 지구가 기온 상승폭을 섭씨 2도 이하로 유지하려면 세계경제는 2050년까지 탈탄소화해야 한다. 그 이후, 즉 이 세기 후반에는 (우리가 배출하는 것보다 더 많은 탄소를 예컨대 육지나 생물군계에 가둠으로써) 배출량을 마이너스로 돌려놓아야 한다. 오래 지속되는 온실가스 배출의 3분의 2, 즉 이산화탄소 배출량의 78퍼센트는 우리가 에너지

이곳 도미니카공화국에서 확인할 수 있는 바와 같이 지속가능한 농업을 통해 세계를 부양하려면 생명과학과 토착지식 둘 다가 필요하다.

시스템에서 화석연료를 사용한 데 따른 결과다. 만약 이 문제를 풀 수 있다면 기후 문제의 상당 부분이 해결될 것이다.

다시 말해 전 지구적 에너지 전환은 지구의 기후 위기에서 중요한 부분을 해결할 수 있고, 부유한 나라뿐 아니라 가난한 나라에도 에너지를 공급하고 화석연료에 대한 대안을 키워줄 것이다. 우리는 기술적으로도 경제적으로도 이미 지속가능한 미래를 시작할 준비가 되어 있다.

삼중 녹색혁명

두 번째로 빠른 해결책을 내놓아야 하는 사안은 지속가능한 농업으로의 전환이다. 이 또한 약 90억에 달하는 세계 인구가 50퍼센트나 더 많은 식량을 요구하게 될 이번 세기 중엽까지 이뤄져야 한다. 오늘의 농업은 생물다양성 손실과 온실가스 배출을 야기하는 원인들 가운데 단일요소로서는 최대다(전 지구 온실가스 배출량의 약 30퍼센트가 농업 생산에서, 즉 대략 그 절반은 경작에서, 나머지 절반은 삼림파괴에서 비롯되고 있다). 또한 농업은 최대의 토지 사용자(세계 토지 면적의 약 40퍼센트가 농경지다)이고, 최대의 담수 사용자(강에서 끌어온 담수의 70퍼센트가 농업용 관개에 쓰인다)이기도 하다. 더욱이 농업은 질소·인이 물길을 따라 유출되어 영양물질 과부하를 낳는 주원인이다. 우리의 식량은 실제 지불액보다 훨씬 더 많은 대가를 치르면서 생산되고 있다.

농업의 발자국이 큰 것은 1950년대 이후 농업이 현대화한 결과다. 20세기 후반 농업 생산성을 몰라보게 증가시킨 '녹색혁명'은 비료, 트랙터와 식량 가공에 쓰인 화석연료, 광범위한 화학물질 사용에 힘입은 바

크다. 지금 우리에게 필요한 것은 새로운 종류의 혁명이다. 즉 생산력을 한층 더 높이면서도 다른 한편 환경에 끼치는 영향력을 줄이고 수원(水源)을 지속가능하게 관리하는 '삼중 녹색혁명'이다. 이 혁명은 과학·농업·기업·사회 간의 범지구적 협력을 통해 농업에서 (트랙터·운송·가공·비료 생산에 쓰이는) 화석연료의 의존성을 줄이고, 영양물질 흐름의 루프를 닫고(나간 것은 도로 들어와야 한다), (이를테면 물의 생산성을 개선함으로써) 환경의 복원력을 강화한다. 이러한 목표를 달성하는 비결에는 〔농장에서 식탁으로(between farm and fork) 가는 과정에서 30퍼센트나 허비되는〕 음식물 쓰레기를 줄이고, 우리의 섭식 습성(특히 육류 소비와 관련하여)을 재고하고, (빗물을 모으고 유출수를 저장하는 전통적인 방식을 써서) 물 관리를 개선하는 것이 포함된다.

세계의 수많은 지역에서는 아직도 현재의 작물 생산량과 오늘날의 기술로 성취할 수 있는 것 사이에 적잖은 격차가 존재한다. 예를 들어 아프리카 사바나의 대부분 지역에서는 옥수수·수수·기장 같은 주식의 평균 생산량이 1헥타르당 1~2미터톤에 그치지만, 실제로 오늘날의 기술력을 동원하면 1헥타르당 4~6미터톤을 생산하는 게 가능하다.

또 하나 중요한 숙제는 물 공급을 믿을 만하게 안정화하는 것이다. 이들 지역은 대개 전체적으로는 물이 충분하지만, 그 상당 부분이 몇 차례의 엄청난 폭우로 얻은 것이라서 폭우들 사이에 가뭄의 위험도 크고 또 오랜 건기가 이어지다가 느닷없이 홍수 피해를 입기 일쑤다. 이처럼 빗물에 의존하는 소농 중심의 농업 체제에서는 식량 생산에 쓰이는 강수량이 전체의 채 50퍼센트가 되지 않는다. 빗물은 증발이나 유출 따위를 통해 소실된다. 이것은 일반적으로 토양 침식이나 토지 악화의 원인이 된다. 토양과 물 보존에서 소규모 관개시설에 이르기까지 물 관리를 개선하

면 농업 생산성을 높이는 데 커다란 도움이 된다. (비가 많이 왔을 때 물 저장용 초소형 댐에 남아도는 유출수를 모아두는 식으로) 빗물 관리 전략에 투자하면 위험이 줄어들어 다른 농법들을 개선하는 데 투자할 여력도 생긴다.

하지만 물 관련 조치만으로는 부족하다. 농부들은 영양물질을 더 많이 필요로 하기도 한다. 수많은 아프리카의 농부는 매년 1헥타르당 질소·인 사용량이 10킬로그램에도 못 미친다. 반면 미국, 유럽의 농부들은 같은 수치가 그 열 배나 되는 100킬로그램에 이른다. 물론 그 영양물질의 절반 남짓이 작물을 수확할 때 소실된다. 결국 토양의 생산성이 나빠지게 되는 것은 하등 놀라운 일이 아니다.

농부들을 위한 '삼중 녹색혁명' 해법은 더 많은 비료를 논밭에 뿌리자는 게 아니다. 토양, 영양물질, 물 관리를 개선하는 지속가능하며 경제적으로도 감당할 수 있는 방법을 찾아보자는 것이다. 한편 쟁기질은 효과적으로 잡초를 제거할 수 있음에도 토양의 가장 풍부한 층, 즉 표토층을 열과 침식에 노출시킨다. 열대지방에서는 이로 인해 유기물질의 연소가 빨라지며, 이는 다시 이산화탄소를 방출할 뿐 아니라 근권(rooting depth: 식물의 뿌리를 둘러싼 토양권—옮긴이)에 물을 저장하는 능력과 강수를 흡수하고 침식을 막는 토양의 능력을 약화한다.

반면 보존경운(conservation tillage)을 선택한 농부들은 쟁기로 땅을 갈아엎지 않는다. 대신 파종선을 따라 전통적인 쟁기질 깊이를 넘는 15센티미터가량 땅을 드러낸다. 이렇게 되면 빗물이 모이는 '초소형 도랑'이 생기고, 농부들은 거름과 비료를 정확한 양만큼 사용할 수 있다. 자연을 모방하여 착안한 방법으로 유기물을 축적하고 생물학적 활동을 증진함으로써 생산력을 높인다.

아프리카에서 가장 인구밀도가 높은 나라 르완다에서는 이용할 수만 있다면 작디작은 땅뙈기도 가만 놔두지 않고 경작지로 활용한다.

무쟁기농법(no-tillage practices)은 최근 가나, 짐바브웨, 니제르, 케냐, 탄자니아 같은 곳에서 유행했다. 우루과이, 파라과이, 볼리비아 같은 라틴아메리카 국가의 농부 70퍼센트 이상은 여전히 쟁기를 기반으로 한 농법을 고수한다. 반면 미국 농부의 약 25퍼센트는 무쟁기농법으로 갈아탔다. 오하이오 주립대학의 라탄 랄(Rattan Lal)이 밝힌 대로, 이 농법을 채택하면 농업이 탄소 배출의 주원인에서 벗어나 탄소를 연간 1기가톤씩(현재 지구 배출량의 10퍼센트를 웃도는 양이다) 저장하는 탄소싱크로 달라질 수 있다.

토양을 비옥하게 만드는 또 한 가지 방법은 쓰레기를 재활용하는 것이다. 오늘날 우리 사회는 농업과 관련하여 지나치게 선형적이다. 즉 어느 한쪽 농지에서 질소·인 비료를 사용하면 다른 쪽 농지에서는 유출된 영양물질과 폐기물이 담수와 바다 시스템을 오염시키는 것이다. 우리는 영양물질의 루프를 닫아야 하는 과제를 안고 있다. 생산적인 위생시설이 그러기 위한 한 가지 전략이다. 우리가 먹는 질소·인의 거의 대부분은 배설물과 폐기물을 통해 환경으로 돌아간다. 똥오줌을 분리하는 생태학적 위생시설, 도시지역의 처리 폐기물을 농경지에 영양물질로 되돌려주는 다양한 재활용 방식을 쓰면 영양물질 부하를 줄이고 경제적 부담 없이 땅을 기름지게 만들고 유한한 인 자원에 가하는 압박을 덜 수 있다. 영양물질 순환의 고리를 닫는 것은 질소·인과 관련하여 안전한 운용 공간으로 돌아가도록 이끄는 필수 전략이다. 그뿐 아니라 비료를 충분히 사용하지 못하는 수많은 가난한 지역에서는 이러한 영양물질의 투입량을 대폭 늘려야 한다는 사실도 인식해야 한다.

생명공학의 발전 역시 삼중 녹색혁명에서 중요한 역할을 담당한다. 세계 식량 문제는 규모 면에서나 증가 속도 면에서 더없이 심각한 만큼, 곡물 유전학 연구를 성공으로 이끄는 획기적인 신기술이 필요하다. 이것은 가령 다년생 곡물 같은 것을 개발함으로써 이뤄질 수 있다. 다년생 곡물은 경작의 필요성을 극적으로 줄여주고, (뿌리가 깊으므로) 그 시스템이 가뭄이나 건기를 이기고 쉽게 회복되도록 해주며, 경작지를 삽시간에 탄소 배출원에서 탄소싱크로 바꿔준다. 이와 비슷하게 단일 식량 작물에서도 곧 가뭄에 내성을 지니고 영양적 가치가 높으며 생장기가 짧은 다양한 품종들이 등장할 가능성이 있다.

우리는 단기적인 해결책과 관련하여 인류가 재생 에너지와 농업 개혁에 주력함으로써 지속가능한 세계로 순조롭게 옮아갈 수 있다고 믿는다. 하지만 오래가는 변화가 가능하려면 새로운 리더십, 혁신, 부흥의 세대를 촉구하는 장기적인 관점 전환을 고무해야 한다.

푸른 구슬

1968년 크리스마스이브에 우주선 아폴로 8호가 달 궤도에 진입했을 때, 지구는 거대한 우주의 어둠 속에서 '푸른 구슬(blue marble)'처럼 수평선 위로 떠오르는 양 보였다. 인류는 처음으로 우리가 사는 행성이 그저 하나의 엉성한 구(球)에 지나지 않는다는 것을 알게 되었다. "거대한 외로움은 경외감을 불러일으켰으며, 우리가 저기 지구에서 가지고 있는 것이 무엇인지 깨닫게 해주었다." 우주비행사 짐 로벨(Jim Lovell)은 이렇게 말했다. 우주비행사 윌리엄 앤더스(William Anders)가 찍은 사진 '지구돋이(Earthrise)'(4쪽 참조)는 역사상 가장 유명한 사진들 가운데 하나가 되었으며, 이 세상에 살아가는 수백만 명의 사람들에게 우리가 공유하는 지구의 유산을 지키는 게 얼마나 중요한지를 문득 절실히 깨닫게 했다.

안타깝게도 우리는 최근 몇 십 년 동안 이 메시지를 잊고 살았다. 유례없이 성장하는 세계경제의 물결에 휩싸여 지구가 급속도로 나빠지고 있다는 사실을 주로는 무시했다. 안정적 기후, 충분한 담수 공급, 깨끗한 공기, 생물다양성은 하나같이 성층권, 대기권, 수권, 생물권, 빙권이 충실히 제구실을 해야만 얻어질 수 있음을 망각했다. 그저 지구를 학대함으로써, 그리고 환경보호를 경제적 비용으로, 따라서 성장에 부담을 주는 것으로 여김으로써 이득을 취해왔을 따름이다. 성장과 지속가능성 가운데 하나를 선택해야 할 뿐 둘 다가 가능하다고는 생각지 않았다.

3장에서 살펴본 대로, 우리는 이제 자연과 사회의 관계에 관한 근거 없는 가정을 고집한 결과가 어떤지 서서히 알아차리기 시작했다. 기후 변화, 담수 이용, 토지 사용, 영양물질 과부하, 대기오염, 생물다양성 손실, 화학물질 오염 등과 관련하여 한계로 치닫고 있거나 아니면 한계로 치닫는 위험을 무릅쓰고 있는 것이다. 우리는 안정된 지구를 안전하게 유지해주는 범위를 훌쩍 넘어서고 있다. 그러나 계속해서 지구를 서브프라임 대출처럼 써먹을 수는 없는 노릇이다. 제 분수를 넘어서는 생활을 하기 위해 지구를 남용해서는 안 된다.

경제적 의미에서 자연자본에 정확한 가치를 매겨야 할 시간이 다가왔다. 우리는 지금껏 생산과 소비 제도의 총비용을 따져보는 데 무심했다. 한마디로 우리 자신을 속여왔다. 우리는 한편으로 GDP(본질적으로 지금 우리가 이룩한 경제 진보를 측정하는 유일한 지표다) 상승을 이끌어냈지만, 다른 한편으로 토지를 파괴하고 대기를 오염시키고 물 공급을 위한 저수시설을 파괴하고 열대우림을 잘라냈으며 북극의 빙상이 용융하는 데 기여했다.

사라왁의 바쿤 댐(Bakun Dam) 같은 수력 발전 프로젝트들은 탄소를 다량 배출하지 않고도 전기를 만들어낸다.
하지만 이것들 역시 소수민족과 천연 서식지에 영향을 미치는 사태만은 피할 길이 없다.

세계경제가 사실 생물권의 하위 시스템임을 인식함으로써 그 관계를 역전시켜야 한다. 경제가 인류에 이바지하려면 생명을 지지하는 지구 시스템이라는 한계 내에서 이뤄져야 한다. 이것은 미래세대만이 아니라 오늘날 국가들의 안정성과 안전성을 위한 것이기도 하다.

현재의 지구 발전 모델에 균열이 일기 시작하면서 행복의 지표로 GDP를 사용하던 데에서 벗어나 인류의 진보를 측정하는 더 나은 방도를 모색해야 한다는 주장이 제기되었다. 지구의 지속가능성, 공정성, 복원력, 행복이 인류 발전에 관한 새로운 정의의 골자임을 더 많은 이들이 깨달아야 한다. 현재의 측정법은 그 일을 해내기에 불충분하다. 한편으로 성장이 거의 포화 상태에 이른 부유한 국가에서는 인류의 행복에 관해 좀더 광범위한 사회생태적 전망을 갖추고, 다른 한편으로 가난한 국가에서는 빈곤 완화를 위해 효율적인 성장에 투자할 필요가 있다.

인류는 인구가 늘고 점차 부유해지는 지구에서 행복을 증진하는 방안을 찾아내야 하는 새로운 숙제를 떠안았다. 1990년 세계 인구의 약 42퍼센트는 1인당 매일 1.25달러 이하로 살아가는 절대빈곤 상태에 놓여 있는 것으로 추정되었다. 그러던 수치가 2015년에는 10퍼센트로 크게 떨어졌다. 2005년 이후 연간 두 자릿수 성장률을 통해 남아시아의 약 4억 3000만 명, 동아시아의 2억 5000만 명이 빈곤에서 탈출했다. 하지만 앞에서 살펴본 대로 여러 연구들은 생태계 서비스를 보호하고 지구의 지속가능성을 이루지 못하면 전 지구적 빈곤에 맞서서 이득을 유지할 수 없음을 말해준다. 오늘 우리가 빈곤 퇴치 노력을 통해 이룩한 진보가 내일이면 인간이 지구에 가하는 압박이 점차 거세짐에 따라 지구가 되먹임으로 응수함으로써 그 의미가 퇴색할지도 모른다.

지금 같은 발전 패러다임을 따르는 나라들은 시장에서 제힘으로 그럭저럭 굴러간다. 시장에서는 아무도 지구가 공유하는 생태 공간에 책임지지 않고 7장에서 논의한 인류공공재도 더 이상 존재하지 않는다. 지구는 주로 공짜점심으로 여겨진다. 탐욕스러운 자들은 제가 원하는 것을 잔뜩 움켜쥐고 있는 반면 굶주린 자들은 맨주먹으로 서 있는 곳이다. 인류세에는 세계에 남아 있는 생태 공간을 권리를 기반으로 공정하고 평등하게 공유하는 것이 필수불가결하다.

옥스팜은 최근 그 목표를 위해 지구 한계 개념을 기반으로 한 통합적 패러다임을 제시했으며, 안전하고 공정한 인류 발전의 사회적 과제와 생물리적 과제를 동시에 다루었다. 발전의 천장은 지구 한계로, 즉 우리가 얼마만큼의 생태 공간을 전유할 수 있는가로 정해질 것이다. 그 천장 아래 펼쳐진 바닥이 안전한 운용 공간이며, 이것은 바로 좋은 삶에 요구되는 기본적이고 보편적인 필요조건이다. 식량, 주거지, 의료, 에너지, 교육, 복원력, 안전성 같은 필요조건을 충족하려면 자연자본과 지구 시스템의 서비스 가운데 일정 부분을 써야 한다. 가령 이산화탄소를 350ppm 이하로 유지하기 위한 지구 탄소예산의 일부, 식량 생산에 쓰이는 일정량의 토지와 담수, 얼마간의 질소·인 등 이러한 사회의 주요 부분은 지구 생태 공간에 관한 협상 불가의 보편적 권리를 요구한다. 생물리적 천장과 지구 한계라는 사회적 바닥 사이에 존재하는 나머지 부분에서는 기본 욕구를 넘어서는 열망을 충족하기 위해 안전한 운용 공간 내에서 일정한 자유가 주어진다.

이러한 인류 발전 패러다임은 단순하지만 현재의 패러다임과는 영판 다르다. 새로운 패러다임의 목표는 우리가 동료시민 혹은 미래세대의 번영을 훼손하지 않으면서 사회자본과 자연자본을 공유하도록 보장하는 것이다.

기민한 투자

지구 한계 논의틀이 제공하는 가장 중요한 통찰은 뭔가를 사회가 떠안는 비용 혹은 부담이라고 여기는 데에서 벗어나 있는 그대로, 즉 번영과 부를 창출하기 위한 장기적인 모험자본으로 받아들여야 한다는 인식이다.

20년 동안 세계 각국의 대표단은 유엔 기후변화협약(UN Framework Convention on Climate Change, UNFCCC)을 위해 가장 유익한 '부담 공유' 방안이 무엇인지 논의해왔다. 유익하다니 누구에게? 그들 자신에게이지 결코 세계에게는 아니다. 대기오염의 기준, 화학물질의 부하, 중금속 사용의 제한, 지구의 삼림파괴를 억제하기 위한 협상, 전 지구적 종의 멸종과 맞서 싸우기 위한 유엔 생물다양성협약 내에서의 꾸준한 노력도 마찬가지다. 하지만 현재까지 이렇다 할 소득은 없다. 왜일까? 그것은 각국 지도자들이 정치적 관점과 경제적 관점 둘 다에서 단기적 이익-효과 분석을 기반으로 전략을 취하고 있는 탓이다. 지구는 거의 언제나 그래왔듯이 지금도 저평가되고 있다.

자연자원, 살아 있는 생태계, 지구 기후를 지속가능하게 관리하는 것이 진짜 우리 사회와 경제에 부담으로 작용한다는 무슨 증거라도 나와 있다면 이해할 만도 한 일이다. 하지만 그런 증거는 어디에도 없다. 그것은 어디까지나 우리가 꾸며낸 신화다. 기존의 경제학에서조차 우리는 생산과정을 거치면 자본의 가치가 떨어지고, 자산을 깎아먹는 것은 비용이지만 그것을 보호하고 지키는 것은 장기적으로 이익이라고 배웠다. 지구도 마찬가지다.

이를 뒷받침하는 증거는 차고 넘친다. 그 역사는 데이비드 리카도(David Ricardo)와 애덤 스미스(Adam Smith) 같은 고전학파 경제학자로까지 거슬러 올라간다. 당시에도 토지는 부의 주요 원천이었다. 하지만 수년에 걸친 기술혁신이 다른 산업자본들과 견주어 토지의 가치를 서서히 떨어뜨리면서 사람들은 그와 같은 중요한 통찰력을 잃어버렸다. 오늘날 우리는 이 경제학자들이 옳았다는 것을 알고 있다. 우리가 공유한 지구의 자본, 즉 안전한 기후, 그리고 농지로부터의 식량 조달과 대도시에 유입되는 담수 조절 같은 생태계 서비스는 우리 경제에 필요한 여러 자본형의 기반이 되어야 한다.

따라서 경제적 관점 전환은 200년이나 늦어진 셈이다. 이러한 전환을 위해 첫 번째로 중요한 조치는 자연자본에 경제적 가치를 부여하는 것뿐 아니라 그 방정식에 지속가능한 해법을 통해 얻을 수 있는 이익을 포함하는 것이다. 저탄소 사회로 옮아가기 위한 비용은 무엇인가, 하고 물어서는 안 된다. 저탄소 에너지 체제, 운송, 식량 생산에 투자하면 가족, 경제 부문, 국가, 지역에 어떤 유의 이익이 발생하는가, 하고 물어야 한다.

또한 통찰력 있는 기업 지도자들은 지속가능한 기업 모델, 지속가능한 국가로 전환하는 데 발 빠르게 투자하면 부가적 이익이 따른다는 사실을 알아차렸다. 그들은 조직에 진정한 위험이란 뒤처질지 모를 가능성임을 잘 알고 있다. 우리는 어쨌거나 점점 더 혼란스러운 세상에서 살아간다. 즉 티핑 포인트 넘어서기, '모든 것이 정점에 이르기' 같은 임박한 위협이 가격 변동, 파괴적 결과라는 수용 불가능한 위험, 자원 쟁탈전 따위

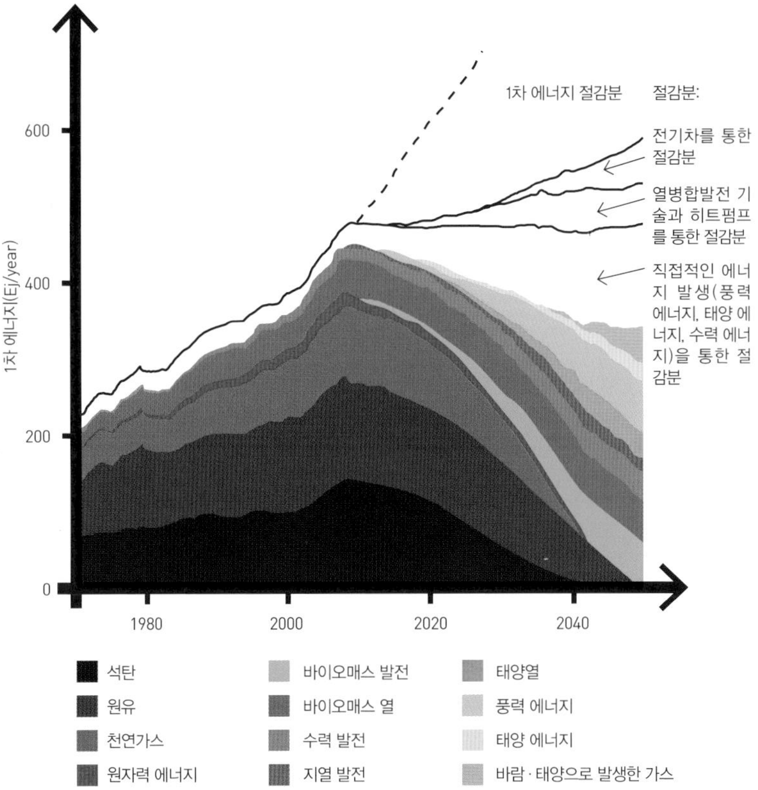

그림 8.1 **탈탄소 세상을 위해 갖은 방법을 강구하다**

여기서도 보듯이 오늘날 수많은 분석은 세계가 재생 에너지 미래로 전환하는 것이 이번 세기 후반쯤 가능하다고 보고 있다. 기후와 관련하여 안전한 운용 공간으로 돌아가려면 수많은 전선에서 실천하는 노력이 필요하다. 그리고 풍력, 태양력, 지열, 수력, 바이오매스 에너지 같은 재생 에너지원을 크게 늘리는 것과 더불어 대폭적인 에너지 효율 개선과 행동 변화가 수반되어야 한다. 만약 지구 차원의 에너지 정책 전환이 없으면 점선으로 표시된 '과거와 다름없는' 길을 걷게 될 것이다. CHP란 열병합발전 기술로, 냉각탑에서 뿜어져 나오는 증기구름처럼 기존 체제에서 버려지는 열을 거둬들여 사용가능한 열과 전력을 생산하는 데 투입하는 대단히 효과적인 과정이다.

PIERCE
BROSNAN
GEOFFREY
RUSH

를 초래하는 세상 말이다. 따라서 기업과 국가에게 진정한 비용이란 지금처럼 더럽고 불건강하고 비효율적이고 점점 더 볼썽사나워지는 성장 모델을 고집하는 것이다. 폐루프식 생산 체계와 재생 에너지원으로 갈아타면서 대중을 앞서가는 국가와 기업이 미래의 최종 승자가 되는 것은 당연하다.

직업은 지구 한계 내 성장을 위한 양방향 전략의 핵심 부분이다. 베트남 호치민 시에서 한 젊은 요리사가 코브라 고기를 볶고 있다.

9

자연에서 배운 해법

주위를 둘러보라. 당신이 어디에 있든, 즉 그곳이 차 안이든 비행기 안이든 사무실 안이든 아니면 거실에 놓인 편안한 의자이든 말이다. 당신이 보는 모든 것들은 자연에서 왔다. 희토류금속, 직물, 플라스틱, 목재 등 모든 자재는 생물권에서 추출해온 것들이다. 우리가 먹는 식량, 집을 냉난방하는 방식, 심지어 최근에 나온 스마트폰(평균적으로 50개가 넘는 금속이 쓰인다), 이 모든 것들은 자연이 제공하는 서비스에서 온다. 따라서 오늘날 불거진 문제들에 대한 광범위한 해결책과 혁신 또한 점점 더 자연에서 나오고 있다는 사실은 하등 이상할 게 없다.

소박한 엉겅퀴를 생각해보라. 생명공학 연구자들은 이 가시 많은 잡초가 버려진 밀밭을 점령한 사르디니아(이탈리아 서쪽에 있는 섬 — 옮긴이)에서 놀라운 발견을 했다. 더러 아티초크엉겅퀴(artichoke thistle)라고도 불리는, 자주색 꽃이 피는 키나라 카르둥쿨루스(Cynara cardunculus)에서 추출한 식물성 기름은 무척이나 다양한 단량체와 중간체로 변환될 수 있다. 수많은

스웨덴 욀란드(Öland)섬에서 오래된 돌벽이 농경지와 방목지를 가르고 있다. 방목지에서는 양떼들이 다양한 동식물군과 어우러져 살아간다. 급변하는 환경은 이 같은 사회생태 시스템을 곤경에 빠뜨린다. 이들 시스템은 인류의 행복과 복원력을 위해 자연과 함께하는 방법에 관해 우리에게 많은 것을 일깨워준다.

업계에서 기초제품을 이루는 타이어, 윤활유, 화장품 같은 것들 말이다. 그 지역에서 가장 오염도가 심한 석유화학공장이 2011년 문을 닫자 그 공장을 세계에서 가장 선도적이고 혁신적이고 환경친화적인 화학·바이오리파이너리(bio-refinery: 바이오매스 원료에서 생물공학적·화학적 기술을 이용해 바이오 기반 화학제품, 바이오 연료 등의 물질을 생산하는 기술—옮긴이) 공장으로 바꾸겠다는 결정이 내려졌다. 2014년 1월 포르토 토레스(Porto Torres)에서 처음 문을 연 이 공장은 화석연료 대신 야생·재배 엉겅퀴를 써서 바이오플라스틱 산업에 필요한 제품들을 생산한다.

이 대담한 사업은 마침맞은 때 시작되었다. 이탈리아가 연방 차원에서 막 화석연료로 만든 비닐봉지의 사용을 금하고, 오직 생분해되는 봉지만 사용하도록 하는 결정을 내린 참이었던 것이다. 이 조치는 잡초를 기반으로 한 새로운 사업을 급속도로 발전하는 기술로 탈바꿈시키는 데 도움을 주었다. 이탈리아 사람들은 1인당 매년 300개가 넘는 봉지를 사용하는 것으로 알려졌다. 해마다 전 국민의 소비량이 200억 개가 넘는 것이다. 이탈리아는 비닐봉지를 점차 줄여나감으로써 소비자들의 비닐 쓰레기양과 화석에너지 사용량이 줄어들기를, 그래서 장기적으로 바다에서 마이크로(미세) 플라스틱이 줄어들기를 바란다. 이 같은 광범위한 규제는 분명 바이오플라스틱 산업의 발달을 고무하고 추동하는 유인가가 되어줄 것이다.

이제 이처럼 자연을 기반으로 한 수많은 혁신의 예가 속속 등장하고 있다. 누에를 이용하여 범선용 고강도 밧줄에 쓰는 섬유를 짜는 것, 심장병을 치료하기 위해 뱀의 독을 연구하는 것 따위가 비근한 예다. 게다가 환경에 미치는 영향을 극적으로 줄이는 데에도 자연 기반 기술이 쓰인다. 식물을 생명공학적으로 혹은 유전적으로 변화시키는 기술, 전기차, 에너지 소비 제로의 패시브 하우스〔passive house: 집 안의 열 유출을 억제하여 에너지 사용량을 최소화하는 에너지 절감형 주택을 말한다. 능동적으로 태양열 등 외부 에너지를 끌어다 쓰는 액티브 하우스(active house)에 대응하는 개념이다—옮긴이〕 같은 것이 그러한 예다. 자연 기반의 개념을 적용한 또 다른 예로는 기업이 순환기업 모델을 채택하거나 알루미늄 캔 같은 제품을 재활용함으로써 쓰레기를 줄이는 일을 들 수 있다. 한계 내에서 성장하는 지속가능한 미래로 향해하기 위해 우리는 적어도 세 개의 전선—자연을 통한 급격한 기술 발전, 인류의 영향력을 줄이기 위한 혁신, 그리고 광범위한 제도 변화—에서 획기적인 진척을 이룰 필요가 있다.

이러한 타개책 가운데 상당수는 잘 정립되어 있지만 아직껏 본격화하지는 못했다. 풍력과 태양력을 예로 들어보자. 이 두 가지는 현재 화석연료를 기반으로 한 전기·열 공급 체제와 경제적으로 경쟁하고 있으나 여전히 지구 에너지 사용량의 고작 2퍼센트에 그친다. 좋은 소식이라면 세계의 상당 지역에서 풍력과 태양력이 급속하게 발전하고 있다는 사실, 그리고 세계의 4대 경제대국인 독일 같은 나라에서 재생 에너지가 전기의 4분의 1(2013년 현재)을 제공하고 있으며 그 가운데 12~13퍼센트를 풍력과 태양력에서 얻고 있다는 사실이다.

지난 수십 년 동안 태양력 분야의 기술이 몰라보게 발전하면서 수많은 새로운 가능성이 열렸다. 1990년대에는 태양 전지판이 너무 비싸다는 게 풀어야 할 중요한 숙제였다. 오늘날 저렴한 실리카(이산화규소) 기반 기술이 급속도로 발전하고 있는 점을 고려하면 그것은 더 이상 문제되지 않는다. 웁살라 대학 공대 교수 마리카 에도프(Marika Edoff)의 말마따나 이제 중요한 과제는 에너지를 비용효과적으로 저장하는 것이다. 수년 동안 기

술 발전을 이끈 것은 독일, 에스파냐, 이탈리아의 기업들이었지만, 오늘날에는 중국, 일본, 브라질이 기술 발전을 선도하고 있다. 전력 수송을 위한 인프라가 제대로 갖춰지지 않은 아프리카에서는 몇몇 나라들이 태양전지판에 의존하여 필요 전력을 생산하고 있다.

자연이 제공하는 그 밖의 미개척 기회들 가운데 잘 알려지지 않은 것을 몇 가지 살펴보자. 지구 한계 내 풍요 창출이라는 점에서 이 기회들은 야심 찬 순환경제 모델보다 훨씬 더 효과적일 수도 있다. 귄터 파울리(Günter Pauli)가 자연 기반 해법들에 관해 쓴 책《블루 이코노미(Blue Economy)》에서 지적한 대로, 만약 지속불가능한 체제를 90퍼센트 개선한다 해도 나머지 10퍼센트는 여전히 나쁜 상태일 것이다. 하지만 만약 당신이 가령 플라스틱처럼 화석연료에 토대한 재료에서 대나무 같은 생물학적 재료로 전환한다면, 언제든 얼마간 나쁜 부분이 남아 있는 체제에서 100퍼센트 좋은 체제로 옮아가게 된다. 행복도 늘어나고 성장도 멈추지 않는다. 이 같은 과감한 해법은 현대사회를 다소간 지속불가능한 상태에서 완전히 지속가능한 상태로 송두리째 바꿔놓는다.

구더기를 사랑하는 법 배우기

귄터 파울리가《블루 이코노미》에서 예로 든 수많은 자연 기반 기술 가운데 가장 흥미로운 것은 흔히 구더기라고 부르는 파리 유충에 관한 것이다. 우리의 식생활이 점점 더 가축의 집중사육에 의존함에 따라 식량 생산은 인간이 물, 토지, 영양물질, 생물다양성, 기후에 가하는 압박을 꾸준히 증가시켰다. 실제로 인간이 육류를 원하는 것이야말로 세계농업이 지

위풍당당한 벵갈 호랑이와 그의 서식지를 지키는 것은 인류를 위한 장기적인 물 공급 등 여러 생태계 서비스를 안정화하는 현명한 전략이다.

구 한계를 위협하는 가장 중요한 이유들 가운데 하나다. 인간의 육류 선호는 엄청난 양의 폐기물을 발생시키기도 한다. 우리가 소비를 위해 도살하는 가축의 약 절반가량은 결국에 쓰레기로 버려진다. 유럽에서는 연간 1인당 150킬로그램 정도다. 하지만 이제 동물 폐기물을 분해하기 위해 구더기 농장을 활용하는 혁신적인 방법이 개발되었다. 이 과정에서 저비용의 구더기 단백질이 만들어져서 나중에 동물 사료로 사용되는 이점도 있다. 그런가 하면 의학 연구는 구더기가 상처에서 괴사한 세포를 제거하고 세포 성장을 촉진하는 비용효과적인 방법이 될 수 있음을 보여준다. 다시 말해 놀랄 만큼 지속가능한 기술인 구더기 농장은 곤충 기반의 폐기물 처리와 의료 치료법에서 획기적인 신기원을 열 수 있었다.

우리는 또한 뱀을 사랑하는 법도 배워야 한다. 아직껏 사랑하지 않았다면 말이다. 오늘날 서구사회에서 가장 널리 쓰이는 약품은 혈압을 낮추는 약품이다. 그 상당수는 '앤지오텐신 전환효소(Angiotensin Converting Enzyme, ACE)'를 억제하고 그 효소가 혈관을 수축시켜 혈압을 높이지 못하도록 막는 식으로 작용한다. 그런데 가장 널리 사용되는 캡토프릴(Captopril) 같은 ACE 억제제가 본시 브라질산 독사 보트롭스 자라라카(Bothrops jararaca)의 독에 들어 있는 성분을 모델로 한 것이라는 사실을 아는 사람은 그리 많지 않다. 연구자들은 독사가 사냥하는 모습을 관찰함으로써 아이디어를 얻었다. 독사의 먹잇감이 땅에 떨어지는 것은 혈압이 갑자기 내려가기 때문임을 발견한 것이다. 독에서 자연적으로 생겨나는 성분인 테프로타이드(teprotide)라는 펩타이드는 약물로 사용하기에 적합지 않았다. 하지만 신중하고 창의적인 연구들이 이어지면서 정확히 그 펩타이드의 어느 곳이 활성 부위인지 밝혀냈고 결국 캡토프릴이라는 약물을 개발할 수 있었다.

자연 기반의 기업 모델을 채택한 예로는 단연 의류 업계가 두드러진다. 섬유 업계는 수년 동안 생태적 농장 체제를 통해 면화를 얻거나 화학 염료산업의 공해를 줄임으로써 지속가능한 섬유의 비중을 높이려고 안간힘을 써왔다. 그렇지만 스웨덴의 의류회사 H&M 등 점점 더 많은 거대기업들이 이것만으로는 충분치 않다는 사실을 깨달았다. 그들은 섬유를 재활용함으로 섬유 흐름이 폐루프식으로 이뤄지도록 하는 것이 장기 목표가 되어야 함을 이해하고 있다. 수많은 기업이 면과 울을 재활용하거나, 아니면 페트병 같은 재활용 플라스틱처럼 다른 소비자들이 입다 버린 의류로 새로운 의류를 생산하기 위해 실험을 계속하고 있다. 이러한 의류 재활용 규모는 아직껏 미미하지만(현재 기술로는 섬유의 약 20퍼센트밖에 재활용하지 못한다), 이것은 소비자 의식이 급격한 변화를 이끌어낼 수 있는 분야임에 틀림없다. 산더미처럼 쌓인 낡은 옷들이 결국에 가서 매립지에 묻히는 꼴을 더는 못 보겠다고 느끼는 이들이 점점 더 많아지고 있는 것이다.

또 한 가지 유망한 추세가 있다. 독일에 본사를 둔 의류·신발 제조사 푸마 같은 기업들이 자사가 자연자본과 생태계 서비스에 크게 의존하고 있다는 사실을 분명하게 깨닫고 있다는 점이다. 푸마의 회장 요헨 자이츠는 2011년 그 회사의 환경손익계정(Environmental Profit and Loss, EP&L) 프로그램을 처음 실시했을 때, 그것을 푸마 소비자들과 정보를 공유하기 위한 주요 전략이라고 표현했다. 푸마는 티셔츠(비용의 20퍼센트가 자연 보조금이다)에서 스포츠화에 이르는 모든 제품에 그것을 생산하는 데 드는 환경 비용을 보여주는 가격표를 붙임으로써 소비자들과 지속가능한 관계를 유지할 수 있는 발판을 새로 마련했다.

자이츠가 나중에 지적한 대로 이 일은 재활용 가능 재료를 신발에 사용하는 것 같은 지속가능하면서도 수익성 있는 투자가 무엇인지 알아내기 위한 사업 전략을 이끌기도 했다. 이 일은 탄소전쟁룸(Carbon War Room)을 운영하고 '원로(Elders) 네트워크'를 구축한 버진 그룹의 리처드 브랜슨의 기획과 더불어, 이 두 기업 지도자가 B팀을 창립하도록 영감을 주었다. B팀에는 유니레버의 폴 폴먼(Paul Polman)과 타타 그룹의 라탄 타타(Ratan Tata) 같은 여남은 명의 기업 지도자들이 참여하고 있다. B팀과 관련하여 가장 흥미로운 점은 "세계의 기업 지도자들은 인간과 지구의 안녕을 증진하고자 함께 힘을 모아야 한다"는 그들의 신념이다. 실제로 그들은 기업이 번영하려면 이런 식으로 생각하지 않으면 안 된다고 강조한다. 이것은 수많은 과학 분야가 말해주는 바와도 일치하며, 우리가 이 책에서 주력하고 있는 사고 대전환의 핵심이다. '환경손익계정' 회계나 그와 유사한 프로그램들을 시작한 것은 올바른 방향으로 나아가려는 노력이다.

비전과 해법의 만남

발트해가 병들었다. 실제로 발트해는 세계에서 가장 심하게 병든 내해다. 농업 유출수로 인한 질소·인의 과부하, 수십 년 동안 도시 쓰레기와 산업 폐기물에서 비롯된 독소의 부하 탓에 발트해는 1989년 티핑 포인트를 넘어섰다. 1989년은 우연찮게도 정확히 우리가 '큰 지구' '작은 세계'에서 '작은 지구' '큰 세계'로 달라졌고, 그래서 새로이 불운한 생태적 상황에 갇히게 되었다고 주장한 바로 그 시점이었다. 발트해는 대구가 풍부하고 영양물질이 거의 없고 산소가 넉넉한 상태에서, 지금처럼 대형 물고기를 구경하기 힘들고 영양물질이 지나치게 많은 탁하고 지저분한 상태로 돌변했다. 이른바 남조류인 시아노박테리아(Cyanobacteria)는 영양물질을 먹고 기하급수적으로 자란다. 그 남조류를 뜯어 먹고 사는 동물성 플랑크톤의 대부분을 청어와 스프랫(sprat: 청어과의 작은 유럽산 바닷고기—옮긴이)이 잡아먹어 버렸기 때문이다. 포식자인 대구가 사라지고 난 뒤 청어와 스프랫 개체가 폭발적으로 불어난 것이다. 이제 기후 변화까지 가세해 사태는 엎친 데 덮친 격이 되었다. 기후 변화로 북극의 해안 분지 얼음의 용융 속도가 점차 빨라져서 반염수(半鹽水)인 발트해의 바다 환경에 더 많은 담수가 더해지고 수온이 상승하게 된 것이다. 이러한 과정은 발트해가 지금처럼 병든 상태를 더욱 재촉했다. 발트해의 거의 6분의 1이 사실상 가용 산소 수준이 지나치게 낮은 '죽음의 지대'로 변해버렸다. 지상에 존재하는 가장 드넓은 '죽음의 지대'다.

충격적이게도 이 환경적 재앙은 대체로 발트해를 소중히 여기는 9개 연안국—스웨덴, 핀란드, 덴마크, 에스토니아, 라트비아, 리투아니아, 러시아, 폴란드, 독일—의 시민, 정부, 기업이 뻔히 보는 앞에서 일어났다. 실제로 이 발트해 연안국들의 국제 연구 네트워크 발틱스턴(Baltic Stern)의 최근 연구들에 따르면, 이들 국가의 시민들은 발트해를 건강하게 만들 수만 있다면 기꺼이 비용을 지불할 용의가 있는 것으로 드러났다. 게다가 그렇게 하는 데 따른 이득은 상당할 것이다. 보스턴 컨설팅 그룹(Boston Consulting Group, BCG)의 최근 분석은 지속가능한 발트해 투자 시나리오는 2030년까지 일자리 55만 개와 320억 유로의 경제적 부가가치를 창출할 수 있음을 보여주었다.

상황을 바꾸려면 어떻게 해야 할까? 핵심은 지구 한계 내 운용으로, 여

기에는 농업 폐수와 도시 생활하수로 인한 영양물질 부하를 큰 폭으로 줄이는 것이 포함된다. 발트해의 단일 오염원으로는 최대 규모인 상트페테르부르크가 2013년 말 그 도시 최초의 폐수 처리 공장을 건립한 것이 중요한 첫걸음이었다. 그뿐만 아니라 생물다양성을 보호하고 대구나 강꼬치고기(pike) 같은 최상위 포식자를 회복하려면 새로운 어획 관리 체제도 필요하다. 켄팅(Kenting)이나 코스터피오르던(Kosterfjorden)의 해양국립공원처럼 바다에 서식하는 동물과 어부 양쪽이 다 반기는 체제 말이다. '보스턴 컨설팅 그룹'이 지적한 대로, 핵심은 발트해를 공유하는 9개국의 모든 이해당사자들이 지속가능한 비전에 동의해야 한다는 것이다. 변화를 이끌기 위해서는 사고의 전환이 필요하다. 즉 번성하는 발트해 생태계의 아름다움과 복원력이 인간의 행복과 경제 발전의 토대이며, 정치인·기업인·시민은 모두 이 같은 비전을 공유함으로써 이득을 얻는다는 데 합의해야 하는 것이다.

또 한 가지 지속가능성과 관련한 변화는 세계의 도시지역들에서 일고 있다. 자연 기반 해법에 대한 주요 투자들 상당수가 이뤄지는 곳이 바로 도시지역이다. 이유는 간단하다. 우리는 티핑 포인트를 넘어섰으며 세계 인구의 절반 남짓이 도시에서 살아가고 있기 때문이다. 현재 거주민이 천만을 넘는 메가시티는 전 세계적으로 28개나 된다. 그 수는 2030년에 40개로 불어나리라 예상된다. 2050년이면 세계 인구의 대략 3분의 2가 도시에서 살아갈 것이다. 이것은 도시 거주민이 지금보다 25억 명이나 불어난다는 것을 뜻한다.

최근에 발표된 《유엔 도시 생물다양성 개관》 등의 수많은 증거에 따르면 상대적으로 생물다양성이 풍부한 도시 생태계는 뉴욕을 덮친 허리케

붉은산호농어(Red Coral grouper)가 레드선코럴(Red Sun Coral) 옆에서 헤엄을 치고 있다. 산호초 시스템은 2억 5000만여 명에게 식량을 제공해줄 뿐 아니라 바다에서 살아가는 수많은 종에게 더없이 소중하다.

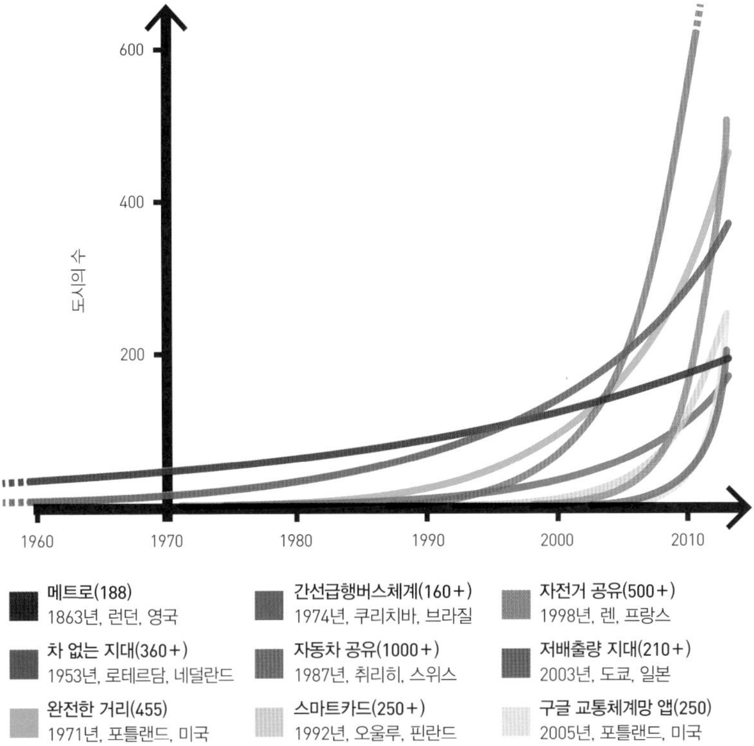

그림 9.1 **스마트한 운송 체계**

2000년 이후 전 세계 도시들에서 급행버스 운행부터 자동차·자전거 공유에 이르는 혁신적이고 지속가능한 운송 체계가 다채롭게 시행되었다. 이들 제도의 상당수는 현행 기술을 이용한다. 예를 들어 간선급행버스체계(Bus Rapid Transit, BRT)는 대중교통 체제를 낡은 것에서 효과적이고 새로운 것으로 전환하기 위해 전용차선, 승차 전 티켓 구매, 맞춤형 버스 정류장 등을 이용한다. 브라질 쿠리치바(Curitiba) 시에서 처음 선보인 간선급행버스체계는 현재 전 세계적으로 160여 개 도시에서 실시되고 있다.

인 샌디, 혹은 타이완의 마을을 파괴한 산사태 같은 극단적인 사건들로부터 도시를 보호하는 데 이롭다. 게다가 세계화한 세상에서 기업이 번성하려면 지속가능한 도시가 필요하다. 음악 스트리밍 회사 스포티파이(Spotify)의 최고경영자 마르틴 로렌트손(Martin Lorentzon)이 최근 비공식 대화에서 언급한 대로, 그가 이끄는 조직은 세계 각지의 젊은 인재들을 고용하는데, 이들을 스톡홀름의 사무실로 끌어들일 수 있는 비결은 다름 아닌 그 도시의 깨끗하고 안전한 환경이다. 다시 말해 어느 지역의 지속가능성, 즉 회복성·건강성·아름다움은 가장 중요한 특색으로 떠올랐으며, 이것은 도시가 미래에 번성하려면 지구 한계 내에서 운용되어야 한다는 것을 뜻한다.

세계에서 가장 인구밀도가 높은 도시 환경들 가운데 하나인 싱가포르를 예로 들어보자. 싱가포르는 북적이는 삶도 오락과 복원력을 동시에 제공하는 생태계에 둘러싸여 있는 게 가능하다는 것을 실제로 증명해 보였다. 싱가포르를 찾아갈 때마다 매번 놀라게 되는 점은 인구밀도가 높은 이 메가시티 환경 내에 그토록 많은 자연이 숨 쉬고 있다는 사실이다. 우리는 이러한 도시의 성장이 우리가 지금 넘어가고 있는 사회적 티핑 포인트라고 주장한다. 좀더 살 만한 환경을 목표로 하는 전략을 선택한 도시 지역의 수가 기하급수적으로 늘어나는 추세는 바람직하다.

그런가 하면 브라질 최대의 메가시티 상파울루의 시민 2000만 명은 최근 심각한 환경 문제에 직면했다. 80년 만에 겪은 최악의 가뭄이 그 도시에서 전례 없는 물 부족 사태를 일으킨 것이다. 도시의 몇몇 급수소들은 물이 완전히 말라버렸다. 브라질 국립수자원관리국의 대표 빈센트 앙드뢰(Vincente Andreu)의 말에 따르면, 거주민들은 가뭄이 계속 이어질 경우 맞이할지도 모를 '초유의 붕괴 상황'에 대비해야 했다. 그렇다면 이러한 위기의 원인은 무엇일까? 기후 변화의 선도적 권위자 카를로스 노브르(Carlos Nobre) 등 브라질의 과학자들에 따르면, 이 지역의 강수량이 감소한 원인은 분명 지구온난화와 아마존 열대우림의 삼림파괴인 듯하다.

거대한 수증기 펌프인 아마존 유역에서는 그곳 식생들이 매일 200억 톤에 달하는 수증기를 대기중에 뿜어내고, 그 상당량이 다시 비가 되어 숲으로 돌아오는 것으로 추산된다. 그 습기 가운데 적잖은 양이 바람을 타고 이동해 비를 뿌림으로써 식수와 농업용수를 공급하는 상파울루의 급수소들을 채우는 것이다. 브라질의 국립우주연구소(National Space Research Institute, INPE)는 최근 아마존에서 비롯되는 '날아다니는 강(flying rivers)' 형태의 습도가 급격하게 줄어들면서 오늘날과 같은 가뭄이 발생했다고 결론지었다.

따라서 브라질의 금융·산업 중심지 상파울루는 아마존 유역을 지속가능하게 관리함으로써 생명을 살리는 비가 오도록 만들지 않으면 성공적으로 유지될 수 없다. 상황은 그리 좋아 보이지 않는다. 아마존 유역의 삼림파괴는 2008년 이후 처음 증가세로 돌아선 이래 2012~2013년 사이 29퍼센트나 크게 늘었다. 연구들은 계속해서 삼림을 파괴하면 이번 세기 중엽 건기의 강수량이 평균 20퍼센트 정도 감소하고, 열대우림이 티핑 포인트를 넘어서서 좀더 건조한 사바나 체제로 돌이킬 수 없게 달라져버릴 거라고 경고했다.

이것은 상파울루 같은 도시와 브라질의 경제를 악화할 뿐 아니라 결국에 가서는 전 세계에도 영향을 끼친다. 지구가 가장 거대한 탄소싱크와 수증기 펌프를 잃어버리는 꼴이기 때문이다. 이것은 지구 차원의 삼림파괴를 멈춰야 하는 또 한 가지 이유가 되어준다. 연구들이 이미 보여준 대로, 삼림파괴를 그치면 화석연료 연소에 의한 연간 탄소 배출량 320억 톤과 비교할 때 그 수치가 연간 50억 톤 정도 줄어들어 기후 변동 완화라는 관점에서 인류에게 즉각적이고도 방대한 이익을 안겨준다.

한마디로 열대우림을 돌보는 것은 자연과 더불어 살아가고 생물다양성을 보호하고 장기적인 복원력을 키움으로써, 상파울루 같은 도시에서의 즉각적인 경제성장을 보장하고 미래에 닥칠지도 모를 기후적 재앙을 예방하는 확실한 윈윈 전략이다.

지속가능한 혁신을 통한 '한계 내 성장'

이 책에서 이미 여러 차례 살펴보았듯이, 자연과 어우러져 사는 것이야말로 지구 한계 내에서 운용되는 지속가능한 체제를 발전시키는 핵심 전략이다. 이것은 특히 농업에 잘 적용된다. 핵심 목표는 농업 체제를 탄소 발생원이 아니라 탄소싱크로 전환하는 것이다. 이렇게 되면 토양이 영양물질이나 물을 머금는 능력을 키워서 쉽사리 나빠지지 않는 좀더 생산적인 상태로 달라지기 때문이다. 우리는 농작물 경작과 가축 사육 간의 균형 잡기, 농작물 윤작, 좀더 스마트한 정밀농법, 통합 관리를 통한 영양물질 폐루프 시스템, 보존농업 체제 등 수많은 전략을 채택함으로써 이 일을 해낼 수 있음을 알고 있다. 가장 험악한 환경 속에서도 성공을 거둔 사례를 우리는 보고 있다.

세계 최빈국 가운데 하나인 니제르에서는 자연 기반 해법들에 힘입어 100만이 넘는 가구의 생활수준을 개선해왔다. 니제르 사람들은 지구상에서 생산성이 최악이고 물 부족이 가장 심각한 사바나에서 살아가고 있다. 그럼에도 남부 니제르의 마라디(Maradi)나 진더(Zinder) 지역의 농부들은 농임업(agroforestry)을 통해 질소 고정 수목과 작물을 결합으로써 1990년대부터 500만 헥타르의 농지에서 농업 생산성을 늘려왔으며 심각하게 훼손된 땅을 25만 헥타르 넘게 복구할 수 있었다. 이 지역은 생물다양성이 살아났고 토양도 더욱 비옥해졌으며 환경 또한 물과 관련한 충격에 좀더 복원력을 갖추었다. 더욱이 농가 실질소득이 갑절로 뛰어 그 지역의 연간 총소득이 가구당 천 달러나 늘었다. 모두가 자연을 기반으로 한 해법이 가져다준 결과다.

또 하나 지속가능한 혁신의 유망한 예는 인도에서 찾아볼 수 있다. 그곳에서는 마을 사람들이 땔감을 찾아 호랑이 서식지를 망가뜨리는 바람에 이 대형 고양잇과 동물(호랑이)의 생존이 벼랑 끝에 몰렸다. 당국은 호랑이 서식지 침입을 줄이기 위해 시골 마을에 바이오가스를 연료로 공급하는 작은 장비를 수백 수천 개 설치했다. 가정에서 땔감이 아니라 메탄을 쓰는 난로로 요리할 수 있도록 유도한 것이다. 일반적인 바이오가스 장비는 쇠똥 40킬로그램 남짓과 물 40리터를 채워 넣으면 6인 가구가 하루 세끼 먹을 수 있는 음식을 요리할 정도의 메탄을 생성한다. 바이오가스 장비를 설치한 인도 북부의 일부 지역에서는 장작 소비가 약 70퍼센트나 감소했다. 게다가 농부들이 똥을 모으기 위해 소를 외양간에서 사육하자 호랑이들이 소를 잡아먹는 사고 또한 크게 줄었다. 에너지 사용 패턴의 간단한 변화만으로도 그 지역에 남은 얼마 안 되는 숲에 가하는 압력이 낮아졌다. 게다가 소수의 호랑이 집단이 숲 자원에 의존하여 종내 살아남을 수 있다는 희망도 생겼다.

그렇다면 자연 기반 해법들이 이처럼 대단히 효율적이고 지속가능하고 매력적임에도 불구하고 본격적으로 확산하지 못하는 까닭은 무엇일까? 우리는 그 효과를 보여주는 증거들이 충분치 못해서라고는 생각지 않는다. 그보다 우리가 그와 정반대되는 인센티브에 기대어 살아가고 있는 데

다 분명한 규제마저 부족하기 때문이라고 생각한다. 우리는 농업에서 인을 소비하는 것처럼 자연자원을 비효율적으로 사용하는 것, 대다수 사람들과 미래세대가 누려야 할 생태계의 가치를 악화해가면서까지 소수의 단기적 이익을 위해 어자원을 남획하고 숲을 파괴하는 등 생태계를 비효율적으로 사용하는 것, 그리고 기후 변화와 대기오염 등을 통해 대기권을 비효율적으로 사용하는 것이 경제적으로는 이득이라고 여기는 세상에서 살아가고 있다. 이런 행태는 단기적으로는 성공적인 것 같은 착각을 불러일으킨다. 지구에 지불할 청구서가 발급되지 않으므로 무상으로 자연자원을 소비하고 온실가스를 배출할 수 있는 양 느껴져서다. 그러나 장기적으로 보면 우리 모두는 패자다. 인류가 오랫동안 뒷전으로 미뤄놓은 청구서들이 만기가 되었노라고 가뭄, 질병, 생태계 붕괴, 기상이변 사태 같은 모습으로 저마다 아우성을 치고 있기 때문이다. 우리가 기대어 살아가는 생태계를 계속 망가뜨린다면 모두는 미래로 이어진 위험하고 불건강하고 비효율적인 길을 걷게 될 것이다.

대대적인 세계시장 실패를 바로잡는 것이 시급히 요청되고 있다. 우리는 모든 형태의 오염과 지구 남용의 비용을 추산하고, 경제 발전이 지구 한계 내에서 이뤄지게끔 강제하는 규정을 마련함으로써 발전을 억제하지 '않고도' 지구에 남아 있는 자연 생태계를 보호할 수 있다. 그런가 하면 이러한 조치들은 미개척의 지속가능한 자연 기반 해법들을 투자 가치가 있도록 만들어서 혁신을 촉발한다. 탄소예산, 물예산, 토지예산으로 지구의 안전한 운용 공간을 규정하면 '성장의 한계'가 아니라 정확히 그 반대의 효과를 얻게 된다. 즉 혁신을 장려함으로써 '한계 내 성장'을 통해 '좋은' 인류세에서 번영을 구가할 수 있는 것이다.

아이슬란드 란드마날라우가르(Landmannalaugar)의 능선을 타는 도보여행자들. 인류는 지구에서 변화를 일으키는 가장 중대한 세력이므로 진정 '작은 지구'에 사는 '큰 세계'다. 지금까지는 지구가 인간의 등쌀에 맞서 상당한 복원력을 보여온 것으로 드러났다. 변함없이 자연을 보호하여 이 거대 빙하 같은 생물군계의 장엄함이 언제까지나 우리의 안녕을 지켜주도록 하자.

후기: 새로운 운동장

이 책에서 우리는 인류를 위해 안전한 운용 공간을 규정하는 과학 기반 접근법, 즉 지구 한계라는 개념을 중심으로 한 새로운 접근법에 관해 기술했다. 우리는 미래의 번영에 이르는 비결은 인간의 과도한 발자국을 줄임으로써 지구에 남아 있는 아름다움을 지키는 것이라고 주장했다. 어디에서 살아가든 무슨 일에 종사하든 간에 우리 모두는 안정적이고 복원력 있는 대기권, 바다, 육지 생태계 같은 자연 시스템에 의존한다. 지구가 인류의 대규모 영향력에 반응하면서 위험한 티핑 포인트를 건드리지 않도록 막으려면, 미래에 우리의 삶을 가능하게, 그리고 멋지게 만들어주는 생활방식을 훼손하지 않으면서 경제성장, 식량 안전, 사회 번영을 추구하는 방법을 모색해야 한다.

변화를 도모할 순간이 서서히 다가왔다. 세계은행 총재 김용, 유엔 사무총장 반기문(현재는 안토니오 구테헤스—옮긴이), 국제통화기금(IMF) 총재 크리스틴 라가르드(Christine Lagarde), OECD 사무총장 앙헬 구리아(Angel Gurria) 같은 세계의 지도자들은 하나같이 기왕의 방식을 고스란히 답습하면 성장 및 빈곤 완화라는 세계 전망이 위협받을 뿐임을 인식했다. 기업의 지도자들 역시 지속가능성이 좋은 기업에 이르는 길이기도 하다는 생각을 받아들였다. 스위스의 거대기업 ABB(Asea Brown Boveri)의 최고경영자 울리히 스피스호퍼(Ulrich Spiesshofer)는 최근에 "우리는 지구를 소비하지 않으면서 세계를 관리해야 한다"고 선언했다.

좌우지간 지속가능성은 그저 제한하자는 게 아니다. 사실 그것은 축구장에 그어진 선들이 리오넬 메시(Lionel Messi)의 빼어남을 거들어주는 것과 마찬가지 이치로 혁신을 장려한다. 경계가 어디인지 안다면, 즐라탄 이브라히모비치(Zlatan Ibrahimovic: 스웨덴의 프로 풋볼 선수—옮긴이)가 축구공으로 창의성을 발휘하듯이, 경제성장의 거장이 될 수 있다. 안전한 운용 공간을 규정하면 자연세계를 보호할 뿐 아니라 그와 더불어 우리 자신의 번영도 영위할 수 있다.

우리는 인류가 오랫동안 완전히 잘못된 길을 걸어왔다고 결론 내렸다. 우리는 수 세기에 걸쳐 유한한 지구에서 '한계 없는 성장(growth without limits)'을 이룰 수 있다는 자만에 젖어 있었다. 이 믿음은 40년 전 '성장의 한계'를 제안하는 주장과 더불어 서서히 금이 갔다. 우리는 화학물질이나 지역의 공기, 물의 질을 규제하고 생태계를 보호함으로써 우리 자신의 뒷마당을 청정하게 유지한다면 '지속가능한 발전'을 이룰 수 있다고 생각했다. 아뿔싸, 천만의 말씀이었다. 지구는 그렇게 단순하지 않은 것으로 드러났다. 한 지역의 환경 남용은 멀리 떨어진 다른 지역에까지 영향을 끼쳤다. 극지방과 사바나 지역을, 그리고 전 세계의 강수 체제와 지역의 일기 체제를 이어주는 생물리적 과정 때문에 세계의 어느 구석에서 누군가 카펫 밑에 쓸어 넣는 것이 다른 어딘가에 해를 끼치는 양상으로 드러났다. 이따금은 무척이나 느닷없고도 놀라운 방식으로 말이다. 우리가 지역 경제를 이끌어가는 방식 탓에 그린란드의 빙상, 서남극대륙의 빙하, 열대 지방의 산호초, 혹은 시베리아의 툰드라가 불안정해지다니, 결코 그럴 뜻은 없었지 않은가.

따라서 오늘날 우리는 '한계 내 성장'이라는 새로운 경기장을 제안한다. 과학을 통해 지구의 생물리적 한계에 관해 알게 된 내용을 혁신적 기술과 가치에 관한 증거와 결합함으로써, 지혜, 혁신, 세계공조를 통해 풍요에 다가가는 수많은 기회를 움켜잡을 수 있다. 우리의 제안은 지속가능한 발전을 '안전하고 공정한 지구의 운용 공간 내에서 모두를 위한 좋은 삶을 추구하는 것'으로 재규정하자는 것이다. 이 같은 방향을 따르기 위해 기억하기 쉽고 과학적으로 강력한 수치를 제시하고자 한다. 우리 아이들도 그 수치를 알 필요가 있다. 2100년은 그들이 살아가는 세상이 될 터이기 때문이다. 그 수치는 다름 아닌 '제로'다.

우리가 너무나도 분명하게 인지하고 있다시피, 우리 사회는 이번 세기 하반기에 이르면 완전하게 탈탄소화한 세계경제의 일부로서 탄소 배출량 '제로' 사회로 달라져야 한다. 또한 생물다양성 감소 추세를 멈추기 위해 종 상실률 '제로'에 도달해야 한다. 마지막으로, 지금껏 지표면의 절반을 농경지나 도시로 전환해온 우리는 이제 현재의 농경지 내에서 세계를 먹여 살리는 방법을 고안해야 한다. 이쯤에서 멈추는 거다. 미래의 강수량, 탄소싱크, 모든 살아 있는 종들의 서식지를 안정화하기 위해 농토 확대율 '제로' 상태로 인류에게 식량을 공급해야 한다. 다음번 녹색혁명은 현재 농경지에서의 지속가능한 집중화를 통해 이뤄지는 진정한 '녹색'혁명이 될 것이다.

이 3대 '제로' 공식—탄소배출량 '제로', 생물다양성 상실 '제로', 그리고 농경지 확대 '제로'—이 과학을 기반으로 한 세계 발전 어젠다의 골자로서, 안전한 지구 운용 공간의 상당 부분을 규정한다. '제로'라니 얼마

나 기억하기 쉬운 숫자인가? 게다가 거기에는 일말의 애매함도 없다. 3대 '제로'는 환경친화적이고 복원력 있고 번영하는 '제2의 기계시대'를 촉발하기 위한 이상적 목표다.

왜 망설이는가? 알다가도 모를 일이다.

안전하고 공정한 운용 공간 내에서 번영하는 세계로 이행하는 것은 단지 필수불가결하기만 한 것이 아니다. 그것은 가능할뿐더러 바람직한 변화이기도 하다. 우리는 최근의 과학을 기반으로 적극 활동에 나서도록 이끌고 과학기술을 크게 발전시킬 수 있도록 동기부여하기 위해 지구 한계를 규정했다. 우리는 전 지구인이 자연세계를 보존하고자 하는 보편적인 소망을 공유하고 있다고 믿는다. 안전하고 번성하는 미래를 누리기 위해 필요한 것은 우리들 각자가 지구에 남아 있는 아름다움을 지키는 헌신적인 스튜어드가 되는 길뿐이다.

브라질과 아르헨티나의 국경을 이루는 거대한 이구아수 폭포 주위에 활력 넘치는 열대우림이 펼쳐져 있다.

감사의 글

이 책은 과학, 사진, 이야기를 아우르는 학제적 연구의 소산이다. 스톡홀름복원력센터 동료들의 더없이 값진 과학적 통찰이 없었더라면, 그리고 티에라 그란데(Tierra Grande) 팀의 방대한 사진 작업이 없었더라면 과학 기반의 이 사진 이야기는 결코 세상에 나오지 못했을 것이다. 우리는 특히 연구를 지지해준 스톡홀름복원력센터의 시니어 커뮤니케이터이자 알바코(Albaeco)의 대표 프레드릭 모버그(Fredrik Moberg), 사진을 선정하고 본문과 연관 지어준 티에라 그란데의 모니카 클룸(Monika Klum)과 프레드리카 스텔란더(Fredrika Stelander)에게 큰 도움을 받았다. 중요한 비평과 팩트 체크를 해준 앤더스 배클룬트(Anders Backlund), 마리아 배클룬트(Maria Backlund), 마틸다 발만(Matilda Valman)에게 깊이 감사드린다. 말도 못 하게 복잡한 내용을 쉽게 읽히도록 구성하는 방법과 관련하여 적극 개입하고 전략적 조언을 들려준 맥스 스트룀(Max Ström)의 출판인 제페 비크스트룀(Jeppe Wikström), 프로젝트 코디네이터 애나 센네르(Anna Sanner)에게도 감사드린다. 모든 그래픽을 디자인한 저커 로크란츠(Jerker Lokrantz), 책을 디자인한 패트릭 리오(Patric Leo)에게 고마움을 전한다. 잡지 〈내셔널 지오그래픽〉과 '내셔널 지오그래픽 미션 프로그램(National Geographic Missions Program)'은 이 책 집필 기획안을 짜는 데 커다란 도움을 줌으로써 피터 밀러(Peter Miller)와 귀하디귀한 협동작업을 할 수 있도록 길을 열어주었다. 피터 밀러는 빼어난 기량을 지닌 편집자로서 스웨덴 '포스트코드 재단(Postkodstiftelsen)'의 지원을 받아 복잡한 과학 텍스트를 지나치게 단순화하지 않으면서도 간략하게 요약하고 다듬는 예사롭지 않은 솜씨를 선보였다. 마지막으로 이 책의 집필은 미스트라 재단(Mistra Foundation)이 스톡홀름복원력센터에 제공해준 후한 지원금 덕택에 가능했음을 밝혀둔다.

주요 출처와 추천 도서

1 새롭게 마주한 난관

Friedman, T. L., 2005, *The World Is Flat: A Brief History of the Twenty-first Century*, Farrar, Straus, and Giroux, New York, p 475.

Gunderson, L. and Holling, C. S. (eds), 2002, *Panarchy: Understanding Transformations in Human and Natural Systems*, Island Press, Washington, DC.

Hansen, J. E., and Sato, M., 2012, *Paleoclimate Implications for Human-Made Climate Change*, Springer, Berlin, Germany.

Holling, C. S., 1973, "Resilience and Stability of Ecological Systems," *Annual Review of Ecology and Systematics*, 4: 1-23.

IPCC, 2014, http://www.ipcc.ch/.

IUCN Redlist, 2014, http://www.iucnredlist.org/.

MA, 2005, *Millennium Ecosystem Assessment: Ecosystems and Human Well-being: Synthesis,* Island Press, Washington DC.

NOAA National Weather Service, 2014, http://www.noaa.gov.

OECD. 2014. "Economic outlook," http://www.oecd.org/eco/economicoutlook.htm.

Oppenheimer, S. 2004, *Out of Eden: The Peopling of the World*, Constable & Robinson, London, UK. p 429.

Rockström, J.; Steffen, W.; Noone, K.; Persson, Å.; Chapin, III, F. S.; Lambin, E. F.; Lenton, T. M.; Scheffer, M.; Folke, C.; Schellnhuber, H. J.; Nykvist, B.; de Wit, C. A.; Hughes, T.; van der Leeuw, S.; Rodhe, H.; Sörlin, S.; Snyder, P. K.; Costanza, R.; Svedin, U.; Falkenmark, M.; Karlberg, L.; Corell, R. W.;

Fabry, V. J.; Hansen, J.; Walker, B.; Liverman, D.; Richardson, K.; Crutzen, P.; and Foley, J. A. 2009, "A Safe Operating Space for Humanity," *Nature*, 461: 472-475.

Scheffer, M.; Carpenter, S. R.; Foley, J. A; Folke, C; and Walker, B. 2001, "Catastrophic Shifts in Ecosystems," *Nature* 413: 591-596.

Steffen W., et al. 2004, *Global Change and the Earth System: a Planet Under Pressure*, The IGBP book series, Springer, Berlin, Germany.

TEEB, 2010, *The Economics of Ecosystems and Biodiversity: Mainstreaming the Economics of Nature: A Synthesis of the Approach, Conclusions, and Recommendations of TEEB*, Progress Press, Malta.

UN DESA, 2014, http://www.un.org/en/development/desa/population/.

Welcome to the Anthropocene, 2014, http://www.anthropocene.info/en/home.

Wilson, E. O., 2013, *The Social Conquest of Earth*, Liveright Publishing Corporation, New York, USA, p 327.

Young, O., and Steffen, W., 2009, "The Earth System: Sustaining Planetary Life Support Systems," in *Principles of Ecosystem Stewardship: Resilience-based Resource Natural Resource Management in a Changing World*, Chapin III, F. S; Kofinas, G. P; and Folke, C.; (eds.), pp 295. Springer, New York.

2 지구 한계

AMAP, "AMAP Assessment 2013: Arctic Ocean Acidification," http://www.amap.no/documents/doc/AMAP-Assessment-2013-Arctic-Ocean-Acidification/881.

Canadell, J. G.; Le Quéré, D.; Raupach, M. R.; Field, C. R.; Buitenuis, E.; Ciais, P.; Conway, T. J.; Gillett, N. P.; Houghton, R. A.; and Marland, G., 2007, "Contributions to Accelerating Atmospheric CO_2 Growth from Economic Activity, Carbon Intensity, and Efficiency of Natural Sinks," *Proceedings of the National Academy of Sciences*, 104: 18866-18870.

Carson, R., 2002, *Silent Spring: The Classic that Launched the Environmental Movement*, A Mariner Book Houghton Mifflin Company, Boston, USA.

Global Biodiversity Outlook 4. http://www.cbd.int/gbo4/.

IGBP, IOC, SCOR, 2013, *Ocean Acidification: Summary for Policymakers—Third Symposium on the Ocean in a High-CO_2 World,* International Geosphere-Biosphere Programme, Stockholm, Sweden. http://www.igbp.net/download/18.30566fc6142425d6c91140a/1385975160621/OA_spm2-FULL-lorez.pdf.

IPCC, 2014, http://www.ipcc.ch/.

Meadows, D. H., Randers, J.; and Meadows, D. L., 2004, *Limits to Growth: The 30 Years Update*, Chelsea Green Publishing Company, USA. p 325.

National Climate Assessment, 2014, http://nca2014.globalchange.gov/downloads.

Rockström, J.; Steffen, W.; Noone, K.; Persson, Å.; Chapin, III, F. S.; Lambin, E. F.; Lenton, T. M.; Scheffer, M.; Folke, C.; Schellnhuber, H. J.; Nykvist, B.; de Wit, C. A.; Hughes, T.; van der Leeuw, S.; Rodhe, H.; Sörlin, S.; Snyder, P. K.; Costanza, R.; Svedin, U.; Falkenmark, M.; Karlberg, L.; Corell, R. W.; Fabry, V. J.; Hansen, J.; Walker, B.; Liverman, D.; Richardson, K.; Crutzen, P.; and Foley, J. A., 2009, "A Safe Operating Space for Humanity," *Nature*, 461: 472-475.

Rockström, J.; Steffen, W.; Noone, K. Persson, Å.; Chapin, III, F. S.; Lambin, E. F.; Lenton, T. M.; Scheffer, M.; Folke, C.; Schellnhuber, H. J.; Nykvist, B.; de Wit, C. A.; Hughes, T.; van der Leeuw, S.; Rodhe, H.; Sörlin, S.; Snyder, P. K.; Costanza, R.; Svedin, U.; Falkenmark, M.; Karlberg, L.; Corell, R. W.; Fabry, V. J.; Hansen, J.; Walker, B.; Liverman, D.; Richardson, K.; Crutzen, P.; and Foley, J. A., 2009, "Planetary Boundaries: Exploring the Safe Operating Space for Humanity," *Ecology and Society*, 14 (2): 32.

Rockström, J., et al., 2014, *Water Resilience for Human Prosperity*, Cambridge University Press, UK, p 284.

Steffen, W.; Richardson, K.; Rockström, J.; Cornell, S.; Fetzer, I.; Bennett, E. M., Biggs, R.; Carpenter, S. R.; de Vries, W.; de Wit, C. A.; Folke, C.; Gerten, D.; Heinke, J.; Mace, G. M.; Persson, L. M.; Ramanathan, V.; Reyers, B.; and Sörlin, S., "Planetary Boundaries: Guiding Human Development on a Changing Planet," in Review, *Science*, December 2014.

WMO/UNEP Scientific Assessments of Ozone Depletion, http://www.esrl.noaa.gov/csd/assessments/ozone/.

World Water Development Report, 2014, http://www.unwater.org/publications/publications-detail/en/c/218614/.

3 크나큰 재앙

Barnosky, A. D.; Matzke, N.; Tomiya, S.; Wogan, G. O. U.; Swartz, B.; Quental, T. B.; Marshall, C.; McGuire, J. L., Lindsey, E. L.; Maguire, K. C.; Mersey, B.; and Ferrer, E. A., 2011, "Has the Earth's Sixth Mass Extinction Already Arrived?" *Nature* 471: 51-57.

Bellwood, D. R.; Hughes, T. P.; Folke, C.; and Nyström, M., 2004, "Confronting the Coral Reef Crisis," *Nature* 429.

Box, Jason, 2012, The Meltfactor Blog, "Greenland Ice Sheet Record Surface Melting Underway," http://www.meltfactor.org/blog/?p=556.

Burke, L.; Reytar, K.; Spalding, M.; and Perry, A. L., 2011, *Reefs at Risk Revisited*, Washington, D.C., World Resources Institute, The Nature Conservancy, WorldFish Center, International Coral Reef Action Network, UNEP World Conservation Monitoring Centre and Global Coral Reef Monitoring Network, p 114.

Gleason D. F. and Wellington, G. M., 1993, "Ultraviolet Radiation and Coral Bleaching," *Nature* 365: 836-838.

Global Biodiversity Outlook 4, http://www.cbd.int/gbo4/, http://www.globalcarbonproject.org/carbonbudget/index.htm.

Lenton, T. M.; Held, H.; Kriegler, E.; Hall, J. W.; Lucht, W.; Rahmstorf, S.; Schellnhuber, H. J., 2008, "Tipping Elements in the Earth's Climate System," *Proceedings of the National Academy of Science*, 105 (6): 1786-1793.

NOAA, 2013, Arctic Report Card, http://www.arctic-report.net/.

Smith, J. B.; Schneider, S. H.; Oppenheimer, M.; Yohe, G. W.; Hare, W.; Mastrandrea, M. D.; Patwardhan, A.; Burton, I.; Corfee-Morlot, J.; Magadza,

C. H. D.; Füssel, H-M.; Barrie Pittock, A.; Rahman, A.; Suarez, A.; and van Ypersele, J-P., 2009, "Assessing Dangerous Climate Change Through an Update of the Intergovernmental Panel on Climate Change (IPCC): Reasons for Concern," *PNAS* 106 (11).

WBGU, 2009, *Solving the Climate Dilemma: The Budget Approach*, Special Report, German Advisory Council on Global Change.

4 모든 것이 정점에 이르다

Cohen, D. 2007, "Earth Audit," *New Scientist* 194 (2605): 34-41.

Cordell, D.; Drangert, J-O.; and White, S., 2009, "The Story of Phosphorus: Global Food Security and Food for Thought," *Global Environmental Change* 19: 292-305.

GEA, *Global Energy Assessment*, 2012, Global Energy Assessment, *Toward a Sustainable Future*, Cambridge University Press, UK.

IEA, 2010, World Energy Outlook 2010, International Energy Agency, Paris, France.

IEA, 2014, World Energy Outlook 2014, http://www.worldenergyoutlook.org/publications/weo-2014/.

Meadows, D. H.; Meadows, D. L.; and Randers, J., 1992, *Beyond the Limits*, Chelsea Green Publishing Co., White River Junction, VT, USA.

Meadows, D. H.; Meadows, D. L.; and Randers, J., 2004, *Limits to Growth: The Thirty Year Update*, Chelsea Green Publishing Co., White River Junction, VT, USA.

Ragnarsdottir, K. V., 2008, "Rare Metals Getting Rarer," *Nature Geoscience* 1 (11): 720-721.

5 죽은 지구에서 기업은 없다

Biggs, R.; Schlüter, M.; Biggs, D.; Bohensky, E. L.; Burnsilver, S.; Cundill, G.; Dakos, V.; Daw, T.; Evans, L.; Kotschy, K.; Leitch, A.; Meek, C; Quinlan, A.;

Raudsepp-Hearne, C.; Robards, M.; Schoon, M. L.; Schultz, L.; and West, P. C., 2012, "Towards Principles for Enhancing the Resilience of Ecosystem Services," *Annual Review of Environment and Resources* 37: 421-448.

Costanza R.; deGroot, R.; Sutton, P.; van der Ploeg, S.; Anderson, S.; Kubiszewski, I.; Farber, S.; and Turner, R. K., 2014, "Changes in the Global Value of Ecosystem Services," *Global Environmental Change* 26: 152-158.

Elmqvist, T., 2012, *Cities and Biodiversity Outlook: Action and Policy*, UN Secretariat of the Convention of Biological Diversity, Montreal, CAN, 66pp http://cbobook.org/.

MA, 2005, *Millennium Ecosystem Assessment: Ecosystems and Human Well-being: Synthesis,* Island Press, Washington, DC.

Stern, N., 2006, *Review on the Economics of Climate Change*, H.M. Treasury, UK, October. http://www.sternreview.org.uk.

TEEB, 2010, *The Economics of Ecosystems and Biodiversity: Ecological and Economic Foundations*, Edited by Pushpam Kumar. Earthscan, London.

The New Climate Economy, 2014, *Better Growth, Better Climate. The New Climate Economy Report.* The Global Report. The Global Commission on the Economy and Climate, www.newclimateeconomy.report.

WBCSD, 2011, *Vision 2050: The New Agenda for Business*. The World Business Council for Sustainable Development (WBCSD), http://www.wbcsd.org/vision2050.

6 혁신의 촉발

Bartolino, S.; Bonatti, L.; and Sarracino, F., 2014, "Great Recession and U.S. Consumers' Bulimia: Deep Causes and Possible Ways Out," *Cambridge Journal of Economics* 38 (5): 1015-1042.

Brynjolfsson, E., and McAfee, A., 2014, *The Second Machine Age: Work, Progress, and Prosperity in a Time of Brilliant Technologies*, W.W. Norton and Company, New York, USA.

Diamandis, P. and Kotler, S., 2012, *Abundance: The Future is Better Than You Think,* Free Press: New York.

Ellen MacArthur Foundation (Ed.) 2014, *A New Dynamic: Effective Business in a Circular Economy*. Ellen MacArthur Foundation Publishing, http://www.ellenmacarthurfoundation.org/.

Elmqvist, T., 2012, *Cities and Biodiversity Outlook: Action and Policy*, UN Secretariat of the Convention of Biological Diversity, Montreal, 66pp, http://cbobook.org/.

Foley, J. A.; Ramankutty, N.; Brauman, K. A.; Cassidy, E. S.; Gerber, J. S.; Johnston, M; Mueller, N. D.; O'Connell, C.; Ray, D. K.; West, P. C.; Balzer, C.; Bennett, E. M.; Carpenter, S. R.; Hill, J.; Monfreda, C.; Polasky, S.; Rockström, J.; Sheehan, J.; Siebert, S.; Tilman, D.; and Zaks, D. P. M., 2011, "Solutions for a Cultivated Planet," *Nature* 478 (7369): 337-342.

GEA, Global Energy Assessment, 2012, *Global Energy Assessment: Toward a Sustainable Future*, Cambridge University Press, UK, http://www.naturalstep.org/.

von Weizsäcker, E., Hargroves, K., Smith, M., Desha, C., and Stasinopoulos, P., 2009, Factor 5: *Transforming the Global Economy through 80 Percent Improvements in Resource Productivity*, Earthscan, London.

7 스튜어드십을 다시 생각하다

Griggs, D.; Stafford-Smith, M.; Gaffney, O.; Rockström, J.; Ohman, M. C.; Shyamsundar, P.; Steffen, W.; Glaser, G.; Kanie, N.; and Noble, I., 2013, "Sustainable Development Goals for People and Planet," *Nature* 495 (7441): 305-307.

Olsson, P., Folke, C., and Hughes, T. P., 2008, "Navigating the Transition to Ecosystem-based Management of the Great Barrier Reef," Australia. *Proceedings of the National Academy of Sciences* 105: 9489-9494.

PBL, 2009, *Getting into the Right Lane for 2050: A primer for EU Debate*, Netherlands Environmental Assessment Agency and Stockholm Resilience

Centre. PBL, Bilthoven, the Netherlands, p 106.

Raworth, K., "A Safe and Just Space for Humanity: Can We Live Within the Doughnut?" Oxfam Discussion Paper (Oxfam, 2012).

SHELL, 2008, *Shell Energy Scenarios to 2050*, SHELL, the Hague, the Netherlands, p 5.

UN Open Working Group proposal for Sustainable Development Goals. http://sustainabledevelopment.un.org/focussdgs.html.

Walker, B. H. and Salt, D., 2006, *Resilience Thinking: Sustaining Ecosystems and People in a Changing World*, Island Press, Washington, DC.

8 양방향 전략

Folke, C., and Rockström, J., 2011, 3rd Nobel Laureate Symposium on Global Sustainability: "Transforming the World in an Era of Global Change," Guest Editorial, *Ambio*, 40 (7): 717-718.

Comprehensive Assessment of Water Management in Agriculture (CA), 2007, *Water for Food, Water for Life: A Comprehensive Assessment of Water Management in Agriculture*, London: Earthscan and Colombo: International Water Management Institute.

GEA, Global Energy Assessment, 2012, *Global Energy Assessment: Toward a Sustainable Future. Cambridge,* Cambridge University Press, http://newclimate economy.report/.

Rockström, J. and Falkenmark, M., 2000, "Semiarid Crop Production from a Hydrological Perspective: Gap Between Potential and Actual Yields," *Critical Reviews in Plant Sciences* 19 (4): 319-346.

UNEP, 2011, *Towards a Green Economy: Pathways to Sustainable Development and Poverty Eradication*, www.unep.org/greeneconomy.

WBGU, 2011, *World in Transition—A Social Contract for Sustainability*. Flagship Report 2011. German Advisory Council on Global Change.

9 자연에서 배운 해법

Barron, J.; Enfors, E.; Cambridge, H.; and Adamou, M., 2010, "Coping with Rainfall Variability: Dryspell Mitigation and Implication on Landscape Water Balances in Small-scale Farming Systems in Semi-Arid Niger," *International Journal of Water Resources Development* 26: 523-542.

Benyus, J. M., 1997, *Biomimicry: Innovation Inspired by Nature*, Morrow, New York.

Lind, F. and Källström, N., 2014, "The Economic Case for Revitalizing the Baltic Sea," Boston Consulting Group March 2014. https://www.bcgperspectives.com/content/articles/corporate_social_responsibility_community_economic_development_economic_case_revitalizing_baltic_sea/.

Folke, C.; Jansson, Å.; Rockström, J.; Olsson, P.; Carpenter, S. R.; Chapin III, F. S.; Crépin, A-S.; Daily, G.; Danell, K.; Ebbesson, J.; Elmqvist, T.; Galaz, V.; Moberg, F.; Nilsson, M.; Österblom, H.; Ostrom, E.; Persson, Å.; Peterson, G.; Polasky, S.; Steffen, W.; Walker, B.; and Westley, F., 2011, "Reconnecting to the Biosphere," *Ambio* 40 (7): 719-738.

Hawken, P.; Lovins, A. B.; and Lovins, L. H., 2005, *Natural Capitalism: the Next Industrial Revolution*. 2nd Ed., Routledge, London.

IAASTD, 2009, *Agriculture at a Crossroads: International Assessment of Agricultural knowledge, Science and Technology for Development* (IAASTD), Summary for decision-makers of the Global Report.

Jackson, T., 2009, *Prosperity without Growth: Economics for a Finite Planet*, Earthscan, London.

Olsson, P., and V. Galaz., 2012, "Social-ecological Innovation and Transformation," in: Nicholls, A. and Murdoch, A. (eds), *Social Innovation: Blurring Boundaries to Reconfigure Markets*, Palgrave MacMillan.

Pauli, G., 2010, *Blue Economy*, Paradigm Publications.

The New Climate Economy, 2014, *Better Growth, Better Climate: The New Climate Economy Report*. The Global Report. The Global Commission on the

Economy and Climate. www.newclimateeconomy.report.
Zoltan, T.; Imredy, J. P.; Bingham, J-P.; Zhorov, B. S.; and Moczydlowski, E. G., 2014, "Interaction of the BKCa Channel Gating Ring with Dendrotoxins," *Channels*. Volume 8, Issue 5.

그림과 표

그림 1.1 Steffen, et al., 2004. Steffen, W., Deutsch, L. 등이 업데이트함(2014년).

그림 1.3 *National Geographic* magazine, March 2011을 고쳐 실음.

그림 1.5 www.regimeshifts.org.

64~65쪽 표 www.regimeshifts.org.

그림 1.6 Hansen et al., 2012.

그림 1.7 Hansen et al., 2012.

그림 1.8 Young and Steffen, 2009를 고쳐 실음.

76~77쪽 표 Steffen, W., and others. 2014.

그림 2.1 Steffen, W., and others. 2014.

그림 2.2 Canadell, et al., 2007을 고쳐 실음.

그림 3.1 Smith, et al., 2009와 IPCC, 2014를 고쳐 실음.

그림 3.3 WBGU, 2009를 고쳐 실음.

그림 3.4 Donner, S. D., 2009와 the World Resources Institute project report, *Reefs at Risk Revisited*, 2011을 고쳐 실음.

그림 4.1 *New Scientist*, 2007을 고쳐 실음.

그림 4.2 Kjell Aleklett, pers. comm.과 Worldwatch Institute, 2006을 고쳐 실음.

159쪽 표 TEEB, 2010을 고쳐 실음.

그림 7.1 스톡홀름복원력센터(SRC) 칼 폴케(Carl Folke)의 원본을 고쳐 실음.

그림 7.2 Raworth, 2012(Oxfam)를 고쳐 실음.

그림 8.1 WBGU, 2011을 고쳐 실음.

그림 9.1 the New Climate Economy Report, 2014를 고쳐 실음.

옮긴이의 글: '좋은' 인류세를 위한 제언

장구한 지질시대의 극히 일부인 인류사에서 인류가 맞이한 최고의 환경이 지금 우리가 살아가고 있는 지질시대, 홀로세다. 빙하기와 간빙기를 오가던 지구가 지금으로부터 약 1만 년 전 추운 빙하기에서 벗어나 놀랄 만큼 안정된 간빙기 환경에 접어든 것이다. 인류가 살아가기에 최적화된 조건이다. 저자 요한 록스트룀과 마티아스 클룸은 이렇게 말한다. "홀로세의 시작은 인류를 위한 멋진 쇼핑몰을 세운 것에 비견되는 지구 버전의 일대 사건이었다. 우리는 갑자기 숲, 초원, 산호초, 초지, 어자원, 포유류, 박테리아, 공기의 질, 얼음 덮개, 기온, 담수의 이용 가능성, 비옥한 토양 따위가 두루 안정적 균형을 갖춘 결과 믿음직스러운 재화·서비스의 원천을 손에 넣었다." 즉 지금 인류는 자신의 번영과 안녕을 홀로세에 기대고 있다는 것이다. 저자들의 말에 따르면, "인류 문명에게 에덴동산이나 마찬가지인 홀로세는 기실 70억이 넘는 세계 인구를 먹여 살리고 현대사회를 지탱해줄 수 있는, 우리가 알고 있는 지구의 '유일한' 상태다".

저자들은 이 사실이야말로 지금 인류가 저지르고 있는 온갖 활동들이 인류사에서 더없이 충격적인 사건으로 꼽히는 까닭이라고 진단한다. 인간이 지구를 홀로세에서 벗어나 전대미답의 새로운 영역에 들어서도록 힘차게 밀어붙이고 있다는 것이다. 농업과 산업이 급속도로 발전하면서 세계를 위협하게 된 것은 인류사에서 찰나에 불과한 비교적 근자의 일이다. 1950년대 중엽부터 인간의 개입이 한층 더 속도를 내기 시작하면서 인류 연원의 광범위한 영향이 지구상에 존재하는 주요 생태계의 거의 모든 부분을 압박했다. 저자들은 이렇게 말한다. "우리 인간은 전 지구적 변화를 일으킨 대단히 심각한 원천으로 떠올랐다. 그 결과 이제 지구에 지질학적 규모의 영향력을 끼치고 있다. 인류의 영향력은 그 규모나 속도 면에서 화산 분화, 판구조, 혹은 침식보다 한층 더 광범위하다. 인간은 완전히 제멋대로 저만의 지질시대, 즉 '인류세'를 힘차게 열어젖힌 것이다."

저자들은 인류의 막대한 영향력을 강조하기 위해 만들어낸 비공식적 지질학 개념, 인류세를 통해 인류가 지구에 가하는 압박의 규모를 이해하는 데에서부터 출발해야 한다고 강변한다. "세상의 모든 중등학교 교실이 과거의 지질학 도표를 찢어버리고 인류세를 포함하는 새로운 지질학 도표로 바꿔 걸기만 해도 이미 절반은 끝난 셈"이라는 것이다.

인간이 여러 활동을 통해 홀로세에서 벗어나 '나쁜' 인류세에 접어들어 파멸에 이르게 내버려두지 않으려면, 즉 '홀로세 비슷한' 조건을 유지하게 하려면 어떻게 해야 하는가? 저자들은 이 질문에 지구 한계 내에 머물면서 홀로세를 넘어서는 티핑 포인트를 건드리지 않아야 한다고 답한다. 안전한 지구 한계 내에서 살아가려면 안전한 지구 한계가 정확히 어디인지 알아야 한다. 그래서 저자들은 홀로세를 우리 미래의 준거점으로 활용하여 지구를 바람직한 상태로 유지하는 데 필요한 지구 한계를 과학적으로 수량화했다. 이렇게 얻어낸 결과물이 기후 변화, 성층권 오존층의 파괴, 생물다양성 손실률, 화학물질에 의한 오염, 해양 산성화, 담수 소비, 토지 이용의 변화, 질소·인에 의한 오염, 대기오염 혹은 에어로졸 부하,

이 아홉 가지 지구 한계다. "인간에게 초래될 재앙을 피하려면 이른바 '지구 한계'라는 개념을, 우리가 뜻하지 않게 벼랑 아래로 굴러떨어지지 않도록 막아주는 난간과 같은 것으로 규정할 필요가 있다. 구불구불한 길가에 난간이 세워져 있다고 해서 운전자의 속도가 느려지는 것은 아니듯이 지구 한계도 성장이나 발전을 저해하지는 않을 것이다. 그것은 다만 재앙을 미연에 방지하기 위해 마련되어 있을 따름이다."

저자들은 지구 한계 내에서 혁신을 추구함으로써 '한계 내 성장'을 통해 얼마든지 '좋은' 인류세에서 번영을 구가할 수 있노라고 낙관한다. "산적한 세상의 문제들을 타개할 수 있는 기술과 지식은 우리 안에 이미 존재하며, 미래에는 위험만큼이나 기회도 많다"는 것이다. 현세대 그리고 후세대의 모든 이들이 '홀로세 비슷한' 풍요롭고 윤택한 삶을 영위하는 세상, 이것이 우리가 꿈꾸는 미래다. 그저 일부 선진국의 국민들이나 가난한 나라의 극소수 부유한 이들만이 홀로세의 과실을 독점하는 세상이 아니라 지구상의 모든 이들이 더불어 좋은 삶을 누리는 세상 말이다. 이에 따라 인류의 고민 역시 점차 인류 공영, 지구 환경 보존, 전 세계의 기아 탈피 및 질병 예방 등 범지구적이고 이타적인 것으로 달라지고 있다. 저자들은 책에서 '좋은' 인류세도 얼마든지 가능하다고 역설하면서 거기에 다가가는 희망적인 방안들을 다각도로 소개한다.

그간 지구 한계 개념은 우리나라에서도 여러 경로를 통해 개략적으로나마 소개되어왔다. 하지만 충분하게 논의되지는 못한 감이 있다. 이 책을 통해 그 개념을 본격적으로 다룰 수 있게 되어 옮긴이로서 기쁘게 생각한다. 과학과 사진이 한데 어우러진 품격 있는 책 《지구 한계의 경계에서: 환경보호와 인류 번영을 함께 도모하다》는 지구의 현주소를 점검하고 대대손손 번영하는 미래를 준비하고자 하는 연구자, 정책 입안자, 기업의 지도자, 깨어 있는 시민 모두에게 더할 나위 없이 든든한 지침서가 되어줄 것이다. 경각심을 일깨워주되 희망도 함께 담아낸 흔치 않은 책이다.

2017년 11월

김홍옥